中国经济
为什么不会"硬着陆"

CHINA'S
ECONOMY:
WHY NO HARD LANDING?

卓勇良 著

ZHEJIANG UNIVERSITY PRESS
浙江大学出版社

目 录
Contents

绪言 "硬着陆"去哪儿了 / 1

风云陡变,中国经济的好日子消逝了吗?

常态化发展时期的到来 / 9

　　新增长时期 / 9

　　新分配时期 / 12

　　新长波周期 / 14

　　常态化发展时期 / 18

中国经济巍然屹立 / 21

　　经济真有那么悲观吗 / 21

　　利润分归来 / 23

　　当前经济增长的坚实与脆弱 / 25

开创重要战略机遇期第二季 / 28

　　进入重要战略机遇期第二季 / 28

　　终结廉价出口时代 / 30

　　微观均衡重建与企业信心增强 / 32

1

收入增长相对加快，寒潮中的融融暖意

中国分配格局重大转变 / 37

　　分配转型与发展方式转变 / 37

　　艰难的零点一个百分点 / 39

　　收入分配转折之年 / 41

收入增长相对加快阻击"硬着陆" / 44

　　收入增长快于 GDP 增长的较大可能及意义 / 44

　　收入相对加快与"收缩性结构优化" / 46

　　收入增长和 GDP 增长能同步吗 / 49

消费崛起是中国经济的自我救赎

中国经济正在进入消费主导格局 / 55

　　消费作用曾被严重弱化 / 55

　　消费崛起是必需的 / 56

　　消费增长正在阻击"硬着陆" / 58

　　消费主导应同时满足三个条件 / 60

消费崛起是中国经济的自我救赎 / 62

　　消费崛起是转型期的阶段性特征 / 62

　　消费崛起是有源之水 / 64

　　消费这匹小马驹儿 / 67

路边梳头女孩与消费主导战略 / 70

　　外向型经济的辉煌成就 / 70

中国经济逐渐远离它的人民　　/ 71

路边梳头女孩　　/ 72

转向消费主导战略　　/ 74

中国经济挺住的草根奥秘

资本困惑及其行为转变　　/ 79

资本张狂与资本消极　　/ 79

资本活力与资本节制　　/ 82

资本收益与资本信心　　/ 85

内心坚强应对多重制约　　/ 89

企业家品性决定企业发展　　/ 89

企业家的内心修炼和转型　　/ 91

基于知识智慧和勇气的创业再出发　　/ 94

重建企业生产经营均衡　　/ 97

晚秋慈溪行　　/ 97

企业利润增长的忧和喜　　/ 101

小毛巾背后的大故事　　/ 104

关注中小企业对省内经济逐渐增强的支撑作用　　/ 106

民间投资，经济发展的关键　　/ 109

投资一位数增长的较大可能　　/ 109

民间投资增速下滑的忧虑　　/ 111

着力民间投资转型　　/ 114

城市化，爱恨难舍的冤家

浙江城市化四部曲 / 119

　　风起九里松 / 119

　　像雾像雨又像风 / 121

　　满天星斗 / 123

　　多声部合唱 / 125

都是城市病惹的祸 / 129

　　旧城保护的纠结 / 129

　　失忆的城市 / 131

　　小城大堵 / 133

城乡二元何时了 / 136

　　改革市县体制 / 136

　　市民化成本分担机制是伪命题 / 138

　　产城融合纯属瞎扯 / 141

浙江城市化向何处去 / 144

　　重塑世界名城群 / 144

　　"村级市"未尝不可 / 147

　　推进乡村空间转型发展 / 149

转型升级进行时

加快"世界工厂"提升转型 / 155

　　中国仍是"世界加工装配车间" / 155

本土化制造业优势 / 157

加快迈向"制造强国" / 159

增强国有科研活力 / 163

推进经济转型的多元模式 / 166

从制造产品到创造价值 / 166

从外延式发展到内涵式发展 / 168

从草根创业到精英创业 / 171

从制造业资本向金融资本拓展 / 173

传统产业出路何在 / 176

传统产业绝不至于萎缩 / 176

历史经典产业的机遇和转型 / 178

跨界转型与创新 / 181

都市服务业引领未来 / 183

当前经济困窘的两面性 / 186

高龄农民工驾到 / 186

富孩子不愿接班是穷孩子的机会 / 188

企业且留下 / 191

区域经济,改革中坚与战略转变

地方改革的难点和着力点 / 195

"上面等下面的实践,下面等上面的精神" / 195

儿子大了可否不走 / 198

政府要当好大车店的"店老板" / 200

破解温台困局 / 203

温台警示 / 203

温台受阻 / 205

温台凝滞 / 207

温台转型 / 209

温台重振 / 210

区域战略贵在新招奇招 / 212

自在普陀 / 212

寻梦菇乡 / 214

天下大潮 / 216

龙游生龙子 / 218

特色小镇惊艳全国 / 221

日本特色小镇借鉴及超越 / 221

天上飘下一朵云 / 224

走向更宽阔的蓝海 / 225

政府,您请担待着点儿

请政府改革一马当先 / 231

淡化政府增长意识 / 231

改革前置审批 / 233

征税强度提高的忧虑 / 235

从民营快递崛起看国企困窘 / 238

积极促进政府与民间经济共同转型 / 240

林毅夫产业政策的悖论 / 243

林毅夫产业政策的"二律背反"悖论 / 243

政府产业意志并不一定体现为产业政策 / 245

第一个吃螃蟹的企业家应由政府激励吗 / 247

战略型产业难道非得由政府扶持吗 / 249

审批经济是产能大幅过剩的重要原因 / 251

土地与户籍政策向何处去 / 254

实施常住地登记制度 / 254

土地城市化稍快是正常现象 / 256

设立土地银行 / 258

小叶家的"死地"与"跨省地票" / 260

确立民营经济竞争性领域主体地位 / 264

民营经济方针重大演进 / 264

民营经济方针困惑 / 266

民营经济是自主创业的产物 / 268

科学认识民营经济所有制性质 / 271

新一轮回升,您准备好了吗?

重要战略机遇期第二季分析 / 277

为什么仍处于重要战略机遇期 / 277

劳动相对价格不同变化的积极作用 / 280

借鉴日美 / 283

重要战略机遇期第二季喜忧参半 / 285

着力全面深化改革与加快科学发展 / 289

"发展宝典"再造 / 291

习总书记与圣诞老人合影所展示的开放自信 / 291

"赚钱宝典"失效以后 / 294

“发展宝典”再造 / 296

内陆农村发展思路 / 299

经济筑底及“浅 V”回升 / 302

经济筑底分析 / 302

“浅 V”回升猜想 / 307

坚定信心及加快转型 / 310

发掘中国经济第五桶金 / 314

中国经济第四桶金的终结 / 314

发掘第五桶金的关键是知识生产 / 317

培养和积极培育知识生产力 / 320

后　记 / 323

绪言 "硬着陆"去哪儿了

"硬着陆"阴影曾笼罩着中国经济。2013年下半年,鉴于中国经济若干主要指标断崖式回落,境外一些重要研究机构,以及境外主流媒体,包括高盛、《华尔街日报》、《纽约时报》等,纷纷认为中国经济将"硬着陆"。2014年上半年,国内少数大牌学者也开始提出这一观点。

当时中国经济形势确实异常严峻,"硬着陆"有相当大概率,说人"唱衰中国"并不公允。2001—2011年,按美元计算,中国商品出口年均增长21.7%,2011年后连续多年负增长;1998—2011年,全国规模以上工业利润年均增长33.3%,2011—2015年的年均增速猛然降至0.9%(见图1)。

霎时间,种种令人沮丧的信息铺天盖地,网上更是一片悲情。企业遭受煎熬,一些金融机构出现巨额坏账,地方政府焦头烂额,宏观经济表现堪忧,各方预期一派悲观。

对于这种陡然由热转冷的经济形势,全球范围内很少有经济体能经受得住。委内瑞拉因出口受挫,国内经济一塌糊涂,本币大幅贬值,人民水深火热。

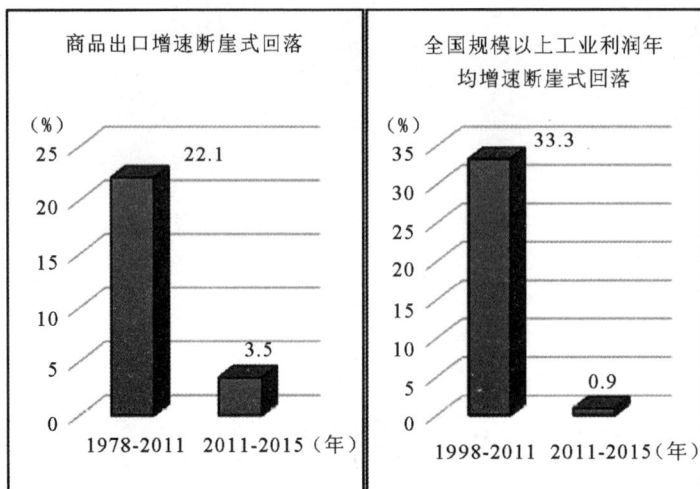

图 1　商品出口增速断崖式回落与全国规模以上工业利润平均增速断崖式回落

然而,中国经济顽强挺立。特别是 2016 年,工业好转已是不争事实。全国规模以上工业企业一些主要财务数据,持续数月全面好转。如亏损企业累计增长数,2016 年 11 月同比增长仅 0.2%,比 2015 年猛降 17.2 个百分点。这数据也许不一定准确,但比 2015 年同期低 17.2 个百分点的假,恐怕是造不出来的。

工业主营业务收入增速稳步上升。2016 年 11 月累计同比增长 4.4%,比上年上升 3.3 个百分点。这一指标未受 2015 年基数高低影响,真实性更高一些。当然,2016 年下半年生产者价格开始上涨,但即使去掉这一因素,上升趋势也比较明显。

企业库存增速开始回升。这一数据的重要意义,在于它反映了企业生产经营的重要行为特征,或可说是企业信心指数。

全国规模以上工业企业自 2014 年 8 月以来,存货累计增速持续下降。撇开价格因素不说,大致是典型的"去库存"过程,也是信心下降的过程,对宏观经济有很大不利。因为根据经验,去库存将拉低 GDP 增速 0.5～1 个百分点。然而 2016 年 6 月,存货累计增速在降到－1.0% 的水平后,开始上升,至 2016 年

11 月累计同比增长 3.1％，比 10 月上升 1.7 个百分点，比 2015 年同期上升 2.3 个百分点。这里有价格因素的影响，但上升趋势明显。

工业利润增速开始上升。2015 年，中国工业利润负增长。2016 年 1、2 月份同比增长 4.8％，至 11 月累计同比增长 9.4％。更重要的是，这同样未受 2015 年基数影响。浙江工业利润 2016 年至 11 月累计增速，更是达到 16.3％。

"硬着陆"去爪哇国了！如果没有小概率突发事件，如果金融体系，以及债市、汇市和股市，能有大致的稳定，中国经济"硬着陆"的阴影，应已经或正在消散之中。

是什么因素使得"硬着陆"阴影消逝或正在消逝？总的来说有四点：一是改革造就的民企崛起；二是加入 WTO 带来的开放活力；三是近 40 年快速发展积累的人力和物质资本；四是党中央和国务院应对有方，若干政策成功等。但客观地说，基本因素有如下几个方面。

消费崛起。消费崛起是由居民收入增长相对加快推动的。居民人均收入占人均 GDP 比重，大致已从 2011 年的 41.4％，上升到 2015 年的 44.5％，上升了 3.1 个百分点。这就使得在出口投资等指标断崖式下滑的情况下，消费增长率直至 2015 年，仍坚实地保持两位数。即使消费增长率在 2016 年有所下降，11 月累计增长实际仍达 9.2％。

草根韧性。有人会说，居民收入增长相对加快，难道不是增加企业成本吗？兄弟，常识会骗人的！中国经济长期粗放外延增长，"遍地是黄金"。据我调查，仅一个美容足浴行业的毛巾洗涤专业化、社会化，就可以为店家每年节省开支 10 余万元。劳动成本上升压力之下，企业强化精益管理生产等，省下的钱有可能超过劳动工资增长。更重要的是，如劳动者收入长期低下，占 GDP 比重长期很低，商家的东西卖给谁去？草根韧性决定了民间有很强应对能力。

积极收缩。当中国商品出口从年均增长 20％多，降到负增长时，绝大多数企业懵了。这好比准备了 20 人的酒席，却只来了不到 10 人，这宴席看来是办不下去了。其实最佳的应对办法很简单,缩小宴席规模,请已来的客人痛饮,浙江民间企业用的就是这招。相当一部分企业这几年积极压低库存、减少负债、减少用工,由此导致低水平下的生产经营新均衡。典型者如杭州一家专营出口家具尾单的企业,果断关闭3家门店,集中精力扩张和做好旗舰店,在经济寒风中取得较好业绩。

创新强化。这里既包括积极推进新产业、新业态和新商业模式发育,更包括致力于新品开发和加快技术进步。萧山一家占全国水泥厂土建施工市场份额1/3的企业,积极向酒店业"一站式"全产业链服务拓展,促进了企业转型。名列"中国建筑业竞争力百强"中民营建筑企业首位的中天建设集团,积极发展工厂化生产,努力向建材行业拓展,其氟硅产品逆势而上,生产经营稳健增长。浙江工业投资2014—2016年虽有较大回落,但技术改造投资年均增长仍达14.6%,比全省工业投资年均增长高1倍。

"硬着陆"之围或将暂解,当下应积极探讨如何促进经济回升的问题。本人已观察到了一些重要迹象,提出了"浅V"回升判断。如何积极促进这一回升?本书在这方面花费了较多笔墨,如能回答读者心头一些疑惑,是本人荣幸。

现在最大的问题是坚定民间信心。法治现状不容乐观,生命尚如此脆弱,更何况财产权;全面深化改革仍有较多阻力,重大改革缺少显著进展;全球化惊现逆流,"二战"后的美好时光或正在终结;金融体系等存在较多风险,经济运行仍需高度审慎。未来中国走向如何,未来发展或有较多不确定性,相当一些人迷茫不安。

不过,我们应清晰认识到中国经济是典型的具有坚实支撑的典型"三明治"结构。上层是国企,中间层是政府,底层是草根经济。国企效率相对较低,尤其是经营或有一些问题,如2016年年底杭州市拍卖商住用地,楼面价最高达到了令人难以置信的4.3万元,据总部在杭州的好地网分析,出让金的2/3来自国企。政府居于中枢,但也比较为难。利益集团如坚冰般难以破除,传统价值仍左右着人们的思想和行为,十八届三中全会提出的国家治理体系和治理能力的现代化建设,进展较难令人满意。草根经济,是中国经济当下一股最积极健康和最活跃的力量,他们正从 2011 年以来的打击中恢复过来,竞争力正在恢复重构。

草根经济唯一的选择就是好好干活。小区外新开的粢饭小铺,小夫妻俩从早上 6 点干到晚上 8 点多,脸上始终堆着微笑。这是他们的安身立命之所,小孩的未来幸福,父母的寄托,让他们没有半丝理由可以懈怠,而这正是中国东南沿海民间经济一个缩影。所谓草根经济,当然还包括改革开放后迅猛壮大的众多民间大中型企业,如低调的中天建设集团、桐庐快递帮、深圳华为等,他们是中国经济的中流砥柱。别看一些企业家似乎玩世不恭,言语消极,其实他们像丛林中的狼一样机敏地等待着任何一个可能出现的商机。

希望在民间,希望在千千万万民间企业家当中。20 世纪 80 年代初期以来,政府依靠他们,形成了快速的市场化、工业化和城市化,现如今也必须紧紧依靠他们。令人遗憾的是,他们的处境有一点点艰难。财产权总是像达摩克利斯剑那样高悬于他们头顶,以前钱少无所谓,但现在资产是他们的价值体现,产权问题凸现;企业税费加重,中产税负也不轻,被称为"最高智囊"的大牌学者只与西方比较,不做国内的纵向比较,认为宏观税负不高,指责别人跨界不懂,更让人特别不好受。

当务之急是企业减负,强化民间产权保障,增强民企信心,优化提升信贷对实体经济的支持。而当下,仍存在着有人欢喜有人愁的结构性困境,以及压指标和片面追求数字好看,一些地方收过头税等较多问题。虽然经济已有"浅 V"回升迹象,但仍面临着较多困难和压力,如何真正形成微微向上的实际增长曲线,唯有上下齐心,共同努力。

祝福中国经济!

卓勇良
2017 年 1 月 7 日于杭州城西余杭塘河畔

风云陡变，
中国经济的好日子消逝了吗？

2012 年年末一个下午，我去了装修城。平日漂亮豪华的大厅空空荡荡，灯光暗淡，冷清萧条。我突然职业性地感到一阵难受，难道经济危机真的来了吗？难道中国经济真的要走下坡了吗？那些做生意的该怎么办？

网上一些愤青，包括一些"大咖"，很不要看 GDP，说是"鸡的屁"。GDP 确有不少问题，然而这"鸡的屁"每个百分点后面都是就业、民生和孩子们的幸福。也许 GDP 增速提高 1 个百分点，我们寻常人享受不到多少福利；然而 GDP 增速降 1 个百分点，铁定是草根的血和泪。这就是当年朱镕基总理力争"保八"的道理。

中国经济本轮下行，就数字而言始于 2008 年。到 2012 年，GDP 增速从 2011 年的 9.5％，降至 7.7％，失掉了 1.8 个百分点。经济增速陡然失去 18.9％，这不能不让人担心！就在这一年，全国规模以上工业利润仅比 2011 年增长 0.8％，与 2011 年的增速 15.7％相比，几乎是从天堂跌入地狱。这数字背后，则是"多少楼台烟雨中"的惨痛。

起因是什么？网上"大咖们"说得云里雾里，高深莫测。其实最直接和表象的原因，就是外贸出口增速猛降。2012 年我国外贸出口以美元计算增长 7.9％，按理不算低，但比 2011 年猛降了 12.4 个百分点。于是原本顺风顺水的中国经济，开始遭受痛苦。

"就是在患难之中也是欢欢喜喜的。"（《新约·罗马书 5》）一位老领导兼笔友，以及一些朋友多次说我是乐观主义者。我在所里经常对 80 后同事说年轻时读到过的一句话："天塌下来有长人顶着，水来了有土挡着。"于困难之中看到希望，于困难之中寻找解决方案，这才是正解。

本书故事，在 2011 年基准下，于 2012 年徐徐拉开大幕。

常态化发展时期的到来

历经 2008 年全球金融危机和持续 5 年的深度调整,中国经济和全球经济正在出现一系列新趋势。对于中国和全球经济下述所谓的"三新"格局,以及国内经济发展的常态化趋势,应予以高度关注。

新增长时期

中国经济进入新增长时期的重要标志,是商品出口增速大幅放慢。改革开放以来,中国商品出口连续两年一位数增长的情况仅出现过两次:第一次是 1998 和 1999 年;第二次是 2012 和 2013 年,比 2000 年以来的出口增速回落了 10 余个百分点(见图 2)。

未来我国出口或仍有阶段性的较快增长,但类似于 2000—2010 年,年均 20.3% 的持续、迅猛增长,应该不会再出现了。2012 和 2013 年或将成为终结中国商品出口狂飙突进式增长的分水岭。

中国商品出口额

(亿美元)

16000	
14000	15777.5
12000	
10000	
8000	
6000	
4000	2492.0
2000	181.2　620.9
0	

1980　1990　2000　2010　(年)

(%)　1980-2013年中国商品出口额比上年增长

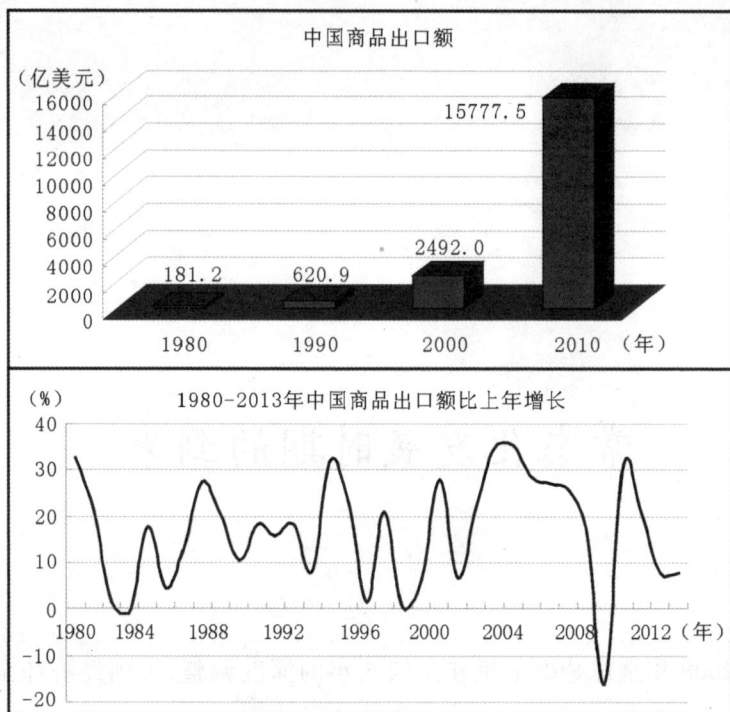

图 2　1980—2010 年中国商品出额及比上年增长比率

改革开放初期,"出口"这个词常和"创汇"连起来使用,被称之为"出口创汇",具有相当神圣的色彩。"文革"时期,我家边上有一家冷冻厂,每到大黄鱼捕捞旺季,我们就可以买到这家工厂销售的黄鱼头,因为加工后的黄鱼肉专供出口。外汇是当时国家的稀缺资源,1978 年,全国外汇储备仅 1.67 亿美元。坊间甚至有邓小平出访美国没有美元零花钱的故事。

改革开放以来,商品出口逐渐成为我国经济增长的重要动力。尤其是1999—2011 年,全国商品出口年均增速高达 20.9%,比 1978—1998 年期间高7.9 个百分点。中国外汇储备也终于逐渐占到全球的 2/3。现在偶尔听到"出口创汇"这个词,我已经会不由自主地觉得迂腐可笑。

然而出口主导的局面不可能长期持续,这是中国经济迟早会出现的一个重大转折。商品出口增长从两位数向一位数回落，在 10％上下波动，这应该是趋势性的常态化状况。这里主要有成本、需求和市场转移三大因素在起作用，当前已出现三方面状况。

首先是出口增长的自我收缩。人民币升值，要素价格上升，以及环境保护形势严峻等因素，导致我国出口竞争力下降。根据 WTO 公布的全球商品进出口价格指数，2010 年 1 月至 2012 年 10 月，中国出口商品综合价格指数上涨了 16.3％，比全球同期高 11.6 个百分点。国内相当一部分企业因人民币持续升值，国内成本上升，出口利润趋低，经营日益困难。

其次是出口增长空间逐渐受限。中国商品出口在 2013 年已居全球首位，占全球商品出口比重达 11.8％，相当一部分商品占全球出口比重已相当高。2012 年，中国服装出口占全球的 37.8％，纺织品出口占全球的 33.4％，办公和通信设备出口占全球的 32.3％。2012 年，中国对美国的出口，已占美国进口的 18.5％；对日本的出口，占日本进口的 21.3％。虽然中国对欧盟出口占其进口比重仍较低，2012 年为 6.3％，但这部分是因为欧盟成员国之间贸易占其进口的 2/3 比重，中国商品向欧盟出口难度较大。随着中国出口份额大幅跃升，多种形式的贸易壁垒和贸易纠纷不断出现。

第三是新兴国家和地区工业品出口的崛起。全球近 3 年商品出口增长率高于中国的有 10 个国家和地区。其中，越南比中国高 10.4 个百分点，乌克兰比中国高 6.5 个百分点，印度比中国高 3.2 个百分点。2000—2012 年，全球服装出口年均增长率高于中国的国家和地区有 5 个，其中：越南年均增速 18.6％，比中国高 5.4 个百分点，其服装出口占全球份额从 2000 年的 0.92％上升到 2012 年的 3.31％；同期全球有 13 个国家和地区办公和通信设备出口的增长率高于中国。

中国商品出口内在动力弱化迹象亦正日益明显。"南方企业家＋中西部农民工"，构成了这 30 多年来中国商品出口的一个主要推动因素。2012 年，南方沿海 9 省市商品出口占全国出口总额的 80.2%。然而南方企业家的发展激情正受到一系列经济和非经济因素的影响,未来创新动力堪忧;农民工供给也正在从"技工荒""普工荒",演变为青壮年劳动力的全面短缺,一场持续 30 余年的中国商品出口快速增长盛宴,正在徐徐拉上大幕。

商品出口增长回落对于中国经济具有全方位的深刻影响,中国经济将重启内需主导的新增长时期。坏消息是中国经济增速将因需求缺失而有较大回落,投资增速亦将相应降低。好消息是这将增强经济增长与诸方面的多层面联动机制,倒逼改革,让浮躁的心态变得踏实,促进居民收入占 GDP 比重的提高,加快转变经济发展方式。

转型期阵痛是当前面临的较大问题,所谓"乍暖还寒时候,最难将息"。由高速向中低速转变将令一些企业生不如死,一些基层政府不知所措。不过情况可能未必如一些人想象的那么严重,全国规模以上工业企业自 2012 年 9 月开始,出现稳健经营趋势,存货、产成品资金增速慢于主营业务增速,资产负债率有所下降,利润增速加快。当前关键是积极增强企业信心,妥善处理好债务、环境及产能过剩等问题,加快形成新的增长格局。

新分配时期

2014 年春节前公布的 2013 年全国城乡居民收入榜单,大致没有偏离我的预期,喜忧参半。喜的是收入增长跑过了 GDP 增长,国民经济分配结构继续优化;忧的是城乡居民收入增速回落较大。

2013 年全国农村居民人均纯收入 8896 元,扣除物价因素,比上年增长 9.3%。这一数字不算低,但与 2010 年以来农村居民人均纯收入持续两位数增长相比,首次出现一位数增长,比 2012 年回落 1.4 个百分点,比 2011 年回落 2.1 个百分点。而 2013 年全国城镇居民人均收入增长则相对较为缓慢,仅比 2012

年增长 7.0%，系 2001 年以来最低，比 2012 年大幅回落 2.6 个百分点。

城乡人均收入增长继续快于 GDP 增长。加权计算表明，2013 年城乡人均收入比 2012 年增长 8.1%，比 GDP 增速高 0.4 个百分点，比人均 GDP 增速则约高 0.9 个百分点。即使考虑到城镇人口比重的高估因素，2013 年中国人均收入增长也仍快于人均 GDP 增长。

收入占 GDP 比重继续提高。根据计算，2013 年全国城乡居民收入占 GDP 比重达到 44.4%，比上年提高 1.0 个百分点，这一状况已持续两年。全国城乡居民收入占 GDP 比重，曾在 1983 年达到过历史最高的 62.6%，意味着每 100 元 GDP，城乡居民能拿到 62.6 元，这大致相当于欧美发达国家的分配水平。但在随后近 30 年，城乡居民收入占 GDP 比重持续下降，2011 年落到历史最低点的 41.4%。每 100 元 GDP，城乡居民只能分配到 41.4 元，是全球范围内较低水平。这两年收入分配占 GDP 比重每年提高约 1 个百分点，国民经济分配格局趋于优化，具有重要历史意义。

在市场经济体制下，初次收入分配是市场起决定性作用的领域。当前分配格局的重大变化，主因是劳动供求关系发生转折性变化。根据国家统计局公布的数据，2012 年中国劳动年龄人口第一次出现下降，比 2011 年减少 345 万人，2013 年继续减少 244 万人。当前农村虽然仍有剩余劳动力，但青壮年劳动力已出现短缺，这使得农民工工资增长较快。根据人口预测，2012—2026 年，中国劳动年龄人口将每年减少 577 万人，会形成长期的工资上涨，以及收入占 GDP 比重提高的趋势。

不过需要指出的是，最近若干年内，劳动在与资本博弈的过程中，或将阶段性处于弱势地位。其影响因素，一是出口增长回落，降低了对于劳动的需求；二是资本以技术进步应对工资上涨，增强了自身谈判地位；三是高端岗位增长不快，中低层次白领收入难以较快提高；四是农村仍有相当部分剩余劳动，缓解了劳动总量短缺的矛盾。

现在的一个问题,是党的十八大提出的收入翻番能否如期实现。分析结论是有一定难度,但总体能实现。由于前些年已有较好基础,往后的2014—2020年,全国城镇人均可支配收入只要年均增长6.7%,农村人均纯收入只要年均增长5.8%,就能实现10年翻番的目标。如果往后7年,全国GDP增长能保持在7%左右,收入翻番应该不会有较大问题。

再一个问题,是浙江城乡居民人均收入能否继续跑赢全国。浙江城镇人均可支配收入增长速度,2013年为7.1%,比全国高0.1个百分点,是这一指标连续6年低于全国之后的重新超越;浙江农村人均纯收入增速,2013年为8.1%,是这一指标连续3年低于全国之后,再次比全国低2.2个百分点。浙江城乡居民人均收入增长进行加权计算后,增速再次低于全国。考虑到往后浙江经济增速或将持续处于全国靠后位次,收入增长跑赢全国可能有一定难度。

新分配时期可能有一个重要特点,就是收入增长慢于前期,但快于GDP增长的趋势则应该比较稳定,并且占GDP比重将稳步提高。相对于GDP增长的减速而言,城乡居民的实惠将相对增多,资本节制则有所增强。

新长波周期

2014年年初,就在中国经济公布增速放慢成绩单的时候,欧美经济却开始转好。世界银行发布的《全球经济展望》报告称,经过5年的全球金融危机后,发展中国家和高收入经济体的增长率终于逐渐走出谷底。新兴市场国家最近出现了一些问题,但因其对全球经济总体影响较少,总的判断没有变化。

这对中国经济当然是好消息,然而也带来了一个疑问。在中国经济增长达到最快速度的那几年,全球经济却出现了种种问题,发达经济体哀鸿遍野;而当中国经济增速明显放慢,进入中速增长时,发达经济体却纷纷走出谷底,全球经济看好。中国因素难道真的就成为全球经济毒药了吗？[①]

中国改变了全球贸易格局。中国经济在极大地有利于自身发展的同时，直接导致一些国家和地区出口增长大幅放慢。以美国为例，2000 年从中国的进口总额，占其全部进口总额的 8.1%，2013 年上升到 19.3%，上升 11.2 个百分点，这在一定程度上导致了其他国家占美国进口份额的下降（见图 3）。2013 年，日本对美国的出口占美国进口比重，从 12.0% 下降到 6.2%，加拿大从 19.0% 下降到 14.7%，欧盟从 18.0% 下降到 17.1%，英国从 3.6% 下降到 2.3%。

1978—2013年美国从中国进口趋势
资料来源：美国商务部经济分析局网站

- 中国对美国出口总额（百万美元）
- 中国对美国出口占美国进口份额（%）

图 3　1978—2013 年美国从中国进口趋势

中国因素在促进全球经济繁荣的同时，亦因发达国家自身等因素，带来全球经济金融结构性失衡等影响。中国的"南方企业家＋中西部农民工"，让发达国家的一些出口企业苦不堪言，欧美制造业大批东移，美国制造业占 GDP 比重于 2011 年降到了历史最低的 11.9%；同时，美国房地产和股票价格持续走高，美联储连续 17 次调高利率；中国在取得巨大进步的同时，也换来了占全球 2/3

[①]　就在校对本书书稿的 2017 年 3 月，美国《华尔街日报》连续登载了关于发达国家和地区经济回暖的报道。如 3 月 6 日《全球经济回暖，大宗商品多头谋反攻》，3 月 15 日《全球主要央行料将暗示货币政策风向已变》，3 月 18 日《经济学家调高今明两年美国经济增速预期》。

的外汇储备,国内资产价格大幅上涨,环境、资源等问题日趋严峻。

2008 年发生的全球二战以来最猛烈的一场金融危机,或可认为标志着一个增长时期的结束。如果把二战结束后的头 10 年作为恢复期,则全球经济在 1955—2007 年,形成了长达 52 年的相对较快增长(见图 4)。在这段时期,全球经济仅在 1958 年出现过零增长,没有出现过负增长,年均增速达到 3.6%。而根据麦迪森的研究,全球经济在 1820—1992 年,年均增长率为 2.2%,比 1955—2007 年这段时期低 1.4 个百分点。

1950—2010年全球GDP增长速度(%)
资料来源:WTO网站

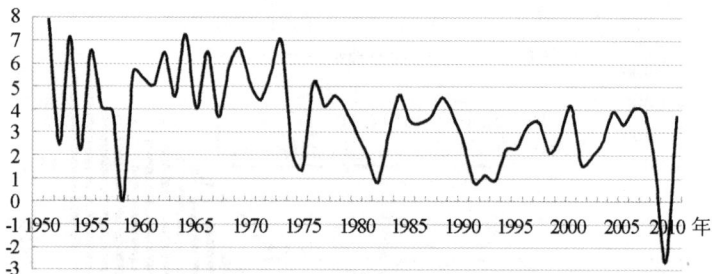

图 4　1950—2010 年全球 GDP 增长速度

战后恢复时期结束以来这段长达 52 年的持续繁荣,刚好形成长波周期。长波周期这个概念,是十月革命前后都很活跃的俄国学者康德拉季耶夫提出来的,康氏分析了英、法、美、德,以及全球经济的大量统计数据,发现发达商品经济中存在着为期 54 年的周期性波动。

这一轮长波周期具有三大此起彼伏的发展动力,即战后振兴、石油繁荣,以及微电子技术和中国因素结合的繁荣。微电子技术如果缺少中国因素,不可能有如此迅猛的发展。这一轮长波周期的后 20 年,是美国高科技和中国制造共同支撑推进的。按照康德拉季耶夫的理论,长波周期是一个接着一个出现的,现在也可以说,全球金融危机后,新一轮长波周期已渐次展开。

这将是一轮中国因素常态化下的新长波周期。"南方企业家＋中西部农民工"的中国因素注定是阶段性的,长期低工资支撑的低成本制造绝不可能持久。这也奠定了中国经济未来发展的坚实力量,成为全球新一轮长波周期的坚实支撑。

首先是中国经济的直接带动。2013年,中国GDP是日本的2倍,达到约9.2万亿美元,即使按当前汇率计算,亦已占全球12％多,如果往后年份中国经济年均增长7％,将每年带动全球经济增长0.8至1个百分点。

其次是中国经济的结构优化。中国经济增速下降固然不是好事,但其内生动力开始起主导作用,经济增长与各方面的联动及促进作用增强,国民经济分配出现优化趋势,城市化坚实推进,服务业发展加快,节能减排增强,这对发达经济体及全球经济都是有利的,促进发达经济体和全球经济结构优化,反过来又有利于中国经济的长期稳定增长。

第三是发达经济体趋于坚实。中国因素虽然加快了全球经济增长,但也带来了金融衍生产品过度发展,杠杆率过高,发达经济体去制造业化等问题。然而这些状况在新一轮长波周期中,或将有较大改善。中国出口放慢,对一些国家和地区无疑是福音,有利于其实体经济发展和出口增长。美国制造业占GDP比重,2012年已比2009年上升0.6个百分点。

新一轮长波周期经济增速或将低于上一轮。前期技术支撑可能弱一些,微电子技术全面渗透各个领域的深度开发,是这一时期重大技术主题;中期有可能出现生物技术的重大突破,高端生物技术或有可能继微电子技术之后,大规模进入寻常百姓家;后期或有可能出现核聚变技术的重大突破。当然,全球经济的持续繁荣更需要多边互信协调与持续的全面和平,国内经济必须切实增强自主创新、生态保护、社会活力等方面的举措。

当前应保持充分的增长自信。经济增长回落1至2个百分点,不但是正常的,更可能是一个有利因素,正好可以让长期绷紧的弦适当松弛一点,促使各方面的工作做得更扎实一点,各方面比例关系更优化一点。企业内部的积极因素也在蓄积,抗御增长波动的能力正在增强。

常态化发展时期

资本的美好时光式微,是中国经济进入"三新"时期的一个重要特征。最近一段时间关于企业日子不好过的消息不绝于耳,然而这绝不是由于企业的冬天来临,而是因为超常态发展时期结束,常态化发展时期开始。

曾有一段时期,企业利润飞快增长。以1998—2008年为例,全国规模以上工业企业利润总额,年均增速高达35.6%。这是什么概念呢?是同期全国城镇居民人均可支配收入年均增速的3.2倍,是全国农村居民人均纯收入年均增速的4.3倍。

原因就在于出口主导下,产品销售按国际市场定价,劳动等要素按国内市场定价,资本具有持续的高回报。根据世界银行2007年的一份资料,我国国内劳动力工资仅为美、德、日平均的2.3%。虽然一段时期内,出口价格因国内企业竞相压价而不断下降,但企业效率提升更快,工资则因农村劳动力大量剩余而长期较低。

就在这样一段辉煌岁月中,包括港澳台在内的"南方企业家"作为一个积极的群体大显身手。他们用与国外企业一样,甚至以比国外同类企业更先进的技术装备和工艺,付出只有国外企业零头的工资、社保、地价、污染费用等成本,形成了狂飙突进式的创业潮和出口潮。

在世界经济史的记载中,创业大都是比较艰难、比较小众的行为。可是在中国这段特殊时期,创业成为中国南方沿海一带高回报的大众行为。只要有胆魄,敢闯,拉起一面大旗,招聘一大帮中西部农民工,就能赚钱。2000年,全国规模以上工业企业利润总额比上年增长速度,达到了极为夸张的92.0%。2008年年末,根据第二次经济普查,浙江法人单位达到56.0万家,平均每万人口

108.1家，遥遥领先于全国其他地区，高于日本相同发展时期水平。

在出口主导格局下，国内经济关系相对简单，发展障碍相对较少，除了居民收入增长相对较慢外，宏观和微观，政府和企业，一派欢欣鼓舞。尽管1990年以来城乡居民收入占GDP比重持续走低，GDP增速却持续走高。企业生产经营可以不理会国内诚信低下、司法不公、流通障碍、金融不力等不利因素而一路高奏凯歌。地方政府可以在收入大幅提升下，忽视改革滞后的种种弊病，快速推进各项建设发展事业。

然而这场增长狂欢，亦即超常态发展，是不可能长期持续的。当然，更不能以这些状况来评价当前经济形势，这样只能得出悲观失望结论。当前有三方面状况正在较快变化：一是出口市场饱和；二是劳动力变少变贵，对此前文已有叙述；三是南方企业家钱多了以后，激情弱化，行为变化，而在随之出现的边际收益递减中，国内经济发展的素质性、制度性和资源环境等制约因素开始逐渐凸显。在这一系列变化之下，中国经济逐渐从超常态发展，步入常态化发展时期。

常态化发展的一个基本特点是增长放慢。这里比较值得关注的是政府收入大幅放慢，全国财政收入在1998—2008年，年均增速高达20.0%。而2013年，全国公共财政收入仅比上年增长10.1%，中央财政收入仅增长7.1%。政府债务风险逐渐凸现，政府行为能力开始弱化，一些地方政府的财政收支平衡压力增大。

常态化发展的再一个特点是经济与社会的联动关系增强。原本政府比较忽视且影响也较小的城乡居民收入，现在开始对GDP增长发生较大甚至决定性影响，而直至"十一五"规划，全国连续多届五年规划提出的城乡居民人均收入增速，都比GDP增速低两三个百分点。就政府而言，初次收入分配是市场起决定性作用的领域，收入再分配则缺少政策工具。城乡居民收入增长不快，国内消费增长受限，进而GDP增长放慢，并影响投资增长。同时经济增长对于国内制度变迁提出更高和更紧迫的要求。

常态化发展的第三个特点是创新需求凸现。改革开放以来,我国的技术引进以拿来主义为主,且收益较高;随着与发达国家的经济差距缩小,尤其是在若干传统产业领域,国内企业已几乎具有同等技术装备水平,技术引进难度增加,收益下降,想要加快发展必须更多依靠自主创新,以及开辟新的发展领域。未来,如自主创新未能及时跟上,新的领域未能开发,不仅经济增长放慢,且因债务问题而存在着通胀的较大风险。

经济发展难度增加。这是常态化发展时期与超常态发展时期相比而导致的逻辑必然。原因就在于超常态发展时期的一些习惯做法,甚至是经典的做法,不一定完全适用于常态化发展时期,有些甚至将产生副作用。经济社会发展理念,区域发展战略、发展举措等,或均需较大调整。

注:以上 4 篇系以"常态化发展时期的到来"为题的经济论文,分别发表于国家发改委主管《改革内参》2014 - 04 - 25,国务院发展研究中心主管主办《经济要参》2014 - 05 - 07。

2014 年 5 月,习近平总书记在考察河南的行程中,第一次提及"新常态"。他说:"中国发展仍处于重要战略机遇期,我们要增强信心,从当前中国经济发展的阶段性特征出发,适应新常态,保持战略上的平常心态。"

中国经济巍然屹立

经济真有那么悲观吗

2014年春节后不断传来企业经营状况不好的信息。那天去萧山讲课,区里来接我的司机说有不少企业老板跑路。省内一些县市发改局局长来我这儿说起经济形势,评价亦不高。

2013年年末、2014年年初,更有境外咨询机构,分析中国经济存在"硬着陆"的可能。国内有著名财经专家说,三五年内超过一半的制造业可能熬不过去。有意思的是,持类似观点的专家不在少数,以至于境外媒体惊奇地报道说,中国自己的学者也开始"唱衰"中国经济,似乎中国经济已到了非常困难的境地。

中国经济确实正迎来出口陡然下降的困难。2014年1、2月份,全国出口按美元计算同比下降1.6%,按人民币计算同比下降4.3%。而2013年1、2月份,出口按美元计算同比增长 23.6%。以此推算,2014 年 1、2 月份出口大幅下挫 25.2 个百分点。中国出口总额在 2013 年已相当于 GDP 的 24.1%,出口大幅下降是中国经济难以承受的。从这点而言,境外咨询机构和国内一些专家的说法并没什么错。再加上 1、2 月份是国家统计局数据公布的"空窗期",更进一步加剧经济形势的扑朔迷离。

随着 2014 年 1、2 月份工业数据的公布,加上 3 月下旬工业企业利润数据的公布,关于 2014 年经济开局,终于可以有一个相对积极的判断。2014 年 1、2 月份,全国规模以上工业在出口大幅下降状况下,增加值仍增长 8.6%,尚属不错。企业财务数据亦令人大致满意,全国规模以上工业企业,2014 年 1、2 月份实现利润总额同比增长 9.4%,其中主营活动利润同比增长 8.4%。

这些数据表明,中国经济的微观基础仍比较坚实。企业销售增长率并未因出口下降而大幅下跌,而是仍能保持一定增速。企业财务状况总体良好,利润增速虽比 2013 年同期回落 7.8 个百分点,但仍保持着 2012 年 10 月以来的持续增长态势。且 2014 年 1、2 月份企业利润增速,是在同比基数较高的情况下取得的,这意味着后期利润增长难度降低。

这里的一个原因,就是出口增速虽然大幅下降,但仍在可承受范围内。2009 年 1、2 月份,全国出口同比下降 21.1%,规模以上工业增加值增速,从 2008 年的 12.9%,回落到 3.8%,完全是一种断崖式回落,一部分企业破产倒闭。而 2014 年 1、2 月份,出口下降幅度大大低于 2009 年 1、2 月份,工业增加值增速仅比 2013 年回落 1.1 个百分点,相当一部分企业经过努力以后尚能撑住。当前虽然出口比重较大的企业的日子不太好过,但以内销为主的企业的经营仍相对较好。

另一个原因,是企业自我收缩式的应对。2009 年以后,"一朝被蛇咬,十年怕井绳",相当一部分企业开始清醒头脑,"现金为王"的危机应对信条高度普及。全国规模以上工业企业自 2012 年 9 月开始,存货、产成品及贷款等的增长,均低于主营业务增长。对此,有专家说是通货紧缩,可能并不确切,应该是企业在危机预期的谨慎心理下,坚持不盲目扩张,坚持为危机到来做准备。应收账款增速,虽在 2013 年下半年略有上升,但仍大大低于 2012 年上半年,企业利润增速总体稳定,资产负债率略有下降,这些显然均非通货紧缩的典型特征。

2014 年年初还有一个较好情况。1、2 月份进口增长 10.0%,而 2009 年进口下降高达 34.2%,比出口降幅高 13.1 个百分点。这就是说,尽管多个 PMI 指数表现不佳,但进口需求并未降低,进一步印证了当前经济并不悲观的判断。

中国经济正处于根本转变的拐点上。当前一方面要努力保持一定的增长速度,以确保各方收入和就业;另一方面,也要善于利用较紧的经济形势,出清不合理产能和劣质企业,但客观而言绝不至于出现像 2009 年那样的企业关闭潮。当前从欧美和日本经济,以及国内消费略有增长看,一季度以后经济增速或将有所上行。

(《浙江日报》2014-04-02)

利润兮归来

有很长一段时间,企业利润哗哗而来。一手请来大批农民工,一手进口大批工艺装备,同时生产产品大量出口。这真是一段美好时光,企业的销售、利润等重要指标年均增长都是 20%甚至 30%以上。

正因为不久前还是这种鲜花着锦、烈火烹油的光景,所以当前日子越发难熬。2011—2014 年,全国规模以上工业企业利润年均增速仅 1.8%,而 1998—2011 年这一指标高达 33.3%。这完全是企业利润增长的一种断崖式回落,一些企业痛不欲生,一些媒体危言耸听,区域性企业财务危机似乎一触即发。

令人庆幸的是,中国企业长期有少报利润的习惯。所以账面数字虽然难看,一些企业日子确实难过,但真正破产倒闭的企业数量,应该并未达到令全局崩溃的地步。

2013年年初我在温州调研。一位颇有名气的当地企业家,面露神秘的冷冷微笑,突然冒出一句:"到明年下半年得死一大片。"

可是2014年7月我再去温州,下动车后第一句话,就是问来接我的电视台记者,温州企业状况还好吗?这位看上去非常精干的小伙子说,依他的观察,应该是不可能更坏了。其实我在去温州前已是这个判断,无非是想证实一下。

从浙江省统计局数字看,近一年多来,企业财务状况逐渐有所好转。这与我基层调研的实际感受,亦大体一致。2014年全省规模以上工业利润比上年增长5.1%,2015年上半年全省规模以上工业企业利润同比增长7.9%,比2014年年末提高了两个多百分点。

如果数字是真实的,则这一利润增速应该还算不错,但企业还是不爽。原因就在于"乍暖还寒时候,最难将息"。

从原本日进斗金,陡然降为日进寸金,企业虽然仍有钱赚,但好比从高处落到低处,也是会伤筋动骨的。投资计划无法实施,项目进展遭遇困难,到期欠款无法归还,原本的承诺无法兑现。即使账面数字还算不错,企业仍非常难受。

然而实际状况毕竟有所好转。2014年5月末,一个坏消息是,浙江规模以上工业的亏损企业数同比上升14.0%,比上年同期高10余个百分点;一个还算不错的消息是,亏损企业亏损额上升8.3%,比上年同期降低3.3个百分点。看企业亏损,主要应看后面这一指标。

全国工业企业的利润增速,2014年以来,下行幅度正在逐渐收窄。1—2月累计负增长4.2%,至2014年1—6月,已收窄至负增长0.7%。

利润降幅最大的是采掘及金属冶炼和非金属行业。这具体有7个行业,包括石油、天然气开采,煤炭、黑色和有色金属开采,以及钢铁、建材等。2014年1—6月,这些行业的利润下降多达2232亿元,占上半年全国规模以上工业利润下降额的95.7%。利润减少的原因,主要是销售下降,以及境外大宗原材料价格下降等。

从长远来看,这些企业如果不发生多米诺骨牌式的财务危机,其经营状况恶化对宏观经济的影响不至于是致命的。而且,如果工业利润增速下降,仅仅是由于大宗原材料需求下降所致,这基本算不得是一件坏事。

进一步分析,如果不包括上述 7 个行业,2014 年上半年全国规模以上工业利润增长速度,则为 8.8%。这就是说,全国规模以上工业,近 30 个行业的利润增速,仍还不错。我们或许可以说,规模以上工业企业利润增长的平均数掩盖了企业利润增长的真实情况。

总而言之,当前中国工业企业利润负增长,是经济正在转向消费主导格局的产物,是一种结构性的经营恶化所致,即主要是与投资增长密切相关行业的经营状况较差所致,而与国内消费相关的其他多数行业,经营状况相对稍好。

当然,由于居民收入占 GDP 比重仅 40% 多,政府及其他职务消费因反腐大幅下降,所以消费在当下中国经济的发展过程中,只是一匹小马驹而已,短期内缺少较强带动力。当前如果投资增速继续下行,可能会进一步影响消费增长。

不过,当前中国经济有一个重要特点,即居民收入增长已持续多年快于 GDP 增长,收入占 GDP 比重正在稳步上升。而在这个过程中,应采取积极措施,增加居民消费占比,同时强调万众创新,进一步引导和创造消费需求,科学增加投资。因此在可以预见的将来,消费有较大可能成为一匹骏马,成为经济增长的一个主要推动因素。

(修改后发表于《浙江日报》2015 - 08 - 11)

当前经济增长的坚实与脆弱

2015 年经济有一个重要特点,全社会最终消费对经济增长贡献份额达到

60.0%,同比提高 5.7 个百分点。而在 2014 年,无论是消费率,还是消费对经济增长的贡献份额,亦均已超过 50%。

所谓经济坚实的部分依据,正是源于中国经济正在回复消费主导格局的这一状况。发达经济体的一个最重要常态,就是消费是经济增长的主要拉动因素。根据对 2012 年全球 36 个主要经济体相关数据的分析,有 33 个经济体的社会最终消费总额占 GDP 的 60% 以上,其中又有 16 个经济体的数据为 80% 以上。对这些经济体而言,居民和政府最终消费的增长,是 GDP 增长的主要被动因素。

相当一部分学者不赞成消费是经济增长主要动力的提法,或许的确应该避免使用"动力"这样的字眼。不过,这只是看问题角度不同而已,并无根本分歧。就经济增长的长期分析而言,创新确是唯一动力;然而就经济增长的短期分析及经济增长格局变动分析而言,当然应该分析出口、投资和需求之间的关系,以及这一关系的变化趋势。也就是说,主张消费主导,绝不意味着排斥创新动力。

所谓经济坚实的另一部分依据,是微观经济仍相对比较健康。2014 年夏天以来,我连续参加了近 10 个企业家座谈会,虽然企业家们通常不太愿意讲述他们最核心的故事,但仍可以话里听音,且他们的神态表情也会泄密。总的感觉是企业行为正在优化,企业家们一些原本浮躁的情绪正在消解,逐渐趋向于清醒、务实和谨慎。

企业财务数据也表明了这一点。2015 年以来,全国规模以上工业利润出现负增长,但负增长幅度逐月降低。且如果不包括煤炭钢铁等亏损大户,2015 年 1—5 月累计,全国规模以上工业利润同比增长达 7.7%。其中重要原因即得益于消费主导、内销为主的传统行业财务状况相对较好。2015 年 1—5 月累计,全国纺织业利润增长 6.3%,服装业增长 7.9%,食品业增长 12.1%,浙江内销企业利润增长达 10.3%。

当前我国经济增长的较大不足是"小马拉大车",中国城乡居民的收入和消费占 GDP 比重均较低。消费这匹小小的马儿，如今却要担纲促增长主力军，或将出现力不从心的状况。

消费增长缺少城乡居民收入增长的支撑。在出口和投资增长回落之下，收入增长亦在回落。2015 年上半年，全国居民收入增长同比实际放慢 0.7 个百分点。由此累计社会消费品零售总额，上半年回落 0.3 个百分点，这一数字或许不大，但回落趋势是明显的。

城乡居民收入增长缺少投资增长的支撑。投资增速逐月回落已殃及全社会用工增长，2015 年一季度，全国农村外出务工劳动力总量下降 3.6％；同年上半年，农村外出务工劳动总量仅增长 0.1％，这些都是近年来所没有的状况。在用工需求减少的情况下，工资收入增长或将相应放缓，从而影响消费增长。

投资增长缺少信心支撑。2015 年 5 月 28 日 A 股大盘开始大幅下挫所显示出的大规模高管套现情形，固然反映出一些高管"赚一票走人"的投机心理，更是表明一些高管对企业发展前景的信心严重不足。2015 年 2 月以来，全国民间投资增速回落幅度逐月加大，1—2 月累计同比回落 6.8 个百分点，1—6 月同比回落已达 8.7 个百分点。这些状况导致货币需求严重不足，广义货币即 M2 余额同比增速，由 2014 年 6 月的 14.7％降至 2015 年 6 月的 11.8％。金融机构资深人士指出，现在是"好企业不要贷，差企业不给贷"。

当下经济形势的关键是信心。6 月份出口相对较好，希腊危机正在纾解，一些省份正在推出有力措施，这些因素都有利于增强信心。目前需要大力促进投资增长，积极推进政府性投资增长，国有企业也应该在科学决策基础上，加大投资力度以带动民营企业。同时或可针对金融机构及其客户经理不敢放贷的状况，出台一些具体政策，力促民营企业投资加快回升。

（修改后发表于《浙江日报》2015 - 07 - 17）

开创重要战略机遇期第二季

进入重要战略机遇期第二季

中国经济正在进入全新发展时期。对此可定义为"重要战略机遇期第二季",或"重要战略机遇期第二阶段"。这一时期,我国经济增速虽然放缓,但从全球范围和经济史角度看,仍属较快增长;劳动相对价格开始提高,但由劳动相对价格变化支撑的较快增长仍没有根本变化。

改革开放以来,中国经济经历了两波较快增长,目前正在进入第三波较快增长时期。第一波是走出短缺经济的较快增长,第二波是外需主导的更快增长,第三波则是当前走向消费主导的稳定健康较快增长。

当前新的战略机遇的一个重要方面,存在于劳动和资本关系的变化之中。不过这一次不是居民收入占 GDP 比重走低,而是居民收入占 GDP 比重走高的分配优化机遇。居民收入占 GDP 比重走低能加快经济增长,居民收入占 GDP

比重走高,使得我国经济进入消费主导的增长格局,这同样有利于经济较快增长,且亦为国际经验所证实。

分配关系优化,形成结构优化与经济增长的良性循环。居民收入占 GDP 比重上升,导致消费占 GDP 比重上升,这就在外需减少等情况下对经济增长形成积极的消费支撑。当然工资上升确将挤压企业利润和政府收入,似乎会直接影响投资和经济增长。然而常识在一些特定情况下通常是错误的,对于工资上升加快而利润增速下降,仍能促进经济较快增长,学界已多有分析,此处进一步分析为三种状况:一是加快服务业发展,增强服务业对于就业的吸纳,形成经济放慢形势下的就业吸纳机制;二是促进资本与劳动的积极博弈,增强公平正义的社会价值,形成社会发展加快机制;三是促进中国经济由物质生产为主向增强价值创造转变,推动中国发展的根本转型。

这一重要机遇,仍是基于原有后发优势,或基于原有基本国情所形成的,总的追赶型发展格局并未发生根本变化,这也是中国仍处于重要战略机遇期的一个重要分析依据。当前中国经济总量虽已荣登全球第二,但人均 GDP 按现行汇率计算,仅为美国的 12%、日本的 13%、英国的 15%,即使按购买力平价计算,与美欧及日本仍有很大差距。中国经济的第一、二波高速增长,是利用势能形成的快速发展。而第三波增长,亦将利用发展差距转化的发展空间和动力,形成较快增长。

中国经济或将形成三个新的格局:一是回归内需主导格局,这是外需增长弱化下的必然,且原本即是大国经济的必选项;二是回归居民收入相对较快增长格局,企业利润和财政收入增长双双大幅放慢,资本节制增强,而这可理解为分配优化;三是形成经济结构优化格局,消费占 GDP 比重,服务业占 GDP 比重,以及制造业结构层次等均将有相对较快提高。而所有这些,均有利于经济的长期稳定增长。

需要强调的是,即使经济增速放缓至 6% 左右,仍是较快增长,这也是我国经济仍处于重要战略机遇期的又一个关键性的判断依据。根据我对 2002—2012 年全球72个经济体的分析,年均增长率高于6％的只有17个经济体。所以即使未来10年,经济年均增速保持在6％,中国经济仍继续处于经济增长的较高水平。

更重要的是虽然经济增长将放慢,但居民收入增长将不会有较多放慢。近3年城乡居民收入的增速虽有回落,但仍持续高于GDP增速;与改革开放以来的收入年均增速相比,目前我国的城镇人均可支配收入的增长率高出0.9个百分点,农村人均纯收入的增长率高出2.9个百分点,现在可以说是居民收入增长最快的时期之一。2014年,全国GDP增长7.4％,比上年回落0.3个百分点,但城乡居民人均收入实际增速仍达8.0％,仅比2013年回落0.1个百分点。且与本文分析相一致的是,城乡居民人均收入增长比GDP增长快0.6个百分点,占GDP比重有所上升,劳动地位正在提高。

当前微观经济正在遭遇局部困境,是增长速度换档期的阶段性问题。出口增速由20％以上,猛然跌至一位数甚至出现负增长,必然会有一些企业,或因扩张过快,或因成本大幅提高,或因技术和管理不适应,或因需求遇冷,出现不同困难,这对多数比较坚实稳健的企业而言应是暂时现象。随着财政货币政策微调,企业财务危机将得到控制,且伴随着新增长点的形成和坚实,以及相应的市场出清,微观经济或将逐渐趋于健康稳定。

(《经济研究参考》2015年第36期)

终结廉价出口时代

中国商品出口正在发生重大阶段性变化,相当一部分产品正在告别廉价出口时代。这是经济发展方式转变的一个重要方面,但也引发了近期的若干痛苦。

改革开放以来中国商品出口总额年均增速高达17.3％,且呈现出非常明显的加速趋势。1980—1990年,中国商品出口增长3倍多,1990—2000年增长4倍,2000—2010年增长了6倍多。20世纪80年代中期,我在绍兴调查乡镇企业经营状况，"出口创汇"是一个令人觉得非常荣耀且有一点高不可攀的词汇。我们是在非常艰难的环境下，迈开走向世界市场的步伐的。中国商品出口能取得今天这样占全世界份额 11％多、位列世界第二的成就，非常不容易。

这是两个完全不同的经济体系的全面对接。就境内而言，随着民营企业全面替代国有和集体企业，产品质量和生产效率全面快速提高；而就境外而言，劳动工资是境内的 10 余倍，劳动密集型产品的生产成本明显较高。改革开放极大地解放了生产力，境内企业依托体制机制活力，积极发挥低成本劳动力优势，加之土地及其他要素成本较低等因素，商品出口像决堤的洪水一样，一泻千里，势不可挡。

在这个过程中，企业大量引进境外先进实用技术，积极变革流通体制，不断深化社会分工和延伸产业链，块状经济迅速崛起，形成了持续的商品出口收益递增趋势。因此即使国内竞争激烈，企业竞相压价，企业出口利润还是能有长期较快增长。多年前在一次座谈会上，一位专业生产圣诞蜡烛的企业老总说，他们的产品在美国的到岸价，即使加上高达 200％多的惩罚性关税，还是要低于美国企业的出厂价，所以根本不怕所谓的贸易保护主义。

最近我利用中国统计年鉴，进行了简单的出口商品价格分析，得出 1999—2004 年，中国出口商品实际价格大致呈整体下降态势的结论。1999—2004 年，在可分析的 31 种出口工业品中，平均单价下降的有 13 种，另有 9 种商品的出口单价年均上涨幅度不高于 4％。按算术平均计算，这 31 种商品 2004 年的平均出口单价仅比 1999 年上升 2.9％，而此期间浙江生产者购进价格指数上升 19.6％，国内居民消费价格指数上升 5.5％。由此可以认为，相对于国内整体的价格上涨，此期间中国出口商品实际平均单价是下降的。

中国商品出口长期走低价路线的增长方式具有严重的内在缺陷，将逐步导致严重的结构失衡，甚至导致国家利益的严重流失。在中国商品大量出口的过程中，农民工就业空前增加，然而其工资水平却长期较低，这引发了严重的社会问题；外汇收入持续快速增长，国家外汇储备高达 3.2 万多亿美元，相当于年度 GDP

总额的近一半,这导致了欠发达国家将巨额外汇借给发达国家的窘况;在出口高速增长导致经济总量快速扩张的过程中,由于劳动工资长期较低,消费对于经济增长的推动不足,我国经济增长高度依赖投资和出口,出现了经济增长动力的严重失衡。

当前,中国出口商品价格下降格局已经终结,出口商品出现了价格全面上涨态势。这是在人民币汇率上升,国内劳动工资加快提高,企业对于生态环境保护的支出增加等情况下,必然会形成的提价趋势。在我分析的31种出口工业品中,2011年与2004年相比,出口平均单价上涨的有30种,仅有1种商品的平均出口单价下降。按算术平均计算,2004—2011年,这31种出口商品平均单价,涨幅高达1.7倍。

当前中国商品出口增速明显回落,一方面是由于欧美及日本等发达国家经济体经济不景气,另一方面则是中国出口商品涨价导致的。而事实上,由于中国出口商品价格长期较低,引发了欧美及日本的一场"消费泡沫",因此当价格回升以后,泡沫将逐渐消去。所以就这一点而言,当前外需不足,部分是"去泡沫化"导致的,而这一因素显然具有长期趋势特征,国内出口企业必须做好全面的积极应对。

(《浙江经济》2012 年第 20 期)

微观均衡重建与企业信心增强

工业企业在若干重要经济指标断崖式回落当中,总体而言保持了积极和稳健的应对。面对这波经济寒潮,工业企业努力实现生产经营均衡的重建,理性和稳健正在占据上风。

供需均衡重建是当前经济趋势的一个重要特点。其中一个重要方面,就是就业与工资,以及与企业生产经营的均衡正在形成,从而阻止经济进一步下滑。在出口和投资增长继续下滑的情况下,2016年上半年全国居民人均可支配收入实际增长率仅比 GDP 增长率低 0.2 个百分点。这一数字虽然非常微小,甚至可以被看作统计误差,但确实是反映中国经济微观均衡正在实现重建的一个重要信号。

中国经济之所以至今并未出现 2013 年年末那样的甚嚣尘上的所谓"硬着陆"，主要原因就是收入增长回落相对较少。中国劳动年龄人口这几年大致每年减少 200 万～400 余万，但农村仍有一部分剩余劳动力，加之高龄农民工的出现，因而实际劳动供给仍能有所增长。同时出口增长高位下滑，但因投资增长回落滞后，劳动需求仍大于劳动供给。因此在这一情况下，虽然工资增速持续回落，但 2011—2015 年，居民收入年均增速比 GDP 年均增速高 0.9 个百分点，形成了收入对于经济增长的支撑和促进。

2011 年至今，外出农民工数量增长及其工资增速同步回落。全国外出农民工人数增长，从 2011 年的 3.4%，回落至 2015 年的 0.4%，2016 上半年仍为 0.4%。全国外出农民工工资名义增长，从 2011 年的 21.2%，回落至 2015 年的 7.5%。但与 2012 年的 11.8% 相比，农民工工资名义回落不到四成。

城镇居民收入增速亦一直处于回落之中。这既反映了城镇就业的结构性困窘，即就业虽有一定增长，但缺少令人向往的岗位；也反映了白领工资的降低，因为城镇就业人群中的白领比重明显较高，当然其中某些行业的工资下降不乏合理性。城镇居民人均可支配收入比上年实际增长，从 2011 年的 8.4% 回落至 2015 年的 6.6%，回落约两成。

然而综合看，城乡居民人均收入增长的回落要缓慢得多。2011—2015 年，全国居民人均收入年均增长仍有 8.4%，这里包括转移支付等收入多元化因素。2011 年全国居民人均收入比上年实际增长 9.9%，2015 年这一数据为 7.4%，仅回落 2.5 个百分点。

这就较好地支撑了消费增长。2011—2015 年，全社会消费品零售总额年均实际增长 11.2%，即使在 2015 年，仍比上年实际增长 10.6%。就算去掉对这些数字习惯性想象中的水分，实际增长仍不能算低。

然而我们必须看到，出口和投资年均增速回落，均远远高于城乡居民收入和消费增长的回落。2011—2015 年，出口年均增速仅 3.5%；投资年均增速，

2011 年为 23.8％,2013 年仅为 9.6％。由此可以看出,消费增长对于当下经济增长具有决定性的支撑作用。

这些数据令人强烈感受到了企业所经历的痛苦,以及所做出的艰苦努力。2011 年,中国出口增长率从 2010 年的 30.5％,猛然跌至 15.2％,次年进一步跌至 5.0％,2015 年出口增长率竟为－1.8％。对于经济气候倏然从热到冷的急剧巨变,多数企业难以应对,不知所措。

然而生产经营还是得维持,工资还是得涨,否则真的只能关门大吉,企业为此付出了巨大代价。2011—2015 年,全国规模以上工业利润年均增长率仅为 0.9％,而此前的 1998—2011 年,这一指标曾高达 33.3％。企业亏损面在 2014 年 2 月达到 20.9％,为 2011 年以来最高。

企业采取了一系列降低成本,以及收缩和稳健为基调的生产经营策略,以求重建生产经营均衡。根据我的估算,企业管理费支出占销售比重,这一时期的实际数据起码下降 1 个百分点。同时,2011 年以来,全国规模以上工业企业的存货及产成品累计同比增长,从 2011 年 2 月的 29.0％和 22.0％,降至 2016 年 7 月的－0.8％和－1.8％。不过因生产者价格持续下降,当前企业存货与产成品实际仍属正增长。同时,企业资产负债率从 2011 年 2 月的 58.6％,下降到 2016 年 7 月的 56.4％,表明企业财务稳健正在实现重建。进入 2016 年,全国规模以上工业企业利润,重现月度累计 6％左右的增长,8 月,因出口较好和上年基数较低,工业利润同比增长更是达到 19.5％。

现在的一个关键,是要努力避免工业企业在稳健和理性方面用力过度。这一迹象现已比较明显,这包括民间投资增长持续 58 个月回落,存货按货币计算持续 8 个月负增长,工资增长小心翼翼等。片面采取刺激政策并不可取,并不一定有助于实体经济改善,因为分析表明超发货币至少在短期内并未能相应进入工业企业。当前关键还是要加大改革力度,以实际行动增强民间信心。

《浙江日报》2016－11－02

收入增长相对加快，
寒潮中的融融暖意

常识有时会骗人。建南京长江大桥时，据说有一场争论，焦点是桥墩沉箱从上游放下去，还是从下游放下去。从常识言，水从上游湍急而来，桥墩似乎应从上游放下去。

其实这难题宋朝即已解决。一则宋朝文字记载，某地笨重的镇河铁牛被洪水冲走，对于在上游还是在下游找发生了争论。一位聪明的和尚说，应该往上游去找。理由是湍急河水会冲刷铁牛前的泥沙，导致铁牛跌入由此形成的凹坑，向上游滚去。

不过南京大桥这一争论或许是杜撰的。这是在当时以阶级斗争为纲，批臭批倒知识分子形势下，对知识和知识分子的嘲讽。

收入增长有利于推动当下中国走出本轮经济下行。从表面看，收入增长将导致企业成本相应增加，从而其本身是经济回落的一个影响因素和原因。然而正是收入增长相对加快，弱化了经济断崖式回落的痛苦，优化了中国经济分配格局，形成了新的经济增长推动因素，因而从长期看有利于缓解社会矛盾，促使形成一种"收缩性结构优化"。

中国分配格局重大转变

分配转型与发展方式转变

当前经济形势有一大亮点,即城乡居民收入增长速度快于 GDP 增长速度,且这种快的幅度在加大。2014 年上半年城乡居民人均收入增长 8.3％,GDP 增长 7.4％。进一步考虑人口增长因素,大致可以认为,居民收入增长比经济增长高 1 个多百分点,2013 年上半年,城乡居民收入增速仅比 GDP 增速高约 0.2 个百分点。

1983—2011 年,中国城乡居民收入增长持续大幅低于 GDP 增长。此期间中国 GDP 年均增长 10.6％,城镇居民人均收入年均实际增长仅 6.7％,比 GDP 增长低 3.9 个百分点,农村仅 5.2％,不到 GDP 增速一半。1983 年,全国城乡居民收入相当于 GDP 的 62.6％,2011 年降到 41.4％。这是一段改革开放以来相对比较痛苦的分配史,虽然城乡居民收入增长不能说慢,但收入占 GDP 比重逐渐下降,中国经济增长正逐渐远离它的人民,宏观结构严重失衡。

这一状况在 2011 年迎来拐点。2011—2013 年,全国 GDP 年均增长7.7%,加权后的全国城乡居民人均收入年均增长 9.1%,比 GDP 增速高 1.4 个百分点,收入占 GDP 比重开始提高。按简略方式计算,2013 年城乡居民收入占 GDP 的 44.4%,比 2011 年上升 3.0 个百分点。

变化虽然不大,但趋势很明显。其重要意义在于,居民收入在国民经济中的分配地位开始提高,中国经济增长开始亲近它的人民,经济增长动力开始向消费转变。根据当前数据,中国分配格局在两个主要方面,开始发生重要变化。

居民、企业、政府三者分配关系发生变化。随着居民收入占 GDP 比重开始上升,企业和政府收入占 GDP 比重开始下降。虽因三方力量消长,博弈关系复杂,或出现局部和阶段性起伏,但总的格局难以逆转。2000 年曾出现过居民、企业、政府三方收入增速的悬殊差距,这一年全国规模以上工业企业利润比上年增长 86.2%,财政收入比上年增长 17.0%,城镇居民人均可支配收入增长实际仅为 6.4%,农村居民人均纯收入增长实际仅为 2.1%,这种情况今后应该不会再出现了。失去企业利润和财政收入的快速增长,换来城乡居民收入的稳步增长,将使经济格局趋于合理,是中国之幸。

城乡居民分配关系发生变化。1988 年以后,农村人均收入增长持续慢于城镇。此后的 21 个年头,只有 3 年农村收入增长快于城镇。1988—2009 年,城镇人均收入年均增长 7.9%,农村仅 5.0%。1988 年农村人均收入为城镇的46.2%,2009 年仅为 30.0%,城乡收入差距 20 年间扩大 10 余个百分点。2010年,城乡收入关系终于迎来拐点,农村人均收入增速自 1998 年以来首次高于城镇,至 2013 年,年均增速达到 10.5%,比城镇同期高 2.2 个百分点。2014 年上半年,农村人均收入增速继续比城镇高 2.7 个百分点。由于今后劳动力缺口主要是蓝领,所以农村人均收入增速高于城镇的局面将持续。

分配关系优化造就当前中国经济内在的自我支撑。消费占 GDP 比重变化，就长期而言是收入占 GDP 比重变化所致，只要收入占 GDP 比重是上升的，消费占 GDP 比重必将上升，这就在外需减少等情况下形成积极的消费支撑。工资上升确将挤压企业利润和政府收入，似乎直接影响投资和经济增长。然而工资上升，增强了对于资本的约束和激励，从要素供给端促进企业改善管理，减少支出，加强技改；从市场需求端拉动和改善企业销售，提高产品品质档次，提升产业结构。这些均无疑将提高劳动生产率和投资效率，最终促进经济增长。

工资上升促进就业奇妙变化，大大减轻就业压力。从手头数据看，浙江规模以上工业企业从业人员 2012 年以来持续减少，每月大致同比减少 1％～3％。然而在消费持续相对较快增长下，服务业用工需求增长仍相对较快，同时因服务业劳动生产率相对较低，单位产值增长能容纳更多劳动力。因此，尽管经济增长减速，工业用工减少，但就业增长仍相对较快。2014 年上半年全国城镇新增就业人员超过 700 万人，农村外出务工劳动力同比增长 1.8％。不过当前仍需高度关注大学生就业。

分配转型是在市场力量长期累积消长变化下，中国分配关系的转折性变化，是经济转型的一个重要方面，更是发展方式转变的基本支撑。政府部门长期习惯于从生产供应端管理调控经济，现在则需改变视角，加强从需求消费端观察研究新情况、新问题和新趋势，尝试从消费端增强经济回暖势头。

（《浙江日报》2014－08－05）

艰难的零点一个百分点

2012 年 1 月 17 日上午，国家统计局公布了 2011 年主要经济指标。当天我据此简单计算，2011 年全国城乡居民收入占 GDP 比重为 41.8％，比 2010 年上升 0.1 个百分点。

当然，这里所得出的城乡居民收入占 GDP 比重，应该比实际水平低一些。

这是由于高收入人群收入不透明,以及其他数据误差等因素导致的。不过需要指出的是,以此计算的城乡居民收入占 GDP 比重的上升率,应该不会有太大误差。这其实也是统计上的一个客观规律,即统计指标绝对值或有误差甚至是较大误差,但只要遵守一定的统计规则,相对数就应该能有较高的准确率。

城乡居民收入占 GDP 比重是国民经济的一个重要参数,其意义是全国人民每年创造的财富当中,个人所得所占的比重。改革开放初期,由于大幅提高农副产品收购价格和全面提高工资,城乡居民收入占 GDP 比重上升较快。1983 年,根据我的计算,城乡居民收入占 GDP 比重达到了 63.5%。这是一个较高的水平,大致相当于当前欧洲的状况,大大高于当前的日本,不过低于美国。

20 世纪 80 年代,中国经济以国有和集体企业为主,劳动生产率普遍不高,更重要的是农副产品价格和工资增长并不是由市场机制决定的,而是由行政机制决定的。所以一旦当市场机制对于收入增长起主要决定作用的时候,会在劳动力严重供大于求的背景下,导致城乡居民收入占 GDP 的比重,出现近 30 年的持续下降。2011 年与 1983 年相比,城乡居民收入占 GDP 比重下降了 20 余个百分点。

这确实是一个非常无奈和令人难受的过程。城乡居民创造了大量财富,但切切实实能享受到的,只是一小部分。几年前我带研究生小宋在绍兴县一个山区镇调研,他说那里的建设不如他们家乡河南。当天晚上我在绍兴县政府所在地柯桥散步,发现了一种典型的"一张皮"现象。大马路边的房子能与当前的欧美媲美,而里面的街道,则与 20 世纪 90 年代前的宁波差不多。浙江经济发展较快、社会发展较慢是一个普遍现象,一位"80 后"同事去浙西南调研后说,浙江山区学校的伙食,甚至不如他当年在湖北老家读书时的状况,孩子们的衣服、被子也比较单薄。

4 年多前,我根据劳动力供给状况等数据,认为中国城乡居民收入分配占

GDP 比重,将出现上升趋势。2007 年召开的党的十七大也提出,要逐步提高居民收入在国民收入分配中的比重,提高劳动报酬在初次分配中的比重。可是非常令人遗憾,居民收入占 GDP 的比重,在 2008—2010 年的 3 年中,仅在 2009 年由于 GDP 增速较慢而出现上升,另外两个年头都是下降的。

当前农民工收入已出现了较快增长趋势,这也是 2011 年城乡居民收入占 GDP 比重上升的主要原因。唐师傅是安徽人,来杭州做泥工 10 多年了,2010 年收入大概只有 8 万多元,2011 年已有 10 万元左右。以前一工 100 多元,现在则是 200 元,如果是短期突击性工作的话,还要加倍。

不过城镇居民收入增长还是偏慢。2011 年,全国城镇居民收入实际增速 8.4%,浙江城镇居民收入增速则要低 0.9 个百分点,这两个数据均低于全国和浙江的人均 GDP 增长速度。这大概与当前劳动力结构及其供求状况有关。当前主要是蓝领短缺,这些主要是农民工,而城镇劳动力大多就业于白领岗位,这方面的劳动力并不短缺,所以城镇居民收入增长仍相对较慢。

小郦的表姐年前从诸暨农村来家里做客。她喜滋滋地告诉我们,因为收入增长,他们家去年花了两万多元钱,装修了两个房间,买了一台 42 寸彩电。中国经济的转型,其实质是国民经济分配结构的转型。随着居民收入增长开始逐渐高于 GDP 增速,意味着国民经济分配结构出现优化迹象,城乡居民经济地位开始逐渐提高,消费主导的增长格局正在来临。

《浙江日报》2012-03-05

收入分配转折之年

城乡居民收入终于跑赢 GDP。2012 年,浙江城镇居民人均可支配收入实际增长 9.2%,比 GDP 增速高 1.2 个百分点;农村居民人均纯收入实际增长 8.8%,比 GDP 增速高 0.8 个百分点,全国情况亦如此。虽然老百姓感觉不明显,但毕竟从数字上说是个好的开端。

改革开放以来的30多年当中,浙江此前只有1个年头,城乡居民收入增长双双快于GDP增长。2009年因全球金融危机,浙江GDP增速受挫,收入则因增长刚性等原因仍相对增长较快,城乡人均收入增长快于GDP。除此之外,浙江还有7个年头,分别有城镇或乡村一项收入跑赢GDP。这就是说,改革开放以来有25个年头,城乡人均收入增长均惜败于GDP增长。

这其实是一个非常严重的问题,而政府及学界却长期几乎浑然不知。2006年公布的全国"十一五"规划,要求人均GDP年均增长6.6%,却仅要求城乡人均收入年均增长5%。

这就出现了一种非常奇特的现象。一方面政府和学界大声呼吁降低积累率,提高消费率,优化宏观经济结构;另一方面却对导致积累率和消费率失衡的收入增长长期低于GDP增长现象熟视无睹。即使到了编制"十二五"规划时,仍有相当一些官员和学者不太清楚人均收入增长和GDP增长之间的关系。可以说,我们当前经济增长的"三驾马车"失衡,产业层次低下,人民群众缺少高增长下的幸福感,以及流动性泛滥,资产大幅溢价等,都与收入增长持续慢于GDP增长有关。2007年,收入增长持续较慢终于得到中央关注。中共十七大报告指出,要逐步提高居民收入在国民收入分配中的比重,提高劳动报酬在初次分配中的比重,然而实际的变化,则尚待数年之后。

这一重大转折性变化终于出现在2012年。2011年,按照统计年鉴数据计算,全国劳动所得占GDP比重,比2010年上升0.05个百分点。因为这一上升幅度实在太小,且考虑到统计误差的可能,并不一定能得出劳动所得占GDP比重上升的结论。而2012年,按现在初步公布的数据计算,全国劳动所得占GDP比重上升1.44个百分点,宏观经济重大的分配关系已呈明显优化的趋势。

当前收入增长快于GDP增长,并不是短期波动,而是今后一个时期的趋势性变化。这里的根本原因是劳动供求关系已从供大于求转变为求大于供,且全国的 GDP 增速亦开始有所降低。今后一个时期，按照多层次分析，全国劳动年龄人口大致将每年减少 500 万左右，从而形成了工资加快增长的客观可能。当然，可以通过采取资本替代劳动等措施，一定程度地缓和劳动供给短缺，但从国际经验看，这扭转不了人均收入增长在最近若干年内快于 GDP 增长的趋势。

在这一场人均收入增长的转折中，蓝领得益较多，这其实也是对于他们长期以来收入增长缓慢的一种补偿。而就白领而言，收入增长或将相对慢一些，这从当前全国城镇人均收入增长低于农村人均收入增长中可以得到证实。这是因为城镇人口当中的白领比重较高，而农村人口当中蓝领比重较高。新参加工作的大学毕业生在这一场人均收入增长转折中的得益较少，这是由于大学毕业生在就业市场上总体供大于求，导致低端白领工资增长较慢。

城乡居民收入相对较高是浙江骄傲，不过浙江这几年 GDP 增速放慢已导致人均收入增长持续慢于全国。2012 年，浙江城镇人均可支配收入增速比全国低 0.4 个百分点，农村人均纯收入增速比全国低 1.9 个百分点，且这种状况已出现多年。如果浙江人均收入增长低于全国的状况再持续一两年，则在浙江人均 GDP 于 2012 年被挤出全国前五之后，其人均收入也有可能被挤出全国前三。

我们或许不必追求 GDP，但对于城乡人均收入则应高度重视。不过这就出现了一个悖论，没有 GDP 增长的支撑，哪来人均收入的长期稳定增长？所以无论对于 GDP 也好，人均收入也好，都应高度重视，关键是更好地实施科学发展观。

《浙江经济》2013 - 02 - 25）

收入增长相对加快阻击"硬着陆"

收入增长快于 GDP 增长的较大可能及意义

2011 年,中国经济出现了居民收入增长快于 GDP 增长的重大转折。这一年,加权后的居民人均收入比上年实际增长 9.9%,比 GDP 增速快 0.7 个百分点。这大致是 1983 年以来,全国城乡居民人均收入增速首次快于 GDP 增速。

2011 年至今我国经济发展持续保持这一势头。2011—2014 年,全国 GDP 年均增长7.6%,加权后的居民人均收入实际年均增长 8.7%,比 GDP 增速高1.2 个百分点。2015 年一至三季度,GDP 增长 6.9%,居民人均收入实际增长 7.7%,比 GDP 增速高 0.8 个百分点。即使当下统计数据一般被认为有水分,也并不影响我们从这一比较中,得出居民收入增长快于经济增长的结论。

这些枯燥数字具有重要意义。因为只有居民收入增长持续快于 GDP 增长,才能确切表明中国经济正在转型;并且,当居民收入占 GDP 比重接近或者超过 50%时,才能确切表明中国经济初步实现了发展方式转变。

这就得回顾改革开放以来收入与 GDP 之间的关系。改革开放至 1983 年,是居民收入增长与 GDP 增长的蜜月期。政府多次提高机关企事业工资,允许企业发放奖金;农村大包干促进农业大丰收,同时政府多次提高农副产品收购价格,城乡居民收入连年较快增长。

1983 年以后,这一势头戛然而止。1983—2011 年,全国 GDP 年均增速高达 9.9%。城镇人均可支配收入,扣除价格因素,年均增长仅 7.4%,农村人均纯收入年均实际增长亦仅 7.4%,双双比 GDP 增速低 2.5 个百分点。

由此形成我所谓的扩张性结构失衡。近 30 年来,城乡居民收入年均增长 7%多,确是中国经济非常耀眼的光辉成就。然而收入增长大大慢于经济增长,导致收入占 GDP 比重持续走低。按照国家统计局公布的地区生产总值收入法构成项目表,2011 年劳动报酬仅占 GDP 的 44.9%;而我按照人均收入占人均 GDP 的计算方式,2011 年居民收入仅占 GDP 的 41.4%。且以同一方式计算,劳动所得占 GDP 比重低于 40%。

消费占 GDP 比重,正是在这一状况下日渐下降。2010 年,居民消费占 GDP 比重,达到了改革开放以来的最低点,35.9%。根据日本统计局提供的全球 36 个主要经济体数据,2010 年居民消费占 GDP 比重低于 40%的仅 3 个经济体,沙特阿拉伯以 32%位列最低,中国位列倒数第 2 位。这 36 个主要经济体中,居民消费占 GDP 比重高于 50%的有 28 个经济体,其中高于 60%的有 12 个。

正是因居民收入及消费占 GDP 比重如此之低,所以当今转变经济发展方式的一个重要指标,就是居民收入及消费占 GDP 比重的上升。这既是 2011 年以来的客观趋势,更是今后一个时期,中国经济转型的必需。2011—2014 年,根据我的观察分析,居民收入占 GDP 比重由 41.4%,上升到了 44.8%;居民消费占 GDP 比重,由 36.7%上升到 37.7%。

这些数据具有十分重要的意义。且不说居民收入及消费增长低于经济增长将导致的严重问题,即使居民收入增长仅与经济增长同步,也将有两个较大问题:一是在这一状况下,居民收入占 GDP 比重,就不可能在当前较低水平上逐渐有所提高,从而难以实现全体人民共享改革发展成果的目标;二是消费增长对于经济增长的较高贡献,将是无源之水、无本之木,中国经济不仅难以形成消费主导格局,且将长期由投资推动,发展方式难以有根本改观。

幸好在当前趋势下,这一局面基本不会出现。今后一个时期,根据我的直观判断,如果 GDP 增速能在当前水平上保持在 6.5% 左右,居民人均收入增速有较大可能快于 GDP 增速。如果 GDP 增速能更高一些,居民收入增长比 GDP 增长快 0.5 个百分点以上,应是大概率事件。

中国经济当前之所以没有"硬着陆",主要是因为收入增长相对并未回落,消费增长相对坚实。这也正反映了中国经济当前的一个重大结构性转变,即国民经济分配格局,正在从有利于资本,向着有利于劳动转变。更重要的还在于,有利于劳动分配的宏观经济结构,至少在最近 10 余年内,同样有利于资本。

紧紧抓住这一趋势,首要的就是能实现共享发展理念;更重要的是,还能极大地激发资本创造力,加快创新基础上的转型,这显然是一个比较美妙的前景。

(《浙江经济》2015 年第 23 期)

收入相对加快与"收缩性结构优化"

虽然中国经济正遭受下行煎熬,但若干结构性数据却令人有一些高兴。2015 年,全国城乡居民收入增速,比 GDP 增速高 0.5 个百分点。全国居民收入占 GDP 比重,由 2014 年的 43.3%,上升到 2015 年的 44.5%,上升了 1 个多百分点。

收入增长快于 GDP 增长,是 2011 年以来的一个重要趋势。2011—2015

年，GDP 年均增长 7.4％，城乡居民人均收入实际年均增长 8.4％，比 GDP 增长快1.1个百分点。这就导致 2015 年城乡居民收入占 GDP 比重，比 2011 年的 40.5％，提高了 4.0 个百分点。

中国经济的要素结构已经发生转折性变化。基本格局是从劳动过剩和资本稀缺，转变为劳动紧缺和资本充溢。这就使得在当前经济增长状况下，宏观分配结构从有利于资本，转变为有利于劳动。根据国家统计局公布的数据，2011—2015 年，中国劳动年龄人口，已经从 9.41 亿减少到 9.11 亿，减少了 2976 万人。农民工平均年龄在 2014 年已达 38.3 岁。最受企业欢迎的男性青壮年劳动力，事实上早已短缺。

正是分配有利于劳动，使得在出口和投资增长大幅回落的状况下，中国经济形成了消费支撑的相对较快增长。一些人士对国家统计局公布的 2015 年 GDP 增长 6.9％的速度有所怀疑，但从已公布的整套数据的逻辑性而言，这一速度有一定可信性。而且，即使 GDP 实际增速低于 6.9％，比方假定是 5％，那么从全球角度而言，也仍是较快增长。所以说，2015 年中国经济增长较快的结论，大致应该是能成立的。而这一格局的实现，主要是收入增长所支撑的消费增长所致。

请原谅我没有使用"资本过剩"这样的概念，而是用了"资本充溢"这样一个有点奇怪的概念。中国毕竟仍是发展中国家，资本总体而言仍显不足，这可以从信托理财收益率目前仍能维持 8％以上水平得到证明。虽然银行定期存款利率已下降，但银行理财产品收益率仍在 5％以上。然而另一方面，一些金融产品收益率已大幅下降，这说明资本稀缺性确已大大降低。当前实际状况，或许是结构性的资本过剩和资本不足并存。

当下中国经济增速回落亦是结构性的，并非总量性的。这一点，除了国家统计局公布的 GDP 数据可供参考，还可以由规模以上工业企业利润增长状况来证明。2015 年 1—11 月份规模以上工业企业利润增速为－1.9％，这当然让人高兴不起来。然而工业 41 个行业中,利润负增长的是 11 个行业,主要都是与投资有关的矿冶及设备行业,利润正增长的是 30 个行业,主要是与国内消费有关的行业,合计的利润增速高达 9.2%,如纺织业利润增长 5.9%,食品制造业利润增长 9.9%,电气行业利润增长 14.5% 等。

然而一些人士说,这些数字不确切,企业不可能提供真实利润数字。这话并非不对,企业确有较大可能少报利润。但企业上报的数据,会大致遵循数据在横向和纵向间的逻辑关系。因此,企业上报数据本身的真实性或许确实不强,但其数据的横向和纵向间关系,应该不会过分离谱。从这一点看,那些利润增长率数据,应该有较高可信性。

企业的痛楚在于利润增速高位下跌。1998—2011 年,全国规模以上工业企业利润年均增速高达 33.3%。相当一部分企业是根据这一利润增长状况,来规划自身发展。然而 2011—2015 年,全国规模以上工业企业利润年均增速,估计仅为 2.2%。这一情况下,不仅相当一些企业日子难过,而且还连累金融状况。但经营状况好的企业,显然也为数不少。

当前中国的经济问题,实则是重大结构转换所致。首先是要素结构转换,原本劳动力不值钱,如今劳动力开始值钱了。其次是宏观分配结构转换,原本资本所得增速快得离谱,如今终于慢了下来,但还是有近 3/4 工业行业利润能有正常增长。再次是消费积累结构转换,原本消费地位每况愈下,如今消费比重开始上升。最后是生产方式转换,原本资源环境消耗飞快增长,现在终于慢了下来,正在形成集约内涵增长格局。

"十三五"开局之年,个人觉得中国经济尚不至于如一些学者和机构说的那么糟糕。在供给侧结构性改革这个方针之下,稳健引导收入增长,积极确保消费升级,同时努力处理好产能过剩及由此而来的债务等问题。在这一过程中,宏观经济内在的积极因素坚实生长,危机因素或将逐渐消化释放。

(写于 2015 年年初)

收入增长和 GDP 增长能同步吗

2007 年召开的党的十七大提出了"两个提高"，即"逐步提高居民收入在国民收入分配中的比重，提高劳动报酬在初次分配中的比重"。这是党中央根据劳动所得占 GDP 比重，自 1983 年以来持续下跌（当时已跌至 40% 以下）的状况，而提出的非常重要的分配政策的导向意见。

2010 年，党的第十七届五中全会通过的"十二五建议"，把这句话变成了"两个同步"，即"努力实现居民收入增长和经济发展同步，劳动报酬增长和劳动生产率提高同步"。应该说，针对 2007—2010 年，收入增长仍慢于经济增长的实际，这样的提法未尝不可。

然而 2015 年党的十八届五中全会通过的"十三五建议"，其相关表述仍是上述"两个同步"，即"坚持居民收入增长和经济增长同步，劳动报酬提高和劳动生产率提高同步"，没有回到十七大提出的"两个提高"，这就产生了一些问题。

实际状况是，2011—2015 年，全国居民人均收入实际增长比 GDP 增长快 1.0 个百分点。而 2015 年，全国居民人均收入实际增速比 GDP 增速大致快 0.5 个百分点。因此，这个"同步"，起码不符合实际情况。而且，对于收入增长快于 GDP 的状况，在宏观层面上可以有三方面判断。

一是提高了居民收入占 GDP 的比重。居民收入占 GDP 比重，根据我的粗略计算，从 2011 年的 40.5% 提高到了 2015 年的 44.5%，提高了 4.0 个百分点。这不仅有利于提高劳动者经济地位，更是切切实实体现了党中央提出的五大发展理念中的"共享"要求。

二是增强了消费对 GDP 增长的促进作用。根据对全球 2013 年 36 个主要经济体的分析，中国居民消费占 GDP 的比重，仅高于沙特，为 36%。正是因为消费占比长期低下，中国经济增长动力才长期以出口和投资当道，毕竟居民有钱了才能多消费。2015 年终于有好消息,最终消费支出对 GDP 增长的促进作用达到 66.4％,比 2014 年提高 15.4 个百分点。

三是造就了分配向有利于劳动转变的格局。美国宏观分配大致是资本和劳动三七开,欧洲大致是四六开,日本则约是对半开。而中国经济自 1983 年以来,分配持续向资本倾斜,劳动所得在国民经济分配中的比重,最低甚至曾降至 34％,近乎全球最低水平。

因此,2011 年以来收入增长持续快于 GDP 增长,实际意味着经济格局从原本的国民经济分配有利于资本,转变为有利于劳动。这一方面是对此前劳动收入占比长期偏低的纠正,另一方面也是劳动收入正常增长的回归。

另外当下我们所看到的,正是一幅消费拯救中国经济的图景。2015 年三大需求增长:投资增速比 2014 年实际回落两个多百分点,出口增速比 2014 年回落近 7 个百分点,消费增速实际仅回落 0.3 个百分点,这得归功于收入增长相对较快。

这样我们就可以看到,"坚持居民收入增长和经济增长同步"这一说法存在着矛盾和不合逻辑性。

如果真的是收入增长与经济增长"同步",那么如何在当前如此之低的收入占 GDP 比重状况下落实"共享"理念?如何改变"三驾马车"当中消费长期偏弱局面?如何切实发挥"消费对增长的基础作用"?

换言之,如果真的是"收入增长与经济增长同步",那么中国宏观经济结构就难有根本改变,中国经济就难以真正实现转型。当然,这在经济现实中应该是不可能的。

当然,居民收入增长或应理解为是人均收入增长。因此按"同步"说,收入占 GDP 比重亦将逐渐上升。因为倘若假定人口年均增长 5‰,GDP 和人均收入增长均为 7％,则每隔 10 年,收入占 GDP 比重将提高 2.6 个百分点。然而问题是,收入占 GDP 比重的上升幅度仍是过慢,仍不利于优化经济结构和转变发展方式。

当前非常有必要进行市场经济分配观的启蒙教育。那种"先生产，后生活"，"生产长一寸，生活长一分"的说法，与市场经济客观规律严重不相符合。当前各地编制的"十三五规划"，基本都把收入增长定为与 GDP 增长同步，相当多的地方甚至用收入名义增速来替代实际增速。十分明显，长期来一直存在着的"重资本所得，轻劳动所得"的状况，缺乏根本改变。

市场经济中的资本、劳动和技术要素的分配关系，并不受宏观当局决定，而是主要由要素稀缺性决定。劳动稀缺性上升后，工资增长就会加快；资本稀缺性下降后，资本收益率就会下降。背后的奥秘，正是市场对于资源配置的决定性作用。

当前必须坚持收入增长快于 GDP 增长的发展导向。这一方面将是中国经济近一二十年的客观趋势，只要 GDP 增速在当前状况下继续保持接近于 7％的水平，居民收入增长完全有可能持续快于 GDP 增长，从而消费地位能够较快上升，中国经济将加快形成消费主导的增长格局。

另一方面，应该清醒地认识到当下收入增长快于 GDP 增长的脆弱性。如果 GDP 增长在当前状况下回落至 6％左右或以下，收入增长将慢于 GDP 增长。当然，这当中 GDP 增长回落本身，很可能就是由收入增长回落导致的。在这一状况下，无论何种因果关系，消费对经济增长的促进作用均将弱化，令 GDP 增长雪上加霜，这是我们大家都不愿看到的局面。

（写于 2016 年年初）

消费崛起是中国经济的自我救赎

我们辛辛苦苦工作是为了什么？不就是为了日子过得好一点,这不就是增加消费？经常听人似是而非地说,生产、消费的整个经济环节,生产才是最重要的。可是我得说一句话,生产与消费同等重要,谁也少不了谁。

　　"文革"刚结束时,我在上海万体馆听当红沪语相声演员黄永生的相声。主题很简单,人体的五官哪一官最重要？结论是每一官都重要,少了哪一官也不行。后来听到侯宝林大师也有同一题材的相声节目,相声界的见解似乎比经济界更全面。

　　康德说:"思维就是把给予的直观与一个对象联系起来的行动。"多少年了,我们的思维还是停留在直观的粗陋水平上。直观如果不与一个完整、全面的对象联系起来,就永远不可能形成整体的科学思维。世界是一个有机整体,少了谁都不行;军事上单兵突进,只是整体战略的一个部分。

　　当前中国经济转型正处于一个重大拐点上。此前经济发展主要靠投资和出口,往后将越来越依靠消费。消费不仅仅是发展经济最为本原的目标,也是经济长远发展的不竭推动力。正如西谚所云:"需求是创造之母。"

中国经济正在进入消费主导格局

消费作用曾被严重弱化

改革开放以来,投资和出口对经济发展的推动作用逐渐增强。投资的推动作用在 2009 年达到登峰造极的地步,对 GDP 增长贡献高达 79.7%,2001—2013 年对 GDP 增长贡献的算术平均为 51.5%;净出口对经济发展的推动作用在 2005 年为改革开放以来的次高,对 GDP 增长贡献达 22.6%,历史上该数据最高是 1990 年的 34.2%。

要观察出口推动,还不能仅看净出口数据,因为这会低估出口对于经济增长的推动作用。有一年我在北京参加形势分析会,一些学者怎么也不相信国家统计局关于出口对 GDP 推动力较弱的说法,原因就是这个"净"字。这里显然还应看出口相当于 GDP 的比重,2006 年这一数据最高,以人民币计算,相当于 GDP 的 35.9%。2000 年以来,出口相当于 GDP 的比重,基本都在 20% 以上。

30年前我读商务版三册本萨缪尔森《经济学》，其中有大国经济对外贸易总额通常不高于GDP的5%的说法。在受古典经济学熏陶的大牌教授眼里，出口对大国经济推动很有限，只是中国太特殊。

正是在这一局面下，消费不仅对经济发展的推动作用较弱，对国内经济增长的牵制作用也较弱。中国经济因农村劳动力长期大量过剩，工资难以较快增长。这时如果出口规模长期较小，经济增长将因消费不足而放缓，同时也使得消费占GDP比重不至于降到较低水平。一些人均GDP较低的国家，消费占GDP比重也可以大大高于中国，印度2012年人均GDP约为中国的2/3，消费占GDP的69%，比中国高近20个百分点。然而在出口推动较强，以及出口相当于GDP比重较高的情况下，即使国内消费增长滞后，经济也能较快增长。

消费蜷缩由此而生。改革开放以来，消费对GDP的推动作用，从最高的1979年的85.0%，降到最低的2003年的36.4%。2000—2012年，消费对于GDP增长的推动作用，算术平均仅为45.3%，这在全球范围内都是一种非常低的状况。我利用日本统计局提供的数据，分析美、英、日等37个国家的消费比重。2012年，消费占GDP比重低于50%的，仅沙特、新加坡和中国3个国家，其中中国为49%，与国家统计局数据一致，其余34个国家均高于60%，其中28个国家的消费占GDP比重高于70%。

由此可见，消费推动作用弱、消费占GDP比重低，应该说是中国经济超常规增长下的一种非正常状况。如果错把非正常状况，当作中国经济进入常态化发展时期的正常状况，显然有可能出现判断性错误。

消费崛起是必需的

现在的问题还在于，中国出口在未来一段时期内，已不可能再现2000年以来20%左右的快速增长。这里主要有三个原因：首先是传统劳动密集型产品出口竞争力下降,这受到人民币升值、要素价格上升,以及环境保护形势严峻等因素的影响;其次是出口增长空间逐渐受限,中国商品出口在 2013 年已占全球商品出口的 11.8%,相当一部分商品占全球出口比重已相当高,多种形式贸易壁垒和贸易纠纷不断出现,对于中国出口商品的挤压增强;最后是新兴国家和地区工业品出口的崛起,全球近 3 年商品出口增长快于中国的国家和地区有 10 个。2000—2012 年,全球服装出口年均增速高于中国的国家和地区有 5 个,办公和通信设备出口快于中国的国家和地区有 13 个。

出口增速回落对于中国经济具有全方位的深刻影响。坏消息是中国经济增速将因需求缺失而有较大回落,投资增速亦相应降低,2014 年 1—5 月,全国投资增长 17.2%,工业投资仅增长 14.0%;浙江投资增长 16.8%,工业投资仅增长 6.5%。好消息是经济增长与经济社会诸方面的多层面联动机制增强,倒逼改革,有助于人们转变浮躁心态,加强节能减排,同时促进居民收入占 GDP 比重提高,加快转变经济发展方式。

这里还有两点需要注意:一方面是投资之所以还能较快增长,原因就是国有企业及政府投资仍在较快增长,而这或将难以为继;另一方面是工业投资增长明显较慢,而这部分投资以民营企业为主,市场机制正在促使其降低投资增速。在失去了出口较快增长及相应的出口利润,且经济增长总体放慢的情况下,今后的投资快速增长,就市场经济内在规律而言,应是小概率事件。且在产能过剩,甚至局部基础设施效率较低及缺乏相应现金流的情况下,投资过快增长亦非佳音。

正是在当前这一时点上,消费增长开始有诸多利好,形成经济发展方式转变的一个巨大转机,这就是劳动力短缺情况下的城乡居民收入增长开始加快。全国农村居民人均收入自 2007 年开始加快,至 2013 年实际年均增速为 9.8%,城镇居民人均收入自 2005 开始加快,至 2013 年实际年均增速为 9.2%,双双达到改革开放以来前所未有的水平。我对此的一个判断,就是中国经济进入新分配时期。未来一个时期,收入增速虽然不一定快于前期,但快于当年 GDP 增速应是大概率事件,收入占 GDP 比重将稳步上升。

分配格局变化的主因是劳动供求关系的转折性变化。浙江小微企业早在 2004 年就已感受到了"招工难"。根据国家统计局公布数字,2012 年中国劳动年龄人口数量出现下降,比上年减少 345 万人,2013 年继续减少 244 万人。当前农村虽仍有剩余劳动力,但青壮年劳动力已短缺,农民工工资必然出现较快增长。根据"六普"人口年龄表预测,2012—2026 年,中国劳动年龄人口,每年平均将净减少 577 万人,由此将形成工资持续提高,以及收入占 GDP 比重提高的重大趋势。

消费增长正在阻击"硬着陆"

收入提高加快,促进消费增长较快。为什么 2014 年出口低迷加之反腐打压,而国内经济增长尚不至于惨不忍睹,根本没有出现国外有关机构和媒体预期的"硬着陆"? 原因就是城乡居民收入加快增长下的消费增长的坚实支撑。2003 年以来,消费对于 GDP 增长的推动,在落到最低点的 36.4% 以后,开始稳步上升,目前已连续 3 年高于和相当于 50%。2014 年 1—5 月,全国全社会消费品零售总额增长 12.5%,仅比去年同期稍有回落。而 2014 年 1—4 月,全国全社会消费品零售品总额增长甚至略快于上年同期。有一次我在绍兴市调研,市旅委一位工作人员介绍,2013 年以来,绍兴星级酒店数量稍有减少,总床位增加较多,客房入住率上升 10 个百分点,投资增长 35.7%。我立马说,一股暖流啊! 惹得哄堂大笑。

林毅夫最近提出,不同意转向消费拉动型的增长。他的理由是,消费固然重要,但还是得靠投资来提高劳动生产率,从而才能有足够的收入增长。林毅夫还认为,如果劳动生产率和收入不提高,只刺激消费,几年后储蓄用完就需要举债,远期就会爆发债务危机(详见 2014 年 6 月 16 日《21 世纪经济报道》)。总之按林毅夫的说法,消费主导的增长不可取,也存在较大风险。

应该说,未来一个时期的消费增长并不如林毅夫说的那么悲观。首先消费增长绝非以储蓄为来源,政策刺激亦非主因,主要还是分配格局变动下的收入增长所致,而这是由劳动供求状况决定的。2013 年我国农民工总量增长2.4%,比上年降低 1.5 个百分点,比 2010 年降低 3.0 个百分点,农民工工资 2010—2013 年年均增长 10% 以上,2013 年外出农民工工资增长 13.9%。

其次,收入增长压缩企业利润是事实,但这只是将原本过高的利润压缩至市场均衡水平而已。1998—2008 年,全国规模以上工业企业利润总额,年均增速高达 35.6%,失去这种快速增长的利润,绝不至于令企业日子过不下去,只能使中国经济更健康。为什么现在一些企业非常难受,叫得厉害?无非是短期内难以适应高台跳水般的激烈变化而已。"乍暖还寒时候,最难将息",这时也正需要货币政策适当微调,不过或许也只能如此而已。

第三,也是最重要的一点,提高劳动生产率并非只有投资一条路,工资较快增长也将形成提高劳动生产率的强大动力。从要素供给端促进企业改善管理、加强技改、减少支出,从而提高企业素质;从市场需求端拉动企业销售,提高产品品质档次,提升产业结构。而所有这些,无疑均将加快提高全社会劳动生产率,并且促使投资效率加快提高。日本经验表明,工资加快提高、收入占 GDP 比重上升,与工资增长滞后、收入占 GDP 比重下降一样,均能促进经济增长。1961—1975 年,日本统计年鉴上的日本雇用者所得占 GDP 比重,从 39.5% 上升至 55.2%,同期 GDP 增速高达 8.7%。

劳动生产率提高亦具有较大空间和潜力。当前全国劳动生产率按现行汇率计算,大致为日本的 1/6、美国的 1/8,有较大上升空间。根据国家统计局数据,2009—2013 年,全国全社会劳动生产率年均提高 8.3%。这里的一个重要原因,是劳动力从低效率传统部门向高效率现代部门的转移。虽然今后一个时期这一转移速度不可避免地将放慢,但目前全国农业就业人口占全国就业人口比重仍超过30%,而日本这一数据在1990年已仅为5.9%,所以这方面的效率提高仍有较大潜力。再加上后发经济较快的技术进步,全社会劳动生产率提高显然不至于太慢。当然,这里关于劳动生产率提高的乐观判断,是仅就近七八年而言,长远或有较大问题。

中国经济发展的三驾马车,从以投资和出口推动为主,事实上正在逐渐向以消费推动为主转变。这是当前中国经济进入常态化发展的一个良好趋势,是市场决定性作用的最好注脚,更是具有城乡居民收入增长的坚实支撑。

消费主导应同时满足三个条件

关于经济发展以消费为主导的定义,应同时满足三个条件:一是消费增长对GDP增长的贡献份额大于50%,但这有可能是在消费占GDP比重较低的情况下实现的;二是消费占GDP比重大于50%,但在这一情况下,消费增长对GDP增长贡献份额也有可能小于50%;三是居民收入占GDP比重为50%左右。

同时满足了上述三个条件,消费将不仅占经济生活的主要地位,且对经济发展也有主要推动作用。第一个条件目前已满足,2011年,消费对GDP增长的贡献份额为54.4%,2013年,这一数据虽下降至50%,但2014年一季度国家统计局发言人指出,"消费对经济增长的贡献是在提升"。第二个条件目前正在接近实现,2012年,我国消费率已达49.5%,根据城乡居民收入增长快于GDP增长,以及出口放慢后GDP增长与国内经济社会联动增强等判断,今后若干年消费率超过50%应是大概率事件。第三个条件如按2011年来居民人均收入增长比GDP增长快1个百分点计算,收入占GDP比重在10余年后可望达到50%。所以对于中国经济进入消费主导的发展时期,不仅仅是定性判断,更具有统计分析支撑。

消费是经济发展的出发点和落脚点。我们辛辛苦苦打工干活,就是为了过上一个好日子。然而各级政府长期比较重视企业利润增长和投资,不太重视居民收入增长和消费,2005 年前的全国多届五年规划确定的城乡居民人均收入增速,均比 GDP 增速低两三个百分点。各级政府长期习惯于从生产端来管理和促进经济,不习惯于从消费端管理和促进经济,以至于经济回落时期都会驾轻就熟地祭起投资法器。

在这一波宏观调控中,首先还是应该充分认识到经济形势中的消费积极因素,正确判断消费在中国经济中的地位作用正在增强的积极态势。其次是确立顺势而为的宏观调控指导思想,避免制造新一轮的"政策消化期"。最后是辅之以必要的政策手段,努力消除消费障碍,增强消费意愿,改革垄断企业以优化要素价格,按市场机制协调劳资博弈等。

当前必须科学完整理解十八届三中全会提出的"市场在资源配置中起决定性作用和更好发挥政府作用"这一说法。市场的决定性作用是前提和主体,政府的更好作用是在尊重市场决定性作用基础上的发挥,尽管在特殊情况下会有一些必要的例外。政府意志在相当情况下应服从市场意志,否则就不再是市场起决定性作用了。

（以上 4 篇修改后发表于《南风窗》2014 年第 15 期）

消费崛起是中国经济的自我救赎

消费崛起是转型期的阶段性特征

中国经济增速正在缓慢回落。虽然消费名义增速逐月回落，但实际增速较 2013 年同期增速，一直保持在回落 0.5 个百分点左右的幅度上，而这 0.5 个点，或可看作政府消费下降，所以居民消费增速实际并不一定较大幅度地低于 2013 年同期，并不一定有较大放慢。正是国内消费增长相对较好，导致工业增速降幅较小，这就已可看出消费对于当前经济增长的积极作用。

这一波消费相对较快增长始于 2011 年，并导致最终消费率上升。此前，中国经济最终消费率已持续下降 10 年之久。2013 年，最终消费率终于艰难回升至 49.8%，比 2010 年上升 1.6 个百分点。而 2014 年上半年消费率更是达到 52.4%，比上年同期提高 0.2 百分点。消费对于经济增长的贡献份额也在增大，2014 年 1—9 月达到 48.5%，同比提高 2.7 个百分点，比积累率对经济增长的贡献高出 7 个百分点左右。

这一消费增长相对较快主要是居民消费增长相对加快所致,应该比较令人欣慰。2013 年与 2010 年相比,居民消费占 GDP 比重从 34.9％上升至36.2％,提高 1.3 个百分点。而政府消费在此期间,从 13.2％上升至 13.6％,仅提高 0.4 个百分点。同时政府消费在社会最终消费中的比重,2013 年比 2010 年略有下降,相信 2014 年或有更大下降。

消费崛起对于当下中国经济具有特别重要的意义。在这一被学院派经济学家看作是短期分析的框架中,或可做如下四方面分析。

第一,促进国民经济正常循环。国民经济循环属于经济系初级课程的教学内容。按马克思的观点,经济活动形成生产、分配、交换和消费之间的闭合循环。按西方经济学分析,企业购买生产要素形成支出,出售商品及劳务形成收入;个人以其劳动等要素形成收入,购买商品和劳务形成支出:由此形成一个闭合的循环。无论是马克思的循环还是西方经济学的循环,任一环节均不能缺少和削弱。十分明显,当前我国消费增长加快,将促进要素优化配置,提升整体效率,支撑经济稳定增长。

第二,促进经济结构提升转型。当城乡居民有能力增加消费以后,城乡居民作为消费主体,起码可以有三个方面的变化。一是变得更倾向于劳务消费,2014 年一至三季度第三产业增速比 GDP 增速高 0.5 个百分点,旅游业增长持续较快,这就有利于提升产业结构。二是变得更有品位,近几年来建筑装潢材料消费一直增长较快,说明居民对住房品质要求明显提高,另外近几年与文化及健康有关的消费增长也较快,说明消费品质在提升,这就有利于提升产品结构。三是变得更加挑剔,城乡居民不再满足于那些粗制滥造的商品,不再不加选择地购买商品,而是货比三家、挑肥拣瘦,促进商品品质提升。30 多年前,美国学者在评价日本经济崛起时曾认为,日本消费者特别挑剔,所以促进了日本制造业加快提升制造水平,可见消费者挑剔是产业升级的重要激励因素。

第三,促进居民消费获得应有地位。只有消费增长持续快于 GDP 增长,才能形成追赶型的消费增长格局,从而使得消费率逐渐达到正常合理水平。2010—2013 年,居民最终消费率从 34.9％提高到 36.2％,平均每年提高 0.4 个百分点左右。今后即使按此速度匡算,居民最终消费率达到大多数经济体都具有的 50％以上水平,也需要 30 余年时间,当然实际的速度提高应该更快一些。只有在消费具有应有地位的情况下,中国经济增长才能促进结构优化,才会体现较强理性。

第四,促进消费崛起。从其字面就可看出,这并不是一种常态化状况,而是转型期的一种过程性状况。正是从这个意义而言,我们说中国经济正在进入消费主导的增长格局,绝不是想贬低投资对于经济增长的推动作用。只不过是想指出,在当下经济转型特定时期,相对于投资而言,消费或具有更大的增长空间,对经济增长具有更重要的推动作用。

而且必须看到,创新对于中国经济未来具有重要的决定性意义,所以这一短期分析与推崇创新要素的长期分析框架并不矛盾。经济增长说到底是靠创新推动,然而消费加快增长有利于增强创新驱动。只有当经济结构总体优化、经济循环顺畅展开之时,创新才能具有较强作用和较高效率,长期卖不动的创新产品毫无意义。

（写于 2014 年年初）

消费崛起是有源之水

消费固然不一定是经济增长的动力,但绝不像一些大牌学者所说的那么不堪。然而更重要的是,当前的消费崛起是对长期消费蜷缩的反弹。

中国人确有喜爱储蓄的传统。然而这是社会长期动荡的无奈之举。1983 年,城乡居民收入占 GDP 比重高达 62.6％,但城乡居民最终消费占 GDP 比重仅为 50.2%。大家完全可以想象,自鸦片战争至改革开放,中国社会动荡不安,城乡居民好不容易涨了点工资,敢轻易多花吗?

收入占 GDP 比重上升的美好时光,在改革开放后经历了短短数年就结束了。1984 年以后,城乡居民收入增长持续慢于 GDP 增长,居民收入占 GDP 的比重每况愈下。到了 2011 年,根据我的计算,城乡居民收入占 GDP 比重跌至历史最低的 41.4%。

消费应声而下。中国居民最终消费占 GDP 比重,终于逐渐跌到了历史最低点。2010 年,根据国家统计局公布的数据,居民最终消费占 GDP 比重仅为 34.9%。这要比改革开放以来,居民最终消费比重最高的 1981 年的 52.5%,低 17.6 个百分点。

或许大家对消费比重如此之低缺少概念,我们做一个简单的国际比较,即可看出问题之严重。根据日本统计局公布的全球 36 个主要经济体,按支出法统计的 GDP 数据排序分析,2012 年,在这 36 个经济体中,居民最终消费占 GDP 比重最低的是沙特阿拉伯,仅为 28%;居倒数第二位的是中国,仅为 36%,这与国内数据一致。

这 36 个经济体中,居民最终消费占 GDP 比重高于 50% 的多达 28 个。也就是说,在这组全球主要经济体中,多达 3/4 以上的经济体,居民最终消费占 GDP 比重高于 50%。由此可以认为,从全球范围来看,居民最终消费占 GDP 比重一半以上,是一个大概率的正常事件。

中国居民最终消费比重,在这 36 个经济体中,与位列前 10 位的经济体的平均水平相比,几乎低一半左右。就是与人均 GDP 大大低于中国的印度相比,中国的居民最终消费比重,也要低 20 多个百分点。正是基于这一状况,我于前几个月发表于广东一家杂志上的文章提出了"消费蜷缩"概念。

发展经济的最终目的是为了消费,是为了不断满足人民群众日益提高的物质和精神需求,然而我们现在的消费比重,仅相当于绝大多数经济体的一半左右,显然大大背离了发展经济的目的。人民群众的根本利益是各项工作的出发点和落脚点,然而我们显然没有在宏观经济的重大比例关系中,充分地显示这一点。

消费蜷缩已对中国经济正常运行形成严重伤害。消费或许真的不是经济增长的动力,但缺少消费支撑的国民经济,亦不可能有长期较强的增长动力。且不说"需求是创造之母",最重要的是国民经济正常循环,将因消费不振而受重大阻碍。

资本自循环就是其中的一个重大问题。在消费蜷缩情况下,资本获利空间大为缩小。资本在继续投向原本已饱和的消费品生产的同时,只能更多地投向资本品生产。于是重化工投资增长明显加快,产能迅猛增长;住宅亦由其消费属性而被挖掘其投资属性,进而因门槛较低而诱使资本尽情进入。在这种情形之下,全社会固定资产投资增速持续迅猛加快,进一步造成投资是中国经济主要动力的假象。而所有这一切,都缺少基本的消费支撑,从而恶化宏观结构,导致要素效率严重下降,资源环境危机日趋严重,社会情绪日益恶化。在这同时又出现外需的急剧萎缩,于是中国经济大幅"失速"。

令人高兴的是在这一时点上,中国劳动年龄人口总量开始下降,城乡居民收入增长开始加快,消费增长开始提速,中国经济内在的积极因素,终于开始逐渐增强。

所以当前的消费崛起,其支撑基础是劳动供求关系变化,是劳动力价格上升的市场机制使然。这就不是如一些学者说的那样,是靠政府政策刺激出来的,是靠借款促进的,是靠放弃投资推动的,甚至是靠经济学家比消费比重比出来的。更不会如某大牌经济学家说的那样不可持续。当前消费增长较快,是在中国经济发展进入上中等收入水平情况下,居民收入增长快于 GDP 增长的基础上形成的,这就绝不是"无源之水",而是货真价实的"有源之水"。

《浙江日报》2015 - 01 - 09)

消费这匹小马驹儿

我鼓吹中国经济正在进入消费主导时代,这其中的分析逻辑并不复杂,中国劳动年龄人口总量开始下降,城乡居民收入增长开始加快,消费增长亦开始快于 GDP 增长。当然其中的关系比较复杂,请允许我不展开分析。

然而一些大牌学者的眼里却容不下消费。他们的逻辑也不复杂,说是经济增长主要是靠创新,哪有靠消费之理。前年一位大牌学者甚至以非专业的逻辑说,短期内消费或许能上去,但钱花没了咋办?

这些专家大概忘了,经济分析可以从不同角度去看。长期的经济增长固然是靠创新,但创新之母是需求,需求不就是有相当部分的消费吗? 更重要的是经济增长还可以有短期分析。至于支付消费的那些钱,当然会与挣钱水平形成均衡。中国人以其对于 100 多年来社会动荡的记忆及社会习俗和消费习惯,不可能主要是从储蓄里取钱去花,所以消费的钱是不可能花没的。

然而当消费的重要性真的开始上升后,我却未必感到宽慰。2015 年,全年最终消费支出对国内生产总值增长的贡献率高达 66.4%。这虽然应了我一年多前提出的,中国经济正在进入消费主导格局的判断,但新的问题也很明显。

消费这匹马驹儿显然比较弱小,担纲如此庞大的中国经济,实在是非常力不从心。原因在于支撑消费的应主要是城乡居民收入,然而其占 GDP 比重仍较低。2015 年城乡居民收入占 GDP 比重虽有所上升,但据粗略估算,仍仅为44.5%,距 50%这一关口还有较大距离。现在出现的消费地位上升,实则是在既有发展水平下,投资和出口增长大幅下降之后的收缩性结构优化。

2014 年分季度的经济数据也表明,在出口和投资增长大幅回落的情况下,消费有可能难以持续支撑当前经济增长。有关文章披露,一季度消费对增长的贡献为 64.3%,根据国家统计局数据,一至二季度为 60.0%,一至三季度进一步降低为 58.4%。而一至三季度的 GDP 增速,从 7.0% 降至 6.9%。

这里还有一个问题,在出口和投资增长难以有所起色的情况下,当前的城乡居民收入增速,很可能难以持续。2016 年 2 月末,农村外出务工劳动力数量同比下降 3.6%,这是近 3 年所没有的;二季度末这一数据为同比增长 0.1%;三季度末则持平。2015 年年末公布的数据稍好,但仅增长 0.4%。由于用工需求难以较快增长,农民工工资增速逐季回落。2016 年 2 月末为同比增长 11.9%,二季度末为 9.8%,三季度末为 9.1%,全年则仅为 7.2%。

我们不愿看到的情景又出现了,当前经济增长事实上仍不得不取决于投资和出口增长。中国经济受出口和投资主导的时间太长,入戏太深,难以自拔。如果出口和投资增长继续回落,就有可能导致用工总量下降,从而影响城乡收入增长。当然,我的最新分析表明,出口和投资增速,2017 年很有可能不再回落。但这也表明,消费增长支撑具有不稳定因素。

当然,我们或许并非缺少需求,而是供给侧出了较大问题。要么是严重缺乏创新,难以引导和扩张消费;要么是严重缺乏营销,酒香也怕巷子深;要么是流通环节过多,交易成本奇高,坏了消费心情;要么是消费环境恶劣,消费者实在被整怕了,不敢买国货。

培育和引导消费心理也是一大重任。就我个人而言,虽未曾遭受较多苦难,但昔日囊中羞涩的岁月记忆犹新,好不容易有了几个小钱,哪愿轻易花掉?尤其是年过六旬,能少买东西就少买,生活简单一点好。对于"双十一"购物狂欢,实在是不敢恭维。女儿多次嗔怪我,说我对不起中国 GDP。

或可倡导一种简约的精致生活。物质资源方面的消费,不妨简约一些;人力资源方面的消费,有可能的话不妨精致一点。这样既对得起生我养我的大自然,又对得起自己,更有利于经济社会发展。平日里粗茶淡饭,安步当车,却不妨碍同时追求生活的精致。以我个人喜好来说,比如说在吃、穿、用均简约的情况下,不妨拥有一套高端音响。

　　根据近两年的观察,应修改补充我一年多前提出的,对于消费主导的经济增长格局的定义。当时我认为这需要同时满足两个条件,即消费率和消费贡献份额同时均大于50%。现在看来应增加第三个条件,即居民收入占GDP比重应大致在50%左右。只有同时满足这三个条件,才算是形成了消费主导的经济增长格局。

(《浙江日报》2016-01-22)

路边梳头女孩与消费主导战略

外向型经济的辉煌成就

1987 年,一位中央领导来浙江调研。当时他在嘉兴主持的座谈会上,发表了关于发展外向型经济的重要讲话,说是要把沿海几亿人甩出去,两头在外,大进大出。

机关里传达他的讲话,似乎有一丝震撼。这位领导说,根据他的调研,外资参股不如控股,控股不如独资。我当时听到这话的第一感觉是,中央领导确是看透了我们这个体制的深刻弊病,说出了一些大家的心里话。计划经济积重难返,如果不下猛药,能改得动吗?中国的发展,短期内能有较大起色吗?

20 世纪 80 年代中期,我所在的浙江省经济研究中心,提出实行外向型发展战略时,遭遇一片明显的反对声。史晋川教授后来说,当时一位老厅长有点激动地对他说,以浙江当时一年出口 7 亿多美元,甚至不到全省工业总产值

7%～8%的状况,怎么能发展外向型经济呢? 这一战略后来去北京征求意见,也遇到一片委婉的反对声。但这一战略的精髓,最终还是被采纳了。

外向型经济是市场经济的一种技术性提法,是当年主持这项课题研究的老领导后来跟我说的。然而1984年中央关于经济体制改革的一个基本提法,仍是"生产资料公有制的基础上实行计划经济",以及"有计划的商品经济",自然不可能直接提出发展市场经济,只能"曲线救国"来强调市场经济对于浙江发展的重要意义。不过即使退一步望文生义,以浙江严重缺少自然矿产资源的省情,人均GDP极低的经济发展水平,教育科技文化严重落后的社会发展水平等状况,积极扩大对外开放,大力引进技术和各种资源,确是不二选择。事实早已证明,30年前提出的外向型战略是完全正确的。

回顾这段历史,我们深感于这一战略取得的巨大成功。1980—1990年外贸出口增长3倍,1990—2000年外贸出口增长4倍,2000—2010年外贸出口增长6倍。1986—2011年,中国GDP年均增速高达10.0%。这是一段非常辉煌的历程,也是一种外需主导的发展格局。

中国经济逐渐远离它的人民

1986—2011年,全国城镇居民人均可支配收入,年均增长7.2%。从世界现代经济史而言,这一数字非常靓丽,但比全国GDP年均增速低2.8个百分点。全国农村居民人均纯收入年均增长仅5.5%,比全国GDP增速低4.5个百分点。

一个不得不接受的事实是,中国经济正在远离它的人民。1986—2011年,按简略计算,中国劳动所得占GDP比重,从50.0%降到33.4%。数字或许并不完全确切,但其所反映的下降幅度应大致可信。

为什么中国经济的消费率越来越低,积累率越来越高? 因为居民收入的分配比重越来越低,由此亦形成了我所谓的"扩张性结构失衡"。

此期间企业利润及财政收入迅猛增长。1998—2011年,全国规模以上工业企业利润年均增长33.3%,全国公共财政收入年均增长19.8%。与同期全国农村居民人均纯收入实际增速相比,前者高出26.6个百分点,后者高出13.1个百分点。

然而道德抨击似乎过于苍白。既然是发展市场经济,在农村劳动力大量剩余状况下,农民工工资难以较快提高亦属难免。这里还有大量引进发达经济体成熟技术,以及长期实施出口激励政策等因素,进一步加快了经济增长,亦无意识地进一步减缓了居民收入增长,当然其中还有贪污腐败的因素。

20年前,国务院发展研究中心丁宁宁的一篇文章说,那些在大城市里很不起眼的农民工,才是中国经济的脊梁,当时我很有同感。正是农民工的极低收入,才形成了中国经济迅猛发展的极强动力。后来因课题研究需要,经在北京的老同事联系,我曾向丁宁宁等咨询相关事宜,并与之一起喝酒聊天。那天我是以敬慕的心情去的,当然丁并不知晓。

路边梳头女孩

正是上文所述的背景,导致我某日在杭州城西的西溪路一阵瞎逛后,感慨颇多。我那原本的率性而为,却再一次从由此而观察到的低收入区域的原生态状况中,触发了一些促进中国经济从外需主导加快向消费主导转变的理性思考。

西溪路南侧是山,顺着山势有一些小山谷。而那条西溪路的西端,是杭州城西的一条主干道。道路两侧大致呈典型的城乡接合部情形,街面房大都是三四层,行人众多,店面密集,布局较乱,档次不高。然而沿山而上,却能发现这里有着一幢幢农民自建的别墅式建筑,三四层楼,独门独院,铸铁大门,立面漂亮。

不过,整体环境却难以令人满意。路面还算干净,却有些许污水;每家房子倒是漂亮,但并不整洁;房子排列尚属规整,但整体布局拥挤零乱。视线所及,或是堆放陈旧杂物,或是晾满衣物,总之并不令人舒服。尤其是路边一家小商店,洗涤池设在门外,裸露着大大一块污水出入口,不堪入目。

那些有着令人羡慕的别墅式建筑的当地居民,出租收入应该占了其总体收入的相当部分。那些建筑的底层,潮湿阴暗,大都用来出租。其余部分,好像是能出租就尽量出租,不少阳台有好多晾着的衣服。这里的外来人口应该多于本地人口,他们缺少人力资本,收入不高,消费较低,顾不上环境整洁也属情理之中。

深入小山谷约百余米的路边有一小铺子。一位身材极佳的20岁左右漂亮女孩,正对着挂在路边墙面上的破镜子梳头。那墙上还有两枚钉子,分别用来挂梳子和剪刀。我以长期调研练成的厚脸皮,不揣冒昧地问女孩,平时都是这样梳妆打扮的吗?女孩说,是啊!

这屋子外间狭窄杂乱,有个里间黑咕隆咚,里间上有二楼。女孩说,这里住着的不止她一人。我忽然想,这路边破镜,应是这群女孩"御用"的梳头处吧。

女孩说,这小铺子曾做过卖服装等生意,但都不行,现做汽车票代销。我问收入还好吗?女孩说,凑合。她显然不愿与我多聊,也不同意我用手机拍她。但刚才我用手机拍她梳头,或许不是正面,她并无异议。边上一抱小孩的中年妇人说:"我们是外出打工的,哪像你们城里人的日子好。"

恰巧前一天早上我与临时来带宝宝的阿姨有一段同样对话。阿姨是河南信阳人,儿子大学毕业在杭州打工,她与儿子同住。她说:"我们的生活怎么能跟你们比啊。米是从老家带来的,早餐自己做,弄点咸菜。"说话间,阿姨目光飘向我家里总是不断的水果说:"在杭州哪有水果吃,只是想多存点钱。"又说儿子收入不高,也没去想前途什么的。

我想起了童年和少年时代曾接受的天下三分之二劳动人民还在受苦的教

育,突然觉得,如今我们这些人的日子应该是比较不错了,但杭州城里,仍有相当一部分家庭并不宽裕。而中西部农村与东部沿海城市的贫富差距更大。前些日子在河南农村,我特意走进一户农舍,一名独居的 70 岁左右老妇正用小煤球炉煮青菜面条。我问有肉吗?陪同小伙子说,哪有啊。我注视了一下冒着热气的小铁锅,油星似乎也较少。若您说这很生态,有利于老人健康长寿,我也无话可说。

转向消费主导战略

这么一个距普遍富裕还有较大距离的中国,未来仍有巨大发展空间。2014 年,人均 GDP 低于浙江的省区有 26 个,其中不到浙江七成的有 21 个省份,仅为浙江一半以下的有 10 个省区。更严重的是,对于一些地方的一些人来说,贫穷是他们的一种生活方式和人生价值。所以提升发展水平,更是一场地域文化和社会价值的转变过程,这比仅提高一些经济指标要难得多。

中国经济往后的一个重大战略转变,就是从出口主导,转变为消费主导。有人会说应是内需主导吧,这也没错。然而,如缺少消费较快增长,投资又怎么可能持续较快增长?所以在出口增长恢复平常时,归根结底还需要消费主导。

更何况政府及政府性投资效率远低于民间。国内某位居庙堂之上的大牌学者两年多前曾明言不赞成消费主导,他甚至说,如果钱花完了怎么办?这位学者忘了他当本科生时学的经济学初步知识,理性人是现代经济学的一个基本假设,理性人能花完他的钱吗?更何况从全球绝大多数国家看,消费至少占其GDP 的 50%～70%。

出口当然仍很重要。然而当今中国商品出口已占全球出口总量的 14.2%,今后关键是提高档次品质,提升在全球价值链中的地位,不能再以量取胜。如

2015 年中国药物出口,仅占全球的 2.5％,且以原料药和中间体为主;而欧盟 2015 年药物出口占全球的63.9％,瑞士药物出口占全球的12.2％。所以 2016 年年初出现的人民币持续贬值,或许有利于短期,但不利于中国经济长远发展。

唤醒内需,关键是普遍提高城乡居民收入。2011—2015 年,由于劳动力紧缺,加之企业对经济增长断崖式下滑猝不及防,全国居民收入增长比 GDP 增长约高 1 个百分点,其中农村居民收入更是快于城镇。这就导致 2015 年的众多经济指标中,消费增长持续保持两位数,以至于 2013 年年末即甚嚣尘上的"硬着陆"并未出现。

收入增长的一个问题是缺少可预期的稳定。2016 年一季度,全国居民收入增长,自 2011 年以来首次慢于 GDP 增长。2016 年一至三季度,全国居民收入增长同比回落 1.4 个百分点,比同期 GDP 增长低 0.4 个百分点。这就直接导致消费增长回落。10 月,社会消费品零售总额扣除价格因素,实际增长 8.8％,比去年同期回落高达 2.2 个百分点。

虽然长期分析表明,未来 10 余年内,居民收入增长完全有可能快于 GDP 增长,然而短期情况显然不容乐观。这就使得消费主导的经济增长格局,存在着一些不确定性。

短期分析表明,当前居民收入增长回落,其中一个因素是企业持续主动收缩生产经营规模。这也怪不得企业,出口断崖式回落之下,投资降至个位数,房地产甚至出现负增长。由此,企业只得选择一种适应性的低水平均衡,导致其对劳动力需求降低,以及工资增长放慢。这就企业言是好事,全国规模以上工业利润增长已连续 3 个月保持在 8％以上。然而这却形成"合成谬误",并通过一系列复杂传导机制而影响宏观经济。

收入增长的另一个问题,是政府方面对此尚缺乏足够认识。从中央和国务院层面而言,近期已有若干文件,不过相关政策真正落地依然艰难。以至于在一些负责任的经济领导干部中,长期以来所谓"先生产,后生活""生产长一尺,生活长一分""亲商""重商",甚至"宠商"等价值取向,仍有相当市场。曾听一位领导不屑地说,关于收入占 GDP 比重的问题,他是不清楚的。

然而这一指标,才是衡量人民经济地位的最重要指标。当前无论是短期还是长期,调整分配结构,提高劳动所得占 GDP 比重,缩小收入分配差距,普遍提升国内居民的获得感,是非常重要的一束政策集。

(财新博客 2016 - 11 - 20)

中国经济挺住的草根奥秘

中国经济的基本层面仍是草根。他们长身体时缺少物质营养,长知识时缺少精神营养,长大后缺少工作岗位。改革开放初期,他们无依无靠,唯一能依靠的只有自己的胆识和智慧,而这恰是草根经济的本色。

更重要的还在于,新一代知识草根在成长。正因出身艰难,他们比寻常人更能吃苦;正因知道前辈之不易,他们比寻常人更善于打拼;正因知道人世间并无他们安逸之所在,他们比寻常人更善于利用他们的知识。

我内表弟的儿子,初中到加拿大投靠姑妈。儿子临行时表弟对儿子说,老爸的钱都换作加元了,无论你学得好还是学得不好,学费绝对保证,但也只能这样了。意思是老爸的钱都给了你了,小子你得好自为之。

儿子大学毕业后几年,成为全球一家有名软件公司的项目负责人。后来放弃加拿大的团队和优渥生活,带宁波籍太太一起到硅谷。小伙伴问他为什么改换门庭,他说喜欢硅谷"竞争创造价值"的文化氛围。如今他入职的那家全球著名公司被微软收购,他的年薪也高达六位数。

只要始终坚持解放思想,始终坚持改革开放,始终坚持市场化,草根终将登堂入室。

资本困惑及其行为转变

资本张狂与资本消极

中国经济的资本收入增长速度之快,曾也像 2015 年 5 月前的股市一样,达到过"疯狂"的地步,只不过大家没有关注罢了。当前我们或应清醒地看到,长期的资本收入比重过高,与劳动收入比重过低形成的分配结构失衡,或是我们当前经济下行较猛,也就是本文所谓的当前经济增长"失速"的一个重要原因。

中国经济在 1995 年前后,突然遇到严重的国内需求疲软。当时经济增速下滑,物价指数负增长。但随后,快速的外贸出口增长,促使形成了新一波经济快速增长。1990—2000 年,出口增长 4.0 倍;2000—2010 年,出口增长 6.3 倍。促成这一格局的是一个历史性模式:"南方企业家+中西部农民工+境外工艺技术装备"。

在这一过程中,农民工工资增长缓慢。同时因企业销售收入快速增长,成本不断降低,导致利润快速增长,进而促使投资逐步加快增长。这种以外需和投资增长为主的经济格局,可以较少受到国内消费增长影响,也就可以在居民收入增长较慢的情况下实现较快增长。

中国"钱多"的故事就是在这一背景下形成的。1998—2011年,根据中国统计年鉴数据,全国规模以上工业企业利润年均增速高达33.3%,扣除物价指数实际年均增长31.5%。即使进一步扣除不同年份被统计企业数的不可比因素,在这10余年的时间内,中国工业企业利润年均增速起码在20%以上,同期城乡人均收入实际增速则为9.3%和6.7%。由此或可断言,这一时期居民收入增速大致仅为企业利润增速的1/3左右。从图5看到,1999—2014年,城镇居民收入增长曲线,可怜地蜷缩在工业利润增长曲线的底部。

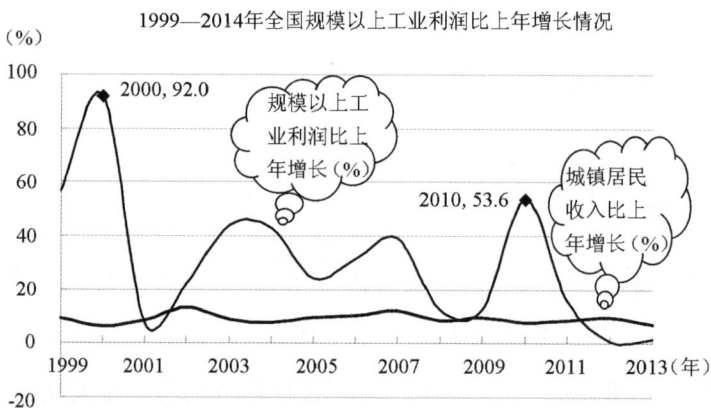

图5 1999—2014年全国规模以上工业利润比上年增长情况

钱多了,口气大了,动作也会变形,资本张狂就是这样炼成的。万达老板出5亿元让其儿子练手,全球各大赌场大赚中国人的钱。多年前我在一个县里调研,听说澳门赌场在当地设有办事处,提供全程优质服务。我的一位同学长期承包一家企业的建筑工程,突然有一天老板赌博输至负债累累,同学欠了一屁股农民工的工资。全球奢侈品市场中心突然转移到了中国,全球最贵的豪车在中国销量最大,中国富人喝名贵红酒如牛饮。至于花几千万元办婚礼之类的新闻,更是不绝于耳。

一大批缺少必要投资回报的低效投资应运而生,从而导致了经济增长的长期收敛风险。形象工程层出不穷,诸多奇形怪状建筑物相继树立,一年用不了几次的场馆拔地而起,缺少车流量的各种道路桥梁,缺少人气的商品市场、公园等相继出现,以及大量过剩产能也屡见不鲜。更可气的是建设项目平均寿命大幅缩短,不断地拆了建,建了拆。花了大量人力、物力创造的财富,最后相当一块变成了缺少甚至没有回报的沉没成本和奢侈性消费。正常的投资建设在后续都会形成相应的供给和需求,然而那些低回报投资和巨额奢侈性消费,根本无法形成后续正常的供给和需求。

我与同事做了一个模型来分析这种状况,清晰表明这一状况对经济的长期稳定增长是毁灭性的。当存在着 20% 无回报的投资时,假定资本收益率和储蓄率不变,则现实增长率仅是潜在增长率的 80%。幸亏在出口飞速增长年代,资本收益率和储蓄率都非常之高,所以即使现实增长率大大低于潜在增长率,实际增长仍很高。然而 2011 年以来,资本收益率和储蓄率均较快下降,潜在增长率大幅降低,于是实际增长率下降更快。也就是说,那些低回报乃至无回报的投资,进一步放大了资本收益率和储蓄率的下降,导致了经济增长在短期内迅速"失速",这也正是我们现在看到的中国经济的一种情形。

就在三四年前,一些地方请我们编制工业强县规划,雄心勃勃地说要工业产值五年翻番。我们说恐怕较难,他们给我们算账,说是能实现的。一些人士大概怎么也想不到,当前居然出现了工业增速只有 3%~5% 的状况,一些地方甚至出现雪崩式的增长回落。个别省份时至 2015 年 6 月初,仍未公布 2014 年统计公报,很可能是那些数字实在太难看了,浙江则已于 2016 年 2 月末公布。

行文至此,我不由想起鲁迅先生的一句话,从小康而坠入困顿的途中,大概可以看见世人的真面目。我们当下虽未陷入困顿,但因资本利润增速从最高年份的全国平均的 90％多,降到百分之几,甚至负增长,显然使得一些企业和地方特别困惑和痛苦。这就像日本一句很有名的谚语一样,"从清水寺的舞台上跳下去"。舞台很高,跳下危险,恐怖之极。

这就是我们当前正在遭遇的资本消极问题。也是资本张狂之后,资本情绪极度低落导致的一个问题。2015 年 1—5 月,全国投资增速回落 5.8 个百分点,其中民间投资增速回落 7.8 个百分点,浙江 2015 年 1—4 月工业投资增速仅为 5.3％,是 2010 年同期以来最低。就政府而言或许是缺钱,但民间投资如此回落,主要可能是因为投资者看不清前景,缺少信心。

资本消极对于当前经济走势具有较大杀伤力。2011 年以来,全国城乡居民收入增长持续快于 GDP 增长,消费地位有所上升,形成了中国经济增长的一股新的推动力。然而 2012 年以来,因出口和投资增长双双放缓,GDP 增速回落,城乡居民收入增长相应回落。2015 年一季度,全国居民收入增长,尽管比 GDP 增长高 1.1 个百分点,但比上年同期回落 0.5 个百分点。这就直接影响消费增长,2015 年 1—4 月,浙江全社会消费品零售总额增长 7.3％,同比回落 3.1 个百分点。

如果资本消极进一步蔓延,投资增长或将继续回落。在此情形下,全社会用工增长和居民收入增长势将进一步放慢,消费增长亦将回落,这就有可能导致城乡居民收入增速回落至 GDP 增速之下。如果真的出现这一状况,不仅所谓的消费主导将落空,且经济增长将受到严重影响。

资本活力与资本节制

2015 年春末,我在安徽广德县参加了一个企业座谈会,感受到了一些来自微观层面的令人高兴的情况。广德的企业八成来自沪苏浙,其中浙江有 274 家,占企业数的 64％。从这个座谈会反映的情况看,浙江企业总体不乏乐观因素。

参加座谈会的有 9 位企业负责人，只有 1 位表现沮丧。不过，我们或应原谅他的满腹牢骚。这位 59 岁的来自江苏的金总，在盛泽有一家占地 10 亩的经编厂，他于 2005 年卖掉上海、苏州和嘉兴的 6 套房子，带着 8000 万元来广德，投资创办了占地 200 亩的经编厂。故事刚听到这儿，我立马肃然起敬，我们的经济就是因为这些敢于闯荡的企业家，才有了骄人成就。

金总的企业，在广德已有 2.9 亿元资产，负债率才 27%。我替他算了一下，他用带来的 8000 万元，至少在广德挣了 1.3 亿元。但金总仍觉得很不爽，一是因为挣得太少，且那些挣来的钱，都是动不得的厂房、设备、原辅材料和成品等，现金基本没有，他说等于回到了 2005 年前；二是由于经编行业整体下滑，企业的毛利只有 15%，估计 2015 年下半年会更差；三是央行三次降息，但商业银行贷款利率上浮 80%，电费一个子儿没降。他说看不到亮光，如果天亮了，可能就死了。

金总本人，应该仍不失为一个有闯劲、经营有方、对自己要求很高的企业家。他之所以牢骚满腹，根据弗洛伊德潜意识理论，是因为在县里召开的这个座谈会上，他突然发现有了一个向政府倾诉的管道，于是长期压抑的苦楚一泻而出。不过这也说明他仍在积极想着企业的明天，说明他的心未死。不是说哀莫大于心死吗？要不然他要么不来参加这个会，要么就是言不由衷地说上一通。金总企业的负债率正在下降，他说要用 5 年时间，把负债降到零。如果不是基于自信，能设立这个目标吗？我 30 多年来做调研的一个经验，就是座谈会或是采访中听到的一些话，必须经过仔细分析才能采信。

说话间，一位壮实的中年企业家突然问我，你们这会几时结束？我一下很惶恐，觉得耽误了企业家们的时间，他们是真正替社会创造财富的。

满脸匆忙的俞总是宁波涌诚公司在广德工厂的经理人。俞总毫无保留地发言，他说他们主打的注塑机生产经营业务，正遭遇历史性下滑，一季度同比跌了三成。但他们开发了机器人配件生产,为全球六大机器人厂商中的五家公司进行配套生产,这方面的业务发展势头很好。

俞总的企业正在广德开发木工机械。发达国家很多家庭都会 DIY 家具,就像乔布斯在他们家的车库里 DIY 全球第一台个人电脑一样。这种以发达国家家庭为销售目标的木工机械,应该会有两三亿美元的市场容量。俞总那天着急的是拿不到秋季广交会展位。我脑子一热,说帮您在浙江想办法,说完立马后悔,一介书生,凑什么热闹。不过我想,气可鼓不可泄,尤其是经济下行期,我们政府工作人员,帮不了企业解决实际问题还不如回家卖红薯。

最近一段时间,我越来越感觉到,虽然宏观经济发展状况不太理想,但底层的活力和积极性,以及行为方式,实际上有所增强和优化。这一想法,我在 20 世纪 90 年代中期就有,当时经济也不太好。2014 年 6 月以来,像广德这样的企业座谈会我已参加了近 10 次,每次都能够感觉到底层活力事实上并未衰减,而且企业行为有所优化,这也就是周其仁所谓的中国经济"韧性"的一种表现。我们有时会比较多看到一些负面因素,正所谓"好事不出门,坏事传千里",如果真的按此判断,是要出大纰漏的。

浙江工业数据也在一定程度上支持上述观点。2015 年 1—4 月,浙江规模以上工业企业增加值增长 3.3%,而同期企业利润增长 5.6%,比增加值增速高 2.3 个百分点,且小微企业利润增长 14%。这从总体上表明,在经济增速回落的情况下,企业财务状况仍相对稳健,这是支撑当前经济走势的一个重要基石。

微观层面的企业和个人,随着经济趋紧,一种我称之为"资本节制"的行为规范也随之增强。他们不再像以前那么张狂,一方面是钱开始来得不容易了,还有一个因素是他们有妻儿及其他家人,他们想让家庭过上好日子,想要发展他们的事业,就不得不在多次重复博弈中,节制和优化自己的行为,不得不持续保持旺盛的革命斗志。

有数据显示,2015 年 2 月澳门博彩收入同比下滑 48.6%,其他月份跌幅几乎也都在 39% 左右。这固然有中国内地反腐力度加大因素的影响，但资本收入下降导致的资本节制，应是其中的重要因素。

现在需要警惕的是资本的过度节制。这与上文所说的资本消极稍有区别，资本节制是主动的自主行为，资本消极则是无奈的被动行为。个别资本的过度节制或不至于有较大问题，然而当多数资本选择过度节制时，则将是灾难性的。金总明确表示，他现已完全停止了技改投资。我在其他一些企业座谈会上也不止一次听到，企业对于新的投资持非常谨慎的态度。全省数据也表明了这一点。2015 年 1—3 月浙江规模以上工业贷款仅增长 1.5%，比去年同期低 4.0 百分点。虽然这表明，规模以上工业企业的财务状况总体依然稳健，但其中的企业自行主动收缩，以及通货紧缩嫌疑已显山露水。

更重要的是，这表明了当前宏观政策与微观实际的相悖。虽然宏观层面采取了积极的扩张性政策，但微观仍在收缩。这里的重要原因，一方面是宏观政策尚有待加强优化；另一方面，或可能是更重要的原因，就是企业面对当前如此不确定的形势和长远不确定的前景，只能采取高度稳健与收缩性的经营策略。金总在座谈会上再三表示，待三五年后企业债务都还清了，他就不干了。这或许正是民间投资回落远远大于全社会平均的一个重要原因。

然而企业家的节制或将害了自己。如果宏观数据一直不佳，势必导致大多数企业家只能采取金总那样的收缩性做法，这就将导致宏观数据继续下行，从而更严重地影响企业经营。如果真的出现这种情况，金总企业的负债率降至零的目标应该是实现不了的，其负债率甚至可能上升，尽管这绝不是我们愿意看到的景象。

资本收益与资本信心

几年前我听姚先国教授即席演讲，至今记忆犹新。姚老师说，假定这个世界 20％的人做出了 80％的贡献,他们也不能拿 80％的钱,至多只能拿 50％或更少的钱,否则有可能爆发革命。这个世界说到底,是应该由富人替穷人打工,不应如世俗所认为的那样,由穷人替富人打工。

到底谁替谁打工挣钱,就像是"先有鸡还是先有蛋"一样的难题。不过我倒是觉得,如果没有马云在他的湖畔花园聚起 17 个兄弟,创办阿里巴巴,也就没有如今阿里上市后的富翁;如果没有宗老板当年踩着三轮车创业,也就没有今天的娃哈哈帝国;如果没有鲁冠球在 1969 年领着 6 位小伙伴,创办宁围公社农机厂,应该不会有今天的万向集团。就创业逻辑而言,起点是老板给大家打工,然后才逐渐聚起一大帮员工。至于随后,尽管是谁也离不开谁,但其中企业家还是占据引领和主导地位。

浙江城乡居民收入长期持续居全国第 3 位,关键就是有一大群老板。1957 年,浙江农村人均纯收入是贵州的 1.4 倍,到了 1978 年为 1.5 倍,在 2000 年则是 3.1 倍。浙江发展的手脚曾被计划经济捆死,农民收入难以提高。改革开放后就不一样了,首先是农民整体积极努力,其次是一大群农民把自己变成了老板,于是浙江农民收入相对于贵州,才有了翻倍提高。

这在前些年产生了新的严重问题,劳动收入占国民经济比重大幅降低,无疑是穷人给富人打工。1983 年以来,中国劳动收入占 GDP 比重,经历了改革开放初期的短暂上升后,根据我的估算,从 1983 年的 56.5％下降至 2011 年的 34.2％。这些数据是否准确或可商榷,但劳动收入占 GDP 比重下降幅度为 20 个百分点左右,资本收入比重上升多达 10 余个百分点,应是可信的。劳动收入比重下降与资本收入比重上升之间,有着数个百分点差额,大致是城乡居民的转移性收入。

令人高兴的是,中国的劳动收入占 GDP 比重下降的情形终于在 2011 年终结。2014 年,劳动收入占 GDP 比重达到 37.9％,比 2011 年上升 3.7 个百分点。数据的准确性或可商榷,但劳动收入占 GDP 比重上升是确实的,因为 2011 年以来,城乡人均收入实际增速,分别比 GDP 增速快 0.2 和 2.1 个百分点。这是客观经济规律使然,更是中国经济的自我救赎。

富人给穷人打工,从市场经济的国民经济分配角度而言,或可理解为是常态,我们现在不都讲常态化吗?2014 年下半年有一部据说轰动全球经济学界的著作来到中国,法国经济学家皮凯蒂的《21 世纪资本论》。这部书的一个重要内容,是分析资本收入占一些国家国民收入的变化趋势。按皮凯蒂的分析,英国和法国的资本收入占国民收入比重,自 18 世纪末至 20 世纪中期,从 35%～40%,下降至 20%～25%。这显然表明,发达国家近 100 多年来的国民经济分配结构,是资本只能拿小头。

令皮凯蒂忧心忡忡的是,20 世纪末以来,发达国家资本收入占 GDP 比重开始回升。但即使如此,英国和法国的资本收入占国民收入比重,也不过仅回升约 5 个百分点,并未超过其在 20 世纪初的水平。而这很可能是由于中国参与全球分工深化,跨国企业从中国农民工身上获取了大量利润;同时中国制造如潮水般涌入发达国家,压低了发达国家的国内工资,这就持续推动这些国家资本收入占国民收入比重的上升。随着中国劳动收入占 GDP 比重开始上升,资本收入比重开始下降,加之中国具有全球无可替代的最庞大劳工群体,发达国家资本收入占 GDP 比重上升的日子,恐怕也该到头了。

中国经济当下的一大关键是激发企业家信心、重塑资本活力。就某种意义而言,这实际也就是如何对待富人的问题。中国经济快速发展得益于前述"南方企业家＋中西部农民工＋境外工艺技术装备"模式,实际可理解为"改革红利＋人口红利＋开放红利"模式。在这一模式中,人口红利正在弱化,开放红利边际递减,最靠得住的是改革红利,这或许就是我所谓的资本活力。值此经济下行时期,让企业家们增强对于中国经济的积极预期,增加短期及中长期投资,是推动中国经济走出当前下行局面的关键。

当前更需要科学全面地分析经济形势。既要看到经济形势"玄"的一面,更要寻找和发现经济形势"机"的一面。当前居民收入增长虽然回落,但持续快于GDP增长的状况依然不变,表明宏观经济结构总体仍然趋好。

一些具体方面的分析也表明了这一点。如长期不被看好的纺织服装等传统行业,其经营状况一直好于全国平均。又如多年来从低端商品到高端商品大致都能销得较好的"广谱式"消费继续存在,2015年5月中国制造业采购经理指数微升。再看2015年1—4月全国规模以上工业利润,虽是同比下降1.3%,但如果排除"亏损大户"黑色与有色金属矿采选、煤炭开采以及石油天然气开采加工4个行业,实际同比增长7.3%,说明实体经济仍比较坚实,过分悲观反会"误了卿卿性命"。

增强企业家信心可能需要实施快因子与慢因子并重的双层次政策体系。快因子是实施相应的财政货币政策,以及加强政府服务等;慢因子主要是加强产权保护,以及加快推进全面深化改革,目的是使企业家们能低成本、清晰地看到远期光明前景。企业家们仅在具有长期可预期的稳定产权关系,以及长期可预期的激励约束因素时,才有可能在充分竞争环境下,始终不敢懈怠,始终活力依然,始终积极进取。

(浙江省发展和改革研究所《改革与发展》,2015-06-15)

内心坚强应对多重制约

企业家品性决定企业发展

2015年开春,我在缙云企业家座谈会上,听林绿高讲他的拉床故事,觉得企业发展虽有太多奥秘,但企业家品性显然是其中关键。

林绿高原本是个骨科医师。他总是在不断地读书进修,从丽水卫生学校读到温州医学院,现又在读第二个硕士。2000年5月林的妻子下岗,夫妻俩不想听从命运摆布,于是以妻子名义创办了机械作坊。林绿高自小喜爱机器、机械,且无师自通,骨科医师成了小作坊的技术支撑,第一台拉床卖了1000来元。

当时的缙云县壶镇,作为全省首批产业集群转型升级示范区,其机床产业已初具规模。林的心气很高,觉得做大路货机床没什么出路。拉床是小众产品,利用刀具的直线运动进行金属切削加工,高档拉床卖几千万元一台,林绿高隐隐觉得这应该就是他的蓝海了。2005年,他弃医办厂,开始专心致志演绎他的拉床故事。这时,省内一家非常著名的企业,青睐于他的高性价比拉床,历经一年多考察,下了数十万元订单。

拿到订单是一回事,让客户满意又是另一回事。林绿高那天在座谈会上对我们说,那时他们既没经验,又缺技术力量,唯一拥有的,是尽心尽力给客户做一件好产品的强烈愿望。

林绿高成功了。就在我写这篇稿子时,他们又向客户交付了一台单价500多万元、配备机器人的拉床,被用于上海的一家外资企业。而在2015年下半年,他们还将交付一台单价1000多万元的拉床装备。

这个只有160名员工的企业,大学生占60%,且多半是老员工。林绿高说,他的计划是每个技术人员,每年都应出国学习一次,如参观汉诺威的工业博览会等,因为非如此难以提高员工素质。2015年8月10日,林的企业在新三板成功上市,当天股价8元多。

品质似乎成了当今中国制造的稀罕词,可是做钢琴的章顺龙在追求品质的路上并不这样认为。这位德清洛舍人1999年入行时,洛舍镇生产的钢琴产量虽然占全国的八分之一,但是品质均较低,一些有钱人家小孩学琴时对洛舍钢琴甚至不屑一顾。

洛舍钢琴要走向未来,关键是品质。章顺龙痛心地看到,洛舍钢琴之所以只能是低档货,关键是其重要配件品质太差。精准的击弦系统是钢琴品质的关键,起先他们使用特级日本羊毛毡制作弦槌,虽然生产的弦槌有一定硬度和弹性,但章顺龙仍不满意。于是章顺龙改用德国空运来的呢毡制作弦槌,终于有了完全不一样的效果。至于音板、旋转板等,也开始改用德国的。

章顺龙的另一得意之作是他的韩国调音师。调音师签署了5年合同,年薪50万元,就住在章顺龙家,跟他们一起吃饭。这位韩国师傅手下有7位调音师。章顺龙的钢琴做好后必须在仓库静置3个月,这期间每周调音一次。

我以前玩无线电,知道电子产品有老化工序。按这个原理,钢琴这样的乐器也应有老化即性能稳定工序。产品老化期间不能销售，且需支付仓储、财务、损耗、管理等费用，所以只有注重品质的管理者，才会让产品进行充足时间的老化。老天爷是讲道理的，有时一分投入能有好几分产出。如今，章的立式钢琴已能卖到近7万元一台，订单根本来不及做。

品牌梦是南浔双林镇沈正发董事长的执着追求。那天我一边与沈总喝酒，一边听着他讲自己的服饰品牌故事，并为之击节赞叹。沈的企业创办于1995年，现已为多个国际大品牌代工，但他总觉得这样不行。

2007年，沈总创立了自己的品牌。每个直营店的装修、铺货等，当时大致需80万元，60个门店投了近5000万元。为了维护这些门店，每年还得投入1000多万元。同时要养一支30来人的品牌经营团队，这些人"都不是省钱的货"。

沈总说，当初只是觉得品牌是企业发展之路，但没想到创品牌如此艰难。那些钱投下去后，几乎没溅起任何水花，一年接着一年亏损，只能由代工利润贴补。经历七年之痒，终于赢利。就在2015年，在这个令一些企业倍感艰难的夏天，沈总的自营品牌再一次招聘扩张。

经济热时，阿狗阿猫都能拉起一支队伍挣钱，关键是胆魄和运气。如今经济大转型，必将淘汰不少人。这时品性，以及由品性所支撑的品质、品牌就成了关键。品性或是与生俱来，或如沈从文所言，"这种品性同趣味却全出之于母亲的陶冶"。然而，品性也可以通过学习借鉴和自省改进，更可以锤炼转型。历经本轮磨难而缺少品性提升，您或许距 out（出局）也就不远了。

（《浙江日报》2015－09－02）

企业家的内心修炼和转型

发展方式转型，最终落到实处是企业家转型。我们刚刚富起来，昔日贫困导致的极度精神自卑和极度物质困苦,仍刻骨铭心地令人疼痛。我们恨不得让我们的肉身享尽世间一切奢豪,恨不得让所有人都知道"我有钱了"!

这么一个过渡阶段,我倒也觉得比较正常。因为这符合弗洛伊德的潜意识观念,极度的自卑必定是极度的自尊,而这自尊者并不认为有任何不妥。一个人内心的充实和谦卑,应是长期修炼的结果。而这种长期修炼多半会体现在外在气质上,即所谓"相由心生"。

然而如今具有如此多的商业机会,又是一个市场和权力纠缠不清的浮躁社会。这样一个环境之下,原本就难以淡定,难以修炼,加之岁月淡化不了旧日的人生价值,磨削不了昔日的深刻烙印,所以很多人即使富起来了,身上多半仍写着昔日穷相,内心仍留着往日粗陋。

好在我们任何人,都具有自我修炼的内在机制。前些天我应朋友邀请,帮一家40亿元销售额的企业提供咨询意见。刚入座,就有一位穿着普通西服、个子比我矮、走在路上根本不引人注意的同龄人过来自我介绍。这些年我去了好多大企业,知道如果不是特别安排是见不到大老板的,所以并不在意。

没想到这位向我谦恭地递上名片的人,就是这家企业的创始者、董事长本人。我倒也不至于受宠若惊,只是在这一瞬间,感慨市场机制也是一所修炼人的大学校,能使人平和礼貌。从细节处看人,多半不会走眼。

浙江的一大群企业家,不是已经转型,就是在转型之中。20世纪90年代我为了调查企业改革,去黄岩一家皮革厂调研。这是一家著名企业,老总是一位当时全省著名的企业家,有着省人大代表等光环。

我当时对他的印象很深刻,前几年去台州时又问起了他。没想到这一二十年,这位企业家走了一条起死回生的路。他当时快速扩张企业,终因摊子铺得太大而破产。那位台州企业家痛定思痛,决定从头再来。他早先曾帮过李书福,这时轮到李书福来帮他,听说是给了他一大堆订单,让他还做他的皮革老本行。几年过去后,这位台州企业家终于再次打开局面,主要做国际市场生意。接待我的领导说，这位企业家内心坚强，心态平和，企业稳健，是他们重要的合作单位。

当前的企业家转型，一个基本方面是从基于勇气和运气的创业经营，转向基于智慧和知识的创业经营。几年前与新华社名记者胡宏伟在一起，他说20世纪80年代采访的那些农民企业家，几乎异口同声说是为了解决温饱。一个人为了生存，除违法外会有巨大勇气，更加之他们遇上了中国经济狂飙突进的好时代。反观一些知识分子，前怕狼后怕虎，又有几人成为企业家？

虽然勇气当中也有智慧，但毕竟激情鲁莽成分多于深思熟虑成分；虽然运气当中也需要知识，但那些低档次产业和工艺技术，毕竟知识要求较低。在中国人均GDP已达美国1/8的今天，草根创业或已成过去式，精英创业正在开启。

精英创业的基础是智慧和知识。当然也需要勇气，但这勇气内涵于智慧之中。当年乔布斯在他家车库里组装第一台苹果电脑，是凭他对电脑未来兴起的智慧判断，以及他统率团队的过人智慧；同时他所掌握的信息电子学基本知识，也是一个重要支撑，而他的团队则个个是无线电高手。再说一下，乔布斯十几岁时，就用向惠普CEO讨来的散件，组装过频率计数器。

杰出的企业家不是被运气牵着走，而是创造运气，亦即引导和创造需求。娃哈哈推出果奶首日，凭《杭州日报》广告可免费领取，原打算发放30瓶，结果杭州市民异常踊跃，宗老板承诺"有票必有奶"，最后发放了50多万瓶。果奶销路大开，后又以《人民日报》头版头条《石头城里的娃哈哈风波》，声名大噪。

企业家转型，政府怎么办？当前政府转型依然滞后，政府依然操了好多应由市场和社会操的心。政府造城，企业做市；政府制定规则加强监管，企业强化创新加快发展。至于具体的产业、具体的运行，就让企业说了算吧。

（财新专栏 2016-01-18）

基于知识智慧和勇气的创业再出发

浙大的本科生一直令我印象深刻。几年前去浙大,一位小巧的建筑学院女孩负责接待。女孩灵动的眼睛和率性的肢体语言已然令人折服,而女孩用纯正宁波话回答我提出的问题,超凡脱俗,质朴无华,活脱脱一个聪明伶俐宁波"小娘"。

那天的接触进一步强化了我早就有的一个结论,这批孩子是浙大最宝贵的资源,我曾多次听几位浙大资深教授说过一些本科生的个体素质确实相当优秀。

这令人想起学术圈的一个趣闻。萨缪尔森的博士论文答辩结束后,答辩委员会成员之一的熊彼特,20 世纪最伟大的经济学家之一,转头去问另一位也是诺奖得主的答辩委员会成员里昂剔夫:"瓦西里,我们通过了么?"相信浙大课堂里,应该也经常会出现学生考倒教师的情形。

顺便说一下,正是萨缪尔森《经济学》第 10 版,在 20 世纪 80 年代初期,领我进入经济学理论的神奇殿堂。读那书时,甘之如饴。

如此一批品学兼优的强大的学子大军,生长在改革率先、草根创业鼎盛的浙江,如果不夺取全国高校创业之冠,一定会比较奇怪。这份荣耀,是活力无穷的浙江、美丽繁华的杭州及求是创新的浙大,理所当然应该得到的。然而,我今天想做一些深层次思考。

中国经济发展方式的根本性转变,呼唤着浙大学子创业活力的进一步凸现。这里的一个关键,是加快促进浙江从基于勇气和运气的草根创业,向基于知识和智慧的精英创业转变。这构成了浙大学子未来创业的重大机遇,也是浙大学子未来创业的一个历史性要求。

然而 2014 年发布的中国民企 500 强中入围的 134 家浙江企业中,前 40 家企业掌门人仅 1 位浙大学子。这一比重其实也很不错了。但是,美国当下最伟大企业的老板和 CEO,大多出身于名校,这样比较,就能得出浙大应发挥更大作用的结论。浙江房地产市场倒是以浙大军团为首,但房地产业繁华终究是一个阶段性现象。

如此缺乏知识的创业是一种深深的历史误会,由此而留下的痕迹终究将被改写。当浙江从计划经济走向市场经济时,率先创业的是一批赤脚上地的农民。他们以改变自身贫穷的勇气,以及随后中国经济狂飙突进的运气,加上当时创业所需技术门槛极低,而逐渐成为业界精英。然而最终把浙江带向更高发展水平的,是基于知识和智慧的创业,这正是当下浙大学子英雄用武之地。浙大学子终将在浙江创业大潮中成为领军人物,而那百强榜单,终将以知识、智慧为特征。

引领国家民族走向未来的迫切需要,呼唤着浙大学子创业模式的加快转型提升。中国当前人均 GDP 已相当于美国的 1/8,根据我的预测,如果不出现重大波折,完全有可能在大约 10 年后,按当前汇率达到美国的 1/5。这就对创业提出了重大转型提升的要求。因为此前我们全面采取技术上的"拿来主义"创业,而此后,"拿来主义"创业的边际收益将逐渐递减。如果不着力改变这种创业模式,那么,我们只能在别人后面亦步亦趋,经济社会发展或将出现较大问题。

当前迫切需要大量高水平自主知识产权支撑的创业。我们从来没有如此紧迫地需要能登上中国,甚至世界十大科技突破的重大科技创新。在浙江,这样的希望将主要寄托在浙大人身上。而浙大人也应该针对这样的要求,来展开教育科研和创业活动。听说浙大一些学院早已要求,博士论文应有国际或国际领先水平,这正是浙大的伟大之处;听说浙大任何一个学院的科研规模和水平均高于浙江其他任何一所高校,这也正是浙大给我们的美好期盼。

伟大明天,必是由今天的良好机制促成的。1770 年,康德在他 46 岁时获得大学教授一职,此后沉寂 10 年未发文章。就在有人怀疑康德是否胜任教授一职时,《纯粹理性批判》于 1781 年横空出世,此后,《实践理性批判》《判断力批判》等巨著相继问世。构建整体浓厚的尊重知识的科研环境,注重长期人力资本投入与科研服务的完善支撑,不拘泥于一时一事得失的科研评价促进机制,正是今天的急需。

倘若有人担心不实行年度考核会养懒人,那还有声誉机制。假设系里有 10 个教授,其中 8 个教授持续有包括教学在内的重大成果,唯独两位教授长期以来什么成果也没有,那他俩还好意思在教授堆里混吗?

浙江人杰地灵,风景这边独好。浙大是一所具有全国和全球视野的伟大学府,自不必框定其发展空间。令人高兴的是,根据 2015 年对浙大学生的一次电话访问和问卷统计,56%的受访者表示愿意选择在杭州创业。

不过遗憾的是,浙大出身的若干著名 IT 业者几乎都不在浙江创业起步,最典型者莫过于求伯君。当年凡购买兼容机,必装有求氏的 WPS,可惜求氏未在浙江这块土地上开花结果,反倒让非浙大的马云捡了个漏,令浙大汗颜。这案例告诉我们,浙大人不努力也是会落后的。浙大学子们不深耕浙江这块中国最好的创业沃土,或将错失重大商机。

创业再出发当然需要勇气。但此勇气非彼勇气,是基于智慧和知识的勇气,是掌握尖端技术和具有独到商业模式所激发的勇气,也是政府积极支持和社会完善配套所支撑的勇气。

(《浙江日报》2016－01－13,发表时有删节)

重建企业生产经营均衡

晚秋慈溪行

在杭州与宁波之间,沿 104 及 329 国道,有一条绵延的城市带,二三十年前已初具雏形,这几年发展愈发加快。这不但是"浙江制造"的一个心脏地带,而且也是"中国制造"的一个典型区域,在这里能感受到中国经济极强的底层活力。

这条绵延城市带有一段最为密集,始于余姚市泗门镇,这镇原本属慈溪;止于慈溪市龙山镇,即创建中国第一家股票交易所的虞洽卿先生的家乡。城市带沿杭州湾海岸线呈弧形,中心线长约 63 公里,窄处纵深不足 1 公里,宽处是中心城区浒山,纵深 19 公里左右。假若平均纵深 3 公里,慈溪市至少已是一座超过 150 平方公里的带状大城市了。而带状型城市,是美国学者凯文·林奇巨著《城市意象》所肯定的一种城市类型。

慈溪是我外婆家,亲切熟悉。城市境内有 1300 多平方公里土地,其中,近 700 平方公里皆成于宋朝以来的围垦。与萧山围垦大军随土地开发定居不同的是,慈溪农民在围垦开发中,依然坚守祖屋。童年时我曾目睹他们清晨摇船去好几里外他们称之为"海涂"的耕地上劳作,傍晚再摇船回来。

从"谷歌地球"上观察,慈溪这块土地的人口居住非常集中。在杭州湾海岸线与 329 国道的城市带之间,虽有一些集聚的镇村,但主要是连片农田,这在浙江并不多见。而萧山围垦区,人口均匀地沿渠河路"一张皮"分布[①],高度分散,很不合理。慈溪之所以能形成带状城市,主要原因就在于人并不随围垦而走。且这带状城市的人居分布以 329 国道南侧居多,工业区多半在北侧。

慈溪是浙江的经济大市。自萧山、鄞州等相继设区后,慈溪人均 GDP 及地方财政收入均跃居浙江县市首位。慈溪迅猛的工业化和现代化进程,或许在很大程度上得益于人口及产业的空间集聚。慈溪城市化若以统计数据观察,或并不滞后,然而水准较低,深度欠缺,问题较多。

我曾于晚秋时节去慈溪,参加亲戚家婚礼。10 余年未去外婆家,我总是想着这块土地,尤其是想亲眼看看经济下行期的当地状况,因为网上说中国经济底层正处于崩溃之中。

朋友说,慈溪也在经受着经济下行的煎熬,也曾发生了一些企业倒闭、一些老板跑路的事。直至当下,市里仍有若干巨无霸企业经营困难,发不出员工工资,乃至倒闭清算。这些的确令人痛心,然而我所目睹的却是中国经济最底层的草根活力。他们或许存在产业层次低下、利润微薄等较多问题,但却顽强地生存着。

婚礼规模巨大,几乎所有亲朋好友都来了。一二十位熟悉的亲戚,只有两位仍称得上是真正的农民,其余不是在工厂打工,就是自己开小作坊,或是干别

---

① 规划界术语,即住宅等建筑缺少纵深的沿路、沿河渠分布。

的非农营生。大概是参加婚礼的原因,没有一个亲戚沮丧、牢骚,或满脸憔悴,都说过得还算不错。

今年87岁的大表舅,与表舅妈一起来吃喜酒。10多年未见,老两口气色很好,腰板挺直,并坐桌旁,一眼就认出我。小表舅83岁,就是新娘的爷爷。他在表妹家里,站着看迎亲队伍,与他20岁左右的孙女合影,行动毫无不便,听说他平时仍下田干些轻松的农活。

而那两位真正的农民,一位是表弟,一位是外婆娘家的亲戚。表弟61岁,但显然比几十年前看到的60岁老人要年轻许多,完全不像农民。他20多年前开始种草莓,现在则什么都种。言谈间,满是多年重逢后的喜悦,哪有什么经济萧条的垂头丧气,并且再三请我到他家去。

那远房亲戚农民,留着络腮胡子,不仅模样,而且说话神态和气质也极像导演、编剧什么的。他住在慈溪山区,种了几十亩果园,养了一大群猪、羊、鸡等,房子极大。因为婚礼,刚宰了一头吃绿色生态饲料的208斤的猪。他用自己种的葡萄酿烧白酒,即西方所谓的白兰地,馋死我了,明年一定要去品尝。小舅刚去过他家,说是典型的"农家乐"。远房亲戚立马说,自家人玩玩的,不接客。他太太谈吐得体,打扮时尚,听说做外贸生意,是典型的城市白领。

我一位表姨的小儿子,利用老屋开模具作坊。这一带有不少是开模具作坊的,也算当地的传统优势产业。表姨小儿子雇了一些人,有两辆汽车。不过有亲戚悄悄跟我说,那作坊虽有一点小规模,但挣钱不多。我当时想,在此经济下行之时,他们还能坚持住,而且还能安排别人来他们家就业,真心非常不错。至于钱挣得多或少,可能并不十分重要。

令人高兴的还有晚上喜酒后,我在师桥工业园区所亲眼看见的景象。当时已7点多,然而沿街工厂或作坊,居然大都亮着灯,仍有不少工人正忙碌着。我随意来到一家作坊,里面有数控机床等设备,六七个员工,看上去似乎都有较高学历。他们告诉我,这就是新郎家的工厂。

我又来到园区内另一家作坊,那里的设备有电子控制箱和显示屏。老板和他的员工正在干活,他一看到我的佳能相机和小白兔镜头,立马自豪地说他也有,然后就满脸笑容、兴奋地把他那宝贝般的佳能 5D4 和连着的大炮镜头拿给我看。一家工厂深处,一老者正在昏黄灯光下做账。

原本的 329 国道,此时已然成为师桥镇中心马路。在这晚秋醉人的夜间,高楼林立,车水马龙,灯火辉煌,热闹非凡,空气中有着金秋时节的芬芳。

当晚的住宿被亲戚安排在原范市镇国道北侧工业区的一家酒店里。清晨,我信步向南侧镇区走去。这时,密集的电动车大军正在国道对面等红绿灯。红灯转绿之际,密集车流如潮水般穿梭而过。这是机关干部们法定能在家里休息的星期日,打工者依然要去工业园区上班。

我随意在园区瞎逛。厂区内的场地里,甚至工厂围墙外的空地上,堆满了洗衣机、冰箱内胆,以及我不认识的家电配件。有一个厂房工地,主体建筑刚完成,开始清理场地,大概准备安装设备。

一根电线杆上贴着小广告,上写"高薪诚聘",招聘加工中心操作工、师傅和学徒,外圆磨床操作工,数控车床装配工,钳工,仓库管理员等。这应是一家正要大举扩张的企业,有详细地址和联系方式,老板迫切需要员工的心情显而易见。

这令我想起了前些日子与我一起喝酒的一位朋友。我对他说:"您那行业情况不妙啊。"没想到他淡淡地说:"那得看谁在做啊!"

这真的令人非常感慨。中国规模以上工业企业利润年均增长率在 2011 年前,曾长时期高达 30% 多,然而这不是一些学者所谓的"旧常态",而是超常态且不可持续。所以当诸多主要经济指标高位下滑时,境外主要研究机构和主流媒体,早在 2013 年年末就说中国经济即将"硬着陆",后来国内一些大牌学者也开始这么说。

有些人喜欢指责他们"唱衰中国",其实这只不过是根据常识做出的正常判断而已,那些指责他们"唱衰"的说法,可能值得商榷。全球确实很少有经济体,能经受得住当下中国这种从沸点到接近冰点般的经济下滑。

中国经济挺住的一个奥秘,就隐藏在众多类似慈溪市的这些草根经济,以及那些低调而规模巨大、运营良好的民营企业当中。这几年我交了不少这方面的朋友,他们多的拥有数百亿资产,少的也有几千万资产。与他们接触总是让我获益颇多,深感他们的情怀、高度的社会责任感,以及精到的管理能力,甚或对于国家民族前途的深深忧虑。

2016年11月,国家统计局刚刚公布了2016年10月的经济数据。全国规模以上工业利润,已连续3个月保持在同比累计增长8%以上水平;民间投资增长自2016年8月以来,已连续3个月结束了持续58个月的增长下滑。这其中当然有房地产投资加快的因素,但应该说其份额占比并不高。

钱的确是难赚了。然而我们必须得知道,如果老想着那种利润年均增长30%多,甚至一年翻一番状况,那现在的日子,简直就不是人过的日子。钱难赚也得活下去,也得给太太、子女和老爹老妈,创造幸福生活。最重要的一个常识是,钱难赚才是正常的经济,才是可以持续的经济,才是真正能给大多数人带来福祉的经济。

所以我得说,兄弟,您得留点心,既不要轻易相信网上那些耸人听闻的标题党,也不要被那些学院派大牌们云里雾里的分析所吓倒。中国经济的真正活力,相当部分是在中国经济社会底层。正是这些被称为草根的企业,以其极其顽强的生存能力和扩张能力,努力抗击着经济寒流。

(财新博客2016-11-17,原标题"中国经济挺住的草根奥秘",删节后发表于《浙江日报》2017-02-06,标题为"浙江经济稳健的草根奥秘")

企业利润增长的忧和喜

2015年1—9月全国规模以上工业利润虽然下降1.7%,但仍具有相当程度的结构性特征。这是因为在出口和投资两大需求大幅回落的情况下,消费需求相对坚挺,这使得工业多数行业财务表现相对尚可。

究竟有多少行业利润下降?2015年1—9月,国家统计局公布的41个工业行业中,利润下降的有11个行业,与2015年上半年相比,没有增加也没有减少。这表明,一是企业财务状况恶化就行业而言并未弥漫扩大;二是占总数3/4的行业利润总额仍在增加。

究竟谁家利润减少最多?根据利润总额减少排序,石油天然气开采业减少588亿元,钢铁业减少208亿元,建材业减少197亿元,煤炭开采业减少185亿元,汽车制造业减少180亿元,其他不再一一列举。11个利润下降行业合计,利润总额同比减少1659亿元,是2015年1—9月累计规模以上工业利润减少额的2倍多。

这是一张以采矿和原材料行业为主的利润减少表单。利润下降大致是三个原因,一是投资出口大幅下降导致原材料和机械装备需求大幅减少,二是全球大宗商品价格走低导致账面利润大幅减少,三是产能过剩加剧。就一定意义而言,这种结构性利润下降,虽然数据难看,但只要不产生波及效应,不危及金融体系的整体安全,对宏观经济的影响尚不至于伤筋动骨。

与国内消费相关的行业,财务状况尚属不错。如不包括上述利润下降的11个行业,规模以上工业其余30个行业,2015年1—9月利润累计同比增速仍达10.3%,这应该是一个不错的数字。浙江纺织业2015年1—9月累计,利润增速达到10.4%。消费需求依然相对坚实,正是这些行业财务状况相对不俗的主要原因,也构成了中国经济严冬中的一股暖流。

消费需求坚实源于城乡居民收入增长相对较快。2011—2014年,全国城乡居民人均收入实际增速为7.8%和9.8%,分别比GDP增速高0.2和2.1个百分点,亦高于改革开放以来的长期增长速度。2015年一至三季度,这一状况并未有改变。

中国农民工不再是世上最廉价的劳动力,正是企业财务恶化的一个原因。2013年我去越南,当地人告诉我,工人月收入不到千元。前些天在柬埔寨投资的朋友告诉我,当地工人月工资为100美元左右。2013年,印度、印度尼西亚、斯里兰卡等国家的工人平均月工资,均为600~800元,中国工资水准已数倍于周边国家。

然而工资增长相对较快,亦正是消费相对坚挺的基本支撑。这是在劳动供需关系变化、出口竞争力弱化的同时,分配和需求结构发生重大变化,而引致的中国经济资金循环的重大转换。原本企业利润的过快增长,一部分因竞争力弱化而消失,另一部分则转变为劳动工资的相对较快增长。这样,当出口和投资增速双双大幅回落时,消费增速却依然相对坚实,使得中国经济并没有出现所谓的"硬着陆"。

当前分析工业企业财务状况可能需要考虑三方面影响。一是生产者价格总体持续走低,增加了分析企业财务数据的复杂性。温州某企业,产品实物量增长12%,销售额持平,利润增长10%左右,指标间关系与前完全不同。二是相当部分企业利润增速曾长期较高,现猛然降到10%或以下,难免痛苦万分,夸大当前困境。三是东南沿海一些财务恶化企业的主业仍相对较好,主要是被房地产等拖垮。

令人不解的是工业企业的税收增长加快。全国规模以上工业的主营业务税金及附加,2015年1—8月累计比去年同期增长9.1%,比2014年同期上升1.9个百分点。浙江规模以上工业企业主营业务税金及附加,2015年1—8月累计同比增长16.0%,比2014年同期上升11.3个百分点。

值此经济下行期,政府纵有诸多困难,也应避免加大企业负担。因为没有专题调研,难以深入评价,或许有某些不可比因素。无论怎么说,当前多数工业行业仍具有相对不俗的财务表现,实属难能可贵,更需政府与企业共同珍惜、维护和促进。

小毛巾背后的大故事

前些天去杭州边上的富阳，我坐在副驾驶位上，习惯性地与司机瞎聊，当知道这位司机只是"客串"接送我时，突然有点好奇。"那你平常做什么呢?"我问。这位40岁左右、来自衢州常山县的小个子男人，轻描淡写地说："做点小生意。"不料由此让我知道了一个草根企业家的产业链创新故事。

原来这是一位小老板，与朋友一起投资40万元，合伙在杭州开了个专门帮理发店、美容院、足浴店等洗毛巾的店。这小店有1辆汽车、3名伙计。不过他们并没有自己的洗涤机器，而是把货收集起来，送到设在杭州东北郊崇贤的一个工厂集中洗涤。而那"大"老板为此投资了500多万元，自己也有一帮专门收货的人。

使我感慨的是这故事接下来的内容。小老板说，那些毛巾都是他们买来，以租的形式，给那些理发店、美容院、足浴店用的。他们每天送去洗干净的毛巾，同时收回已被使用过的毛巾，每条毛巾使用一次收费0.8元。所以杭州这类小店里的毛巾根本就不是他们自己的，而是租来的。

那小店的生意应该还不错。小老板说，本钱早已收回来了，现在每个月有一两万元到手，足够他在杭州开销了。店里没他太多的事，也就是收收账，联络联络客户，因此有时间帮人跑车接送客人，赚些小钱。

从管理学角度言，这是典型的产业分工细化。高度专业化所导致的规模经济和集约经营，帮那些小店省下了初始的毛巾投资费用，而且大大节约洗涤费用;同时也提高了每条毛巾在其全生命周期内的使用效率，有利于提高全社会要素配置效率。小老板说，一般一年可以帮那些小店省10多万元。

在这个案例中，所谓民间的"自发"，其实是一种具有很强活力的民间自组织功能。因为在这当中，不太可能有政府部门来指导他们，帮他们组织起来。

完全是众多从业者,在市场经济看不到的手的指挥下,出于对成本最小化和收益最大化的追求,自主形成了这种从毛巾租用到集散,再到洗涤的高效率产业链。

爱因斯坦的狭义相对论有一句著名的话:"无论你处于何种运动状态,物理学的基本定律都保持不变。"照搬到经济发展领域,这句话或可改成:"无论你处于何种发展状态,经济学的基本定律都保持不变。"

中国经济从计划走向市场,从传统走向现代,或许能创新某些经济学理论,但更多的是需要改变我们的思想、观念和具体做法。其中最重要的,还是坚信民间自有很强的活力,能把自己的事做好,千万别随意干预,尤其是在经济下行期。

更何况我们当下的发展,整体基于发达经济体的物质文明和部分精神文明之上,真正需要改变的是我们自己。当生产力巨变之时,生产关系及其上层建筑显然也应相应有所变化,这大概也是当前迫切需要加快全面深化改革的最重要的原因。党的十八届六中全会提出了"远大理想"和"共同理想"、"生命线"和"幸福线"这两对非常重要的概念,大概也正是表明了这一点。

我这人好奇心十足。又问小老板:"难道杭州城里那些有着众多门店的理发连锁店,也是让你们这样的小店洗吗?""不,他们有自己的洗涤中心,不过那些门店每条毛巾只付 0.2 元就行了。"

我一下子恍然大悟,这大概也是某理发连锁店,有着如此众多门店的缘故。这是理发连锁店的一种营销策略,一方面用很低的服务收费,增强加盟的吸引力;另一方面又采取充值方式,使理发连锁店具有准金融性质来确保收益不致减少。不久前我到这家理发连锁店,店长看我卡上不足千元,死缠着要我充值,因此我的理发卡上总是能有一个固定余额。这些相当于死水位的很稳定的钱,就有较大可能被用于牟利,理发店就这样具有了准金融功能。

不过我也不吃亏。一方面门店密布,理发很方便;另一方面,每次理发服务均较好,即使加上那些利息,价格亦能接受,有时甚至因收费不高而觉得占了人家便宜。当然,如果我们家千金去做头发,价格就会稍高,好在她不常去,不过别的店也不便宜。所以在这一理发店兼具金融功能过程中,经营者与顾客应是双赢的。

民间自能创造出一系列最优的制度安排。日裔美籍学者福山指出,关于秩序如何产生,应该被认作"是在分散的个体基础上实行自组织的结果"。政府监管当然应该紧紧跟上,但这绝不应成为民间制度创新的阻碍,放开更是经济下行期优化政府治理的主线。

(《浙江经济》2016 年第 22 期)

关注中小企业对省内经济逐渐增强的支撑作用

浙江经济近年来出现一个有意思的状况,这就是中型企业和小微企业对于省内经济增长的支撑作用,不仅没有因其自身增长放慢而弱化,反而因大型企业增长较慢而有所增强。

2015 年 1—4 月累计,在全省规模以上工业销售产值增长中,中型企业同比增长 5.3%,比全省平均高出 2.0 个百分点;小微企业同比增长 3.7%,比全省平均高出 0.2 个百分点;大型企业同比增长仅 1.5%,比全省平均低 2.0 个百分点。虽然中型企业和小微企业数据也都不甚理想,但却大大高于全省上下爱之有加的大型企业,这让我犹如寒风当中感觉到了一股暖意。

坦率地说,这几年由于诸事缠身,我很少能静心阅读统计月报。所以那天一看到这些数字,立马觉得浙江经济的增长格局,似乎正在重新恢复到以中小企业为支撑的格局。随即我又对比了 2011 年和 2010 年数据,发现那两年中型企业增长速度均略低于大型企业,小微企业增长速度却始终高于大型企业。而且中型企业的风头也终于在 2012 年大幅盖过大型企业,这应该是一个好的迹象。

现在就为这一状况叫好,似乎有些为时过早。因为大型企业增速低于中型和小微企业,有可能只是短期波动,目前并不具有这是长期趋势的依据。但仔细想想,也不能排除中型企业和小微企业对于省内增长作用支撑增强是长期趋势的可能。

这几年浙江大幅向省外投资,省内制造业受到较大影响。全省2005—2011年制造业投资年均增长14.1%,全国数据为28.0%,浙江数据只有全国的一半。当然投资结构变化是经济转型的一个重要方面,然而此期间浙江全社会固定资产投资增速也仅为全国的六成左右,可见浙江制造业投资增长较少,是省内投资整体减速的一种表现。

钱往哪儿去了?其实大家都知道,浙江的钱正巨额地流向省外,大型企业则是其中的主力军。萧山恒逸集团拟在文莱投资60亿美元,分两期建设汽柴油及二甲苯等生产基地;雅戈尔集团公布的2011年年报上,有8.6亿元投于5家设在省外的企业,占当年企业投资总额的12.9%。

浙江人哺育起来的大型企业,率先走向省外,是转型的需要,也是其自身扩张的需要,无可非议,但却令省内经济遭受阵痛。在这里,出口受挫应该也是一个重要因素,不过结构分析却表明,出口下降对于对浙江工业增速下滑的影响,比较而言并不是最主要的,更重要的因素是在投资长期低增长情况下,省内工业竞争力出现了整体弱化的问题。

然而这也产生了一个两难。一方面,面对全国投资高涨的局面,浙江如果不及时跟上,就会出现产能和工艺技术双双弱化的不利局面;另一方面,长期拼投资、拼资源的路子已经不能再持续下去,因此省内投资的持续相对较低增长,就经济转型要求而言,具有相当的客观合理性。

前不久我在杭州电子科技大学看到两项重大技术创新:一项是利用机电伺服装置控制机床运转,另一项是将机器人应用于机床中,这两项技术均能在不改变传统工艺的基础上,大大提高机床工作的精度和效率。更令人可喜的是,这两项技术都是以缙云县壶镇的锯床产业集群为服务对象展开研究的,是高校与工厂紧密结合的科研成果。

面对省内庞大的制造业产能,多年想走的内涵式发展道路的激励和约束条件已经具备,而中小企业很可能具有中流砥柱般的重要作用。正是在这股浙江企业"向外走"的洪流中,中型企业和小微企业由于自身力量较弱,反而能把较多资金和精力留在省内;当前经济环境重重压力的倒逼机制,也促使中小企业能更好地以资本替代劳动,以技术和管理提升竞争力,毕竟"船小好调头",是中小企业的优势。

我们希望中国经济能长期内涵集约式发展。这是一条投资增长相对较低,土地等资源要素占用相对较少,产品档次性能和工艺技术却能有较大提高的发展路子,留在省内的中型企业和小微企业完全有可能成为实现这一愿望的生力军。

(《浙江经济》2012 年第 12 期)

民间投资，经济发展的关键

投资一位数增长的较大可能

中国经济长期习惯于投资快速增长。然而当前越来越多的迹象表明，投资增速存在着较大回落的可能，这将对中国经济各个方面形成极其深刻的影响。

改革开放至 2012 年，全国全社会固定资产投资年均增速高达 20.7%，按时间顺序，大致可分为两个阶段：第一阶段是放开搞活激发的内生型投资高增长，大致是 1980—1998 年，投资年均增长 21.1%，出口年均增长 13.7%；第二阶段是出口增长加快的外生型投资高增长，大致是 1999—2012 年，投资年均增长 21.5%，出口年均增长 19.8%。

分析这两个阶段的投资和出口数据，或可得出 10 余年来，中国经济形成了出口高增长支撑下的投资高增长的结论。如果考虑前一阶段价格上涨比后一阶段快约 2.5 个百分点，则后一阶段即近 10 余年的投资增速，比前一阶段加快

3个多百分点,与此同时,出口增速则比前一阶段提高6.7个百分点。中国投资激励因素,在出口迅猛增长和国内工资占GDP比重持续走低之下,悄悄发生了重大变化。

出口增长迅猛,尤其是当出口占GDP比重已相当高的状况下,国内经济可以不再依赖国内消费增长,而实现持续较快增长。在这一情形之下,企业销售收入因用于工资分配较少,加之国内其他要素价格长期低于国际价格,使得利润快速增长。由于资本利润增长预期看好,大量利润进一步用于投资,因而投资增长持续较快。

当前中国经济面临的一个重大问题,是出口增速正在从两位数向一位数回落。2013年,全国出口增长速度连续第二年为一位数,仅比上年增长7.9%,增速与上年持平,从各方判断看,这应该是趋势性的而非阶段性的。

未来一段时间,出口持续出现一位数增长,应该是大概率事件。从历年数据看,出口增速与投资增速之间具有1:0.8的关系,亦即出口增速上升1个百分点,投资增速上升近0.8个百分点,反之亦然。实际进程中的情形比较复杂,投资增速相对于出口增速的下滑,应该会低得多。中国经济经历了10余年的外生型投资高增长,终于逐渐走向尾声。

所以接下来的问题,是未来中国投资增长的内生因素是否能大大增强。现在各个方面都寄希望于城市化,但这里有一个很大的难点,谁为城市化买单?在出口增速下降情况下,企业利润、财政收入和居民收入增速均将下降,中国经济为城市化买单的能力相应弱化。因此,这里必须妥善处理好各方利益关系,推出有力政策,使得城市化形成的需求,进一步促进生产增长,形成新的收入源泉,增强城市化动力。

还有一个问题,就是如何加快城乡居民收入增长,从而促进消费,支撑投资较快增长。就现状而言,这应该有一定难度。出口增速下降,使得预期的收入增长降速;资本对于劳动的替代,阶段性地使得资本在劳动面前再次居于强势地位;另外中低层次白领岗位增长有限,而大学生供应持续较多,使得这一人群收入增长的难度加大。

在出口拉动的投资高增长式微之时,中国投资增长的内生因素并未能如期增强。中国投资在未来岁月中存在着相当变数。

（写于 2014 年）

民间投资增速下滑的忧虑

2016 年一季度数据当中,比较令人开心的是新开工项目,其计划总投资同比增长 39.5%,比去年高出 33.4 个百分点。虽然通常投资数据都受到较多诟病,但即使按某种比例去除水分,这一数据也很不错。这是预示经济触底反弹的重要标志性指标。然而一层隐隐忧虑,也藏于此。

民间投资增速一季度继续回落。这一数据仅为 5.7%,比上年同期回落多达 7.9 个百分点,比上年全年回落 4.4 个百分点。即使考虑到价格因素,2016年一季度民间投资增速,同比亦起码回落 5 个百分点左右。

民间投资占比相应下降。民间投资占全国固定资产投资比重,2014 年一季度为 64.8%,2015 年一季度为 65.0%,2016 年一季度为 62.0%,比 2015 年同期降低 3.0 个百分点,比 2015 年全年降低 2.2 个百分点。

这就是说,在经济似乎触底回升的喜悦之中,民间信心总体而言尚未恢复。甚至说得严重一点,如果以民间投资增速变化为标志,则民间信心似乎仍在下滑。这也是当前一个比较奇怪的状况,一方面是民间企业利润增速回升,另一方面则是民间投资增速大幅降低,据此甚至可以认为民企对下一步经济走势并不乐观。这一状况似乎还意味着,当前看似触底反弹的经济形势,或许缺乏应有的支撑。

与此同时,国有投资增速却加快上升。国家统计局公布的国有及国有控股投资,2016年一季度增速高达23.3%,比上年同期提高8.9个百分点。如果考虑到价格因素,则提高10余个百分点。这固然说明宏观政策得到了较好实施,但也预示着由此引发的较多问题。

更严重的还在于,民间投资增速的区域分布,与全国投资及经济增长的区域分布有较大差异。根据国家统计局和各地数据,一季度GDP增速最快的如不包括西藏,前4位均为中西部省份。而中西部投资增速,也要比东部快2.3和2.2个百分点。而东部省份,虽GDP增速大致居全国中间水平,然而民间投资增速则为全国四大区域最高,分别比中部高1.7个百分点,比西部高4.7个百分点,比东北更是高出25.0个百分点。

这些状况表明,中西部GDP较快增长,更多的似乎是依靠国有投资推动,而东部GDP较快增长则更多依靠的是民间力量。这也表明在全国一季度GDP增长中,有相当部分是依靠国有投资推动的。很显然,缺少民间支撑的经济增长,在当今中国经济格局下,是较难长期持续的。

全国民间投资增速从总量而言如此大幅回落,确有信心的问题,但也并非完全是信心问题。其中一个重要因素,是与民企长期难以进入一些领域,以及一些领域国企独大有关。这可从消费品行业投资增速全面高于全国平均水平得到证实。

2016年一季度制造业投资以其增速分布,大致可分为三大块。第一块是增速最快的汽车和电力等公用部门。前者应是国有和外资称霸领域,后者则是典型的国有领域,电力等行业一季度投资增速高达19.4%,占制造业全部投资的14.7%,汽车行业投资增速则高达22.3%。

第二块是投资增长快于全国平均的消费品部门,是典型的民间领域。这一块的食品、电气、橡塑、电子、医药和纺织6个行业,投资增速在11%～16%不等。网上甚嚣尘上的关于民企经营全面恶化的说法,至少在这一领域,缺乏大数据支持。这也再一次表明,这20年来我一直坚持的关于中国微观经济基础坚实的说法,是有统计分析支撑的。

第三块是投资增速低于平均及负增长的投资品生产行业,这大致是国企和民企的共同领地。这一块 8 个行业,其中民企比重较高的通用和专用设备制造业,投资增速分别为 7.4% 和 5.4%,民企比重同样较高的金属和非金属矿物制品业,投资具有微小增长,而国企比重较高的化学、金属冶炼,以及铁路、船舶、航空航天行业,投资增长为 −12.1% 至 −2.3%,这些行业显然正在遭受去产能的痛苦折磨。

因此,笼统说民间投资信心下降并不完全准确。"春江水暖鸭先知",消费品领域投资的较快增长,说明民企已完全感觉到了消费主导局面的到来,并对这一领域具有良好的增长预期和投资信心。

不过民企投资确有信心问题。前一阵子网上一些文章,把一些争论归咎为中国的经济基础出了问题,意思似乎是应该回到国企和集体企业一统天下的局面上去。中国的改革是十八头牛也拉不回去的,然而种种言论和一些迹象,令民企无所适从,难免对他们有很大杀伤力,以致不愿轻易投资。如 2016 年一季度第三产业投资占全部投资的 58.5%,同比增长 12.6%。按理说,除了科教文卫外,这应该是民企能占主体地位的领域。然而按现在投资数据推测,即使在这一预期良好的领域,民间投资也并不活跃,这不能不说是一大遗憾。

习近平总书记于 2016 年 3 月发表的就民营经济发展的"两个毫不动摇""三个没有变"讲话,令人振奋。可以预期,后续局面会有积极变化,然而这尚需一系列具体的方针政策跟上。我们 2013 年的研究就认为,民间投资不仅具有明摆着的进入障碍,而且存在着"进门易实施难""进门易盈利难""进门易竞争难""进门易退出难"等一系列问题。当前亟须在重大理念上,实事求是,解放思想,加快让民营经济在竞争性领域具有与公有制经济同等的地位,只有这样才能进一步激发持续稳定的民间投资及民间重大创新。

浙江一著名学者曾说过一则见闻。在杭州一座谈会上,一位国企大佬对一位民企大佬说,我有好的项目,听说你也有钱,我愿意无条件与你合作。民企大佬只是尴尬地笑笑,不愿回答。学者点评认为,民企怎么可能与国企合作呢?且不说地位不平等,更可怕的是进入后将丧失自我,会连自己姓什么都不知道。

国有投资如此高的增长速度是不可持续的。国有投资通常存在着效率较低甚至缺少效率,以及不计现金流等问题。一些地方这几年大量出现的高大豪华、使用率较低甚至极低的政府投资的公共建筑,既不能充分激发消费需求,也难以形成持续的有效供给,正是当下供给侧结构改革需要解决的一大问题。

国有投资快速增长不能促进民间投资及时跟进,表明当下的宏观政策仍有一定问题。中国的固定资产投资增长,一定得加快回到以民间投资增长为主体的轨道上来,经济回升才是稳固和具有坚实基础的。

(财新专栏 2016 - 05 - 03,国务院促进民间投资会议召开的前两天)

着力民间投资转型

浙江投资自 2011 年以来形成了新一波的加速增长态势。在政府性投资一马当先的引领下,民间投资充分发挥主体性作用。2010—2012 年,其年均增速达到 26.9%,比全省投资平均增速高出 4.7 个百分点,对全省投资增长的贡献率达到 71.0%。

民间投资的较快增长,再次显现了浙江区域经济巨大的内在活力,增强了推动浙江实现中共浙江省委报告的"四翻番"的基础动力。

当前中国经济已经显现出了回归消费主导的重大趋势性变化,然而这并不意味着投资重要性的下降。长期的可持续的经济增长取决于人均资本增长。根据同事的研究,当前浙江制造业人均资本仅相当于美国的 1/5,日本的 1/3。民营企业是技术进步和投资增长的生力军,浙江在促进民间投资增长方面还有很长一段路要走。

如何建立促进民间投资较快增长的长效机制，是当前浙江面临的重大战略任务。政府要创造好环境，建设好基础设施，加快改革，建立起一整套能让民营企业进得去、退得出，有机会、能赚钱的体制机制和市场环境。民间则需要加快投资转型，优化结构，提升效率，形成可持续的内生活力。

促进投资结构转型，从制造业为主向第三产业为主转变，从劳动密集型产业为主向知识和资本密集型产业为主转变。民间投资要成为浙江经济从物质生产至上向物质与精神文化生产并重转变的重要推动力，这是从源头着手的结构优化升级之策。这几年，浙江投资的产业结构已经发生了较大变化。2013年1—2月累计，如果不包括房地产，第三产业投资占比已达43.7%。投资的知识密度和资本密度，也有了较大提高。前些天我们去吴兴和海宁调研投资，企业家表现出了对投资社会事业的极大兴趣。这里的关键是政府要加大改革力度，放松规制，破除垄断，强化制度建设。

促进投资方式转型，从粗放型投资向集约型投资转变，从以外延为主的投资向外延与内涵结合的投资转变。浙江的土地紧缺今后将是长期的常态化趋势，天上不可能掉下土地来，扩大投资只能走集约化之路。浙江企业家已逐渐开始认识到了这一点，乐清市2012年工业投资中，零土地技改投资比重已高达52.8%。提升集约化水平有很大潜力，我在日本静冈参观过养乐多的生产车间，流水线有较多的立体布局元素，非常紧凑。前些年我参观过的省内饮料流水线，都是松散型的水平布局。促进多种形态、多种方式，以及具有较高技术经济水平的集约型和内涵型投资，应该成为浙江民间投资的基本选择。

促进投资主体转型，从经验型企业家向知识型团队转变，从农民企业家加农民工向马云加海归转变。浙江的多数企业家，是在口袋里没钱，脑袋里缺乏知识的状况下创业起步的。这在"短缺经济"和要素价格较低的时代，尚不至于有较大问题。但随着浙江经济发展水平的提高，需求不足时代的来临，对于投资主体的要求已越来越高。浙江相当多的企业家虽然早已实现了自身转型，但由于现代经济的规模性和复杂性,已经不能再"眉头一皱,计上心来",而需要一个多种专门人才结合的高水准团队,在其领导之下展开积极的工作。造就无数个马云与海归结合的高效率投资团队,不仅将较好地形成浙江民间投资快速增长的机制保障,而且将极大地开拓浙江的投资领域。

(《浙江日报》2013 - 05 - 02)

城市化，爱恨难舍的冤家

20世纪80年代初期,一些长我几岁的同事,总是喜欢提出城市化问题。单位一位领导听后也不表示意见,一次跟我们这些小青年单独在一起时说:"这帮书呆子,什么城市化! 哪来的钱?"

温州以其实践率先做出回答。温州市政府1987年开始改建人民路,提出"人民城市人民建"和"自我消化、自求平衡"的旧城改建方针。这就从实践上证明,城市建设是经济发展的必然产物,城市建设自有其当然的资金来源,不一定是政府的负担和包袱。

1991年1月中旬,我与同事受单位领导安排,去义乌调研小商品市场。时任义乌市市长毛光烈来招待所,与我们长谈两个多小时。毛市长介绍了义乌当时正着手的市区土地拍卖,认为这是解决城建缺钱的重要途径。当时土地拍卖政策并不明确,让义乌吃了"头口水",并没想到土地财政后来有如此多的弊病。不过公允而言,依现行财政体制,没有土地财政就不可能有浙江城市化的飞速推进。

"风乍起,吹皱一池春水。"浙江当前及未来城市化还有一个更重要的目标,就是努力扩大"城乡差距"。不过,此差距绝非制度及基础设施差距,而是空间状况及空间结构差距。城市高楼林立,乡村绿满阡陌;城市激越高亢,乡村平和低吟;城市喧嚣时尚,乡村宁静清纯,真正实现"城是城来乡是乡"。

浙江城市化四部曲

风起九里松

1998年夏天,杭州著名的九里松古道旁的一家酒店内,中共浙江省第十次党代会报告起草小组,正在听取省有关部门汇报并展开深入讨论。

这天,在听取省建设厅汇报后,起草小组很自然地讨论起城市化问题。起草组成员大都力主实施城市化战略。当时担任省委政研室副主任的黄勇说,城市化的实质是优化要素布局。建设现代文明社会,浙江人多地少,只有走城市化道路,才能既节约耕地,又促进全省经济社会快速健康发展。

时任中共浙江省委书记的李泽民,与前些天一样,坐在会议室东墙北端,这时平缓地插话说:"按这个说法,倒是可以实施城市化战略的。"轻轻一句话,为党代会报告的起草定下基调。就在九里松的这家酒店里,两天后,起草组请来了浙江大学和浙江省城乡规划设计院的专家们,专题研究城市化。就这样,在后来形成的党代会报告初稿中,出现了推进"城市化"的内容。

浙江经济快速增长,到这时已有 20 个年头。人均 GDP 已由 1978 年的 331 元,达到 1998 年的 11394 元,按当年汇率中间价,为 1376 美元,已经到了实施新的发展战略的重要转折关头。

然而,就在省第十次党代会召开的一个多月前,在下发各部门征求意见的党代会报告初稿中,"城市化"这个词却消失了。城市化战略并不涉及敏感的意识形态和路线斗争,不能说有多么艰难。然而,至少从这一提法的出现、消失,到后来正式提出的过程中可以看出,这的确是浙江解放思想、突破传统发展模式的一个重要举措。

改革开放前,浙江和全国一样,实行高度严格的户籍制度。不仅紧闭城门,而且不得不从城市向农村大批转移人口。这其实主要是经济长期停滞的情况下,一种无可奈何的选择。

然而这种应对生产力低下的做法,却左右着改革开放以来的发展思路,以至于出现了谈城色变的"恐城症"。我的一位老领导 20 世纪 80 年代多次以讽刺口吻说那些力主城市化的人,说他们书生气十足,哪来那么多钱搞城市化?正是在这样一种思维主导下,城市发展得不到应有重视,人口向城市的流动被紧紧卡住,发展战略上没有城市化的应有地位,空间布局长期难以优化。

20 世纪 80 年代中期,对于一些地处三线的工厂和有关研究机构迁入杭州的要求,杭州市一位分管副市长明确表示反对。当时我正在杭州市调研,这位副市长对我们说,进来的那些工厂和机构的隶属关系都不在杭州,贡献十分有限,市里却要解决他们的粮食、蔬菜、工业品等供应问题,还要解决他们的住房、就医、子女就学等问题。这位副市长的结论是,杭州市实在是很难安排这些工厂、机构进杭,因为这是一笔非常不划算的账。

20 世纪 90 年代初期,我在新疆也听到类似的故事。由乌鲁木齐往哈萨克斯坦的北疆铁路,曾规划在天山北坡下的乌苏设站,当地因利益较少,没有积极配合。结果，这个车站设到了距乌苏数十公里远的新疆生产建设兵团第 131 团驻地，就是现在的奎屯市。

客观趋势是无法扭转的，无论是否实施城市化战略，城市发展早已是浙江发展的大趋势。1995 年，浙江城市化率为 32.6％，1998 年达到 42.5％，4 年提高了 10 个百分点。而 1998 年城市化战略提出后的头 4 年，城市化水平也仅提高了 10 个百分点。所以在这个时点，不是要不要实施城市化的问题，而是如何加快实施这一战略的问题。

转机终于到来。1998 年 11 月 12 日，一份研究报告令新任浙江省委书记张德江眼前一亮。时任原省计经委副主任的刘亭研究员，与其同事金新仁合作的研究报告《城市化：我国跨世纪发展战略选择》，赫然映入张书记眼帘。张德江在这篇报告上写下一段批示后，意犹未尽，又提笔写道："另，我想重点抓一下城市化问题。此事重大，请认真对待。"

经济发展固然急不得、慢不得，但在一些特定的场合和时间，必须有政治智慧和勇气来捅破窗户纸。类似于城市化这样的发展战略，最大的阻碍是我们自己。很多时候，是我们自己给自己画定了不得进入的禁地。当前中央讲城镇化，浙江还是得提城市化。中央是从全国平均状况出发，而浙江自有其领先全国的特殊性。浙江继续提城市化，恰恰科学体现了对于中央推进城镇化要求的具体落实。

（《浙江日报》2013 - 01 - 25）

像雾像雨又像风

"像雾像雨又像风"，这是 2000 年周迅主演的一部电视剧的片名，或许能形象地比喻浙江城市化。浙江城市化就像一场大雾，弥漫于多数区域的角角落落，如天目山深处的小村庄，也具有城市的生产生活特征；浙江城市化恰如春风化雨,虽曾备受挪揄指责,但仍势不可挡,催生万物;浙江城市化也像风,其风向、风速因时、因地、因人而异。

城市化的实质是人口和产业在地理空间上的集聚。然而对于集聚的理解不能机械化,否则就难以形成正确认识。浙江一个重大特点是多数人口居住于少数宜居空间中,每一平方公里"宜居空间"的人口高达1000多人,为全国各省最高。在这种高密度人口分布情况下,任意一个点均有较好的投资条件,而改革开放初期生产要素只能"就地闹革命"的体制环境,更是强化了乡村地区的投资发展。正是基于这一重大的地理空间和体制特点,改革开放后,得风气之先的浙江农民在家门口建厂、办市场,一个个要素集聚点如雨后春笋般生长,形成了浙江城市化的原点。

"走了一村又一村,村村像城镇;走了一镇又一镇,镇镇像农村。"如果这句话含有批评成分,确实指出了浙江城市化进程中,阶段性的空间混沌现象;但如果把这种批评绝对化,则可以说是对于浙江城市化的一种机械式的理解。欧美和中国北方地区人口稀少,在一定半径范围内只有较少人口,难以低成本地获取生产要素,也难以形成创业初期就地销售的规模效益,不可能像浙江那样在镇、村大量建厂。欧美和中国北方地区的集聚,只能主要围绕城市展开。因此,他们的城市化注定了"城村分明"。

浙江就不一样了。在浙江约3万平方公里的宜居空间内,在改革开放初期有近4000万人口。假定一个典型县有约80万人口,以及约600平方公里左右的宜居空间,并进一步假定这一典型县呈比较规则的圆,则这一典型县的半径仅为14公里。在如此较小面积的高密度人口范围内,在任何一个孤立的点上办厂,都能以较低成本得到生产要素供给,都能在合理的运输半径内销售产品。因此改革开放初期,浙江几乎县县都有小水泥厂、小啤酒厂、小纺织厂、小家具厂等。这些分散化的企业依靠当地要素供给和消费需求,即能形成最低经济规模,生产经营红红火火。

当时还有另一种情况,就是改革开放初期,浙江有相当多的产品销往"三北"

地区，即华北、东北和西北，而这些产品也是分散在浙江乡村地区里生产的。这种分散生产和长途运销的产品，成本固然相对较高，但相对于当时低效率的国有和城镇集体企业，仍有很强竞争力。再则，工厂虽然办在乡村，但都靠近交通干线，短途交通费用在总的运输费用中的比重并不高，所以进一步降低了对于分散性的敏感。所以浙江城市化初期注定了"村不像村，城不像城，村像城来城像村"，当时如果不允许这种"四不像"，很可能就不会有浙江经济发展的良好势头。

浙江城市化就这样在分散化的状态下起步。或许可以把这种情况形容为"就地生长式的城市化"，即浙江城市化主要不是一种水平扩张运动，而是一种垂直向上运动。一些人士根据欧美的城市化理论，指责这一状况的种种不合理，但在浙江特定的地理空间格局和改革开放大环境下，它从根本上说是合理的。

外向型经济进一步促进浙江众多要素集聚点的壮大提升。1998—2011年，浙江商品出口年均增速高达 25.9%。在出口主导格局下，浙江那些偏僻镇村的区位条件，甚至远好于内地大中城市。而快速发展的经济，促成了区域收益快速递增，产业配套快速发育，企业快速做大做强，社会事业加快发展，那些曾被指责为分散化的镇村经济，终于从丑小鸭成长为白天鹅。

到过诸暨店口镇、象山爵溪镇等地的人都会惊讶于这些偏僻城镇的繁华，而能把偏僻与繁华联成一个能普遍应用的词组，恐怕也是浙江特色。当前需要进一步张扬浙江城市化的全地域特征，但草根主导必须加快转变为精英主导。做高、做强、做美，着力推进大中小城市和中心镇村协调发展，应是当前浙江城市化的混搭风。

《浙江日报》2013-02-08

满天星斗

相当一部分人士指责浙江城市化"散"，认为由此导致中心城市发展较慢。

其实这种"散"恰是浙江优势，即区域发展有多个中心、多个引擎，动力强劲，历久弥新。

"满天星斗"这个词，是向史学界借用的。中国的早期文明发展，在新石器时代前期，因各个文化区域群星灿烂而呈现出"满天星斗"的特点。也就是说，中国早期发展并不是仅有黄河中上游一个文明中心，而是有若干文明发展中心，包括灿烂夺目的河姆渡文化、良渚文化等。浙江城市化也不是局限于若干个大中城市，而是具有满天星斗之势，形成了一大批分布密集、发展较快、各具特色的城镇。

浙江的城镇密度居全国之最。以宜居空间观察，浙江在中国各省份之中，具有最高的宜居空间人口密度，也具有最高的宜居空间城镇密度。根据 2009 年数据，浙江每万平方公里宜居空间有 8.0 个城市、177.1 个镇。广东居浙江之后，列全国第二，每万平方公里宜居空间有 5.7 个城市、147.3 个镇。江苏屈居第三，每万平方公里宜居空间有 5.3 个城市、128.9 个镇。由上可知，浙江宜居空间的城市密度是广东的 1.4 倍，江苏的 1.6 倍；镇的密度是广东的 1.2 倍，江苏的 1.4 倍。

中等城市密度居全国之先。浙江绝大多数县级市和部分县城的城区，人口均已超过 20 万，有些已超过 30 万，均具有中等城市水平。浙江还有一批特大镇，其人口已超过 20 万或将要达到 20 万，形成了中国其他省区所不具有的较高密度的中等城市。中国百强县中，浙江虽不具有其中的最强县，但在数量上却是最多的。

设区市发展亦较快。20 世纪 90 年代末期，尽管一些设区市人士认为省直接对县体制影响了他们发展，然而从数字上看，浙江设区市发展仍快于全国同类城市。2001—2011 年，浙江 11 个设区市市区 GDP，年均名义增速 16.9%，同期全国 14 个沿海开放城市市区 GDP，年均名义增速 16.6%。可见即使浙江发展整体放慢，浙江设区市这 10 年的发展也并未因"满天星斗"而受较大影响，仍略胜全国同类市一筹。

较高的城镇密度以较高的人口密度为前提，但高密度人口未必就一定导致高密度城镇，若干客观因素成为浙江城市化满天星斗的重要推手。

上海弱化了省内大城市发展。19世纪中后期直至改革开放前后，浙江的经济和交通中心均在上海。新中国成立前，浙江人才和资本主要是在上海"异地上市"。新中国成立后，浙江各地多半与上海有非常密切的联系，尤其是在上海的宁波人、绍兴人等，有力地促进了宁绍地区的发展。同时，北仑港未发展以前，浙江各地的煤炭等大宗物资，多半经上海中转。改革开放后，环杭州湾农村地区，正是凭借上海力量，冲破计划经济束缚，积极发展乡镇企业，形成了远比大城市快的发展速度，这也正是浙江一些县城和大镇最初较快发展的主要原因。

生产要素"就地闹革命"进一步弱化了原有大中城市的发展。改革开放初期，计划经济严重束缚生产要素流动及效率的发挥。在这种令人窒息的体制环境下，农村本地能人，只能在本地利用本地资源发展经济，形成了一种"三本经济"。碰巧浙江又是工商传统很强的地区，碰巧又遇上1984年农业大丰收，粮食产量达到空前绝后的1817万吨，而2011年只有782万吨，乡镇企业当年产值比上年增长55%，从此迈上了快车道。当然，其中起基础性支撑作用的，是我所谓的"高密度均质化空间"。

感谢技术发展的普及，我们寻常人等已能通过卫星观察城市发展。浙江满天星斗式的城市化格局，已经或正在形成典型的星云状分布的城市群和城市带。浙江城市化已不能再满足于通常的大中小城市协调发展，而是要加快星云状城市群和城市带的整合优化，加快提升空间效率。

（《浙江日报》2013-02-22）

多声部合唱

关于推进城市化的关键，不同专家有不同说法。在我看来，推进城市化应是多声部合唱，每项工作都不能少，每项工作都是关键。好比弹钢琴，少一个音符也不行。

有专家说，城市化关键是农民市民化，可是如果没有城市建设发展，以何载体、何方式去推进农民市民化？又有专家说，城市化关键是城乡一体，可是城市在本质上是个地理空间概念，城乡在地理空间上的异质性正是城市化的前提，城乡一体化只是一个制度及基础设施概念，而不是城市发展本身。还有专家说，城市化关键是大城市发展；也有专家说户籍是突破口，等等。

这关键，那关键，都离不开“城市”这个关键词。所以起码从语义上说，城市化首先是城市自身的建设发展，其他都是引申开来产生的问题，甚至可以说是等而次之的问题。这问题、那问题都很重要，无非是专家知识结构和偏好的不同，或是屁股坐在哪里的不同，衍化了一大堆所谓的关键的概念出来。

城市建设发展是城市化的本原，长期而言是城市化的主体工作。在浙江，应采取大、中、小城市并重发展的做法，这是基于浙江高密度均质化空间，各地发展条件均较好而提出的思路。浙江大城市发展向来为人诟病，不过若把上海作为浙江的首位城市，则浙江城市等级序列大体是合理的。欧、美、日经验都表明，千万级人口的超级城市周边，再难有特大城市发展，更何况城市不在大，而在强。城市建设发展是门大学问，前杭州市委书记王国平著有三大册《城市论》、八大册《城市怎么办》，值得拜读。

县域层面固然应重视中心镇发展，不过县城加快发展或许同样重要。浙江发达县市的县城和中心城区，其人口多半已达 20 万至 30 万，如能达到 40 万～50 万或以上规模，等于一个县市的大半人口都居住在县城，将大大提升集聚、集约水平。从这个角度出发，一部分镇将不可避免地难以较快发展，甚至出现萎缩。杭嘉湖地区原先一些乡所在地的集镇，现已明显衰变。当然，正是由于高密度均质化空间的特点，浙江仍将有一大批镇存在与发展，目前关键是张扬个性，加快发展社会事业，提升建设发展水平。同时应推进一批条件成熟的特大镇，化蛹为蝶，变身为市。

乡村发展是浙江城市化的基本要求，也是城市化的重要目标。浙江城市化是全域城市化，推进城乡统筹发展可能有四条主线索，即城乡生产生活方式总体趋同、城乡基础设施均衡配置、城乡公共服务均衡提升、城乡生产要素无障碍流动。乡村发展的一个重要方面是促进乡村人口进入城镇，在这一问题上，户籍改革算是个伪命题，真正的症结是公共服务均等化。我们当前已面临着给农民以市民待遇，农民却予以拒绝的难题。就未来而言，所谓市民待遇，应该不是城市想不想给，而是农民领不领情、愿不愿接受的问题。

中国的市县设置是农耕时代和计划经济的产物，理应迎接城市化的洗礼。浙江一些地方的市县设置，正在严重影响城市化进程（见图 6）。调整市县设置，在一些地方全面实行省直接对县体制，正是一项各方共识较多、推进难度较小、对全局促进较大的改革。比较典型的如实施现绍兴县与现绍兴市的城区合并，恢复 1983 年前绍兴县级市时的行政区划，并将其提升成为辖有越城、柯桥、滨海等区的设区市。现绍兴市下辖的诸暨等地，则改由省直接管理。杭州可全面实施市管县体制，或可考虑划一些周边区域并入杭州市，强化其大都市区格局，还应该请求中央赋予杭州市具有相当于省一级的行政权限。

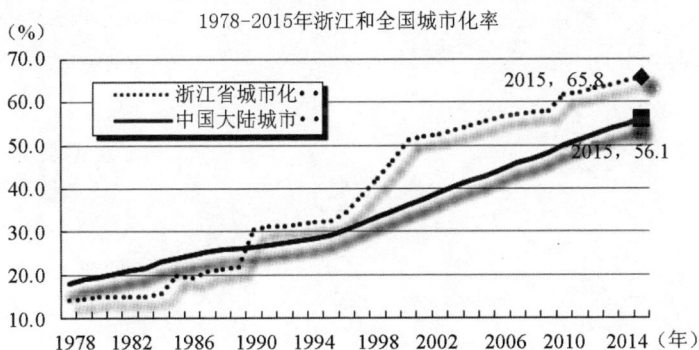

图 6   1978—2015 年浙江和全国城市化率

　　当前浙江城市化还有一个重要目标,就是努力扩大城乡"差距"。当然此差距绝非制度及基础设施差距,而是空间状况及空间结构差距。杭州、温州及宁波城区应积极提升城市能级,加强集聚辐射,不妨增强高楼耸立、道路密布、地下拓展的立体化发展格局。温台一带的沿海中小城市,应充分展现城在山里,山在城里,秀色愉悦;看得见山,望得见海,野趣盎然;生态相隔,景致相间,风光宜人的城市意象。杭嘉湖等地的乡村地区,应稳步撤并自然村及独立农居,促进小块农田整合成片,重现阡陌无垠、绿野连天的壮美景象。

(《浙江日报》2013 - 03 - 08)

都是城市病惹的祸

旧城保护的纠结

世上很多事情，听起来很美好，做起来却未必。几年前我在衢州一个镇调研，镇委书记说当地镇上的古街很有味道。我一下子很有兴趣，但随后一看，所谓古街破败不堪，大失所望。

2013 年春节前后，我们连续一两个月在浙西南调研，考察了江山市的廿八都镇，保护得非常好，或可说是浙西城市带崛起的一个漂亮的终端节点。可是在廿八都镇，还看到了一些被冠之为保护的建筑和街区，多数结构简陋，建筑工艺粗糙，总体破旧败落，间杂着一些面目可憎、用水泥砂浆做外墙粉刷的砖混建筑，总体保护价值很值得商榷。

旧城保护当中，除了建筑和街区的历史价值之外，只有工艺和品相俱佳者，才有足够的保护价值。工艺不佳则缺少必要的历史文化内涵，品相不佳则不仅不能反映建造时的工艺技术水平,且不具必要的观赏性。在此情况下,即便其年代久远,也不一定具有必要的保护价值。

20世纪90年代初,我曾在浙西南一个县城待了两个月。这个县城南门外有一条历史街道,四五米宽,一二公里长,街边有一条小溪,我当年在这条街上做了一个百户调查。前不久,朋友陪我重走这条街道,令人惊异的是居然毫无变化,只是两边见缝插针地增加了一些水泥小房子,老房子则显得更加破旧。

朋友告诉我,当地已确定这是条古街,必须严格保护。实际上那些老房子的年代并不久远,至多只能算是旧街或老街。当年清澈的小溪,现在黑乎乎的像浓稠的酱油汤,散发着阵阵异味。街两边的建筑狭小简陋,从街上就能看到卧室。浙西南多雨,那些房子的地坪略高于街道,室内大都比较潮湿,想必也较难保持清洁。偶尔能看到一幢民国或清代建筑,品相都较差。朋友说,这条街上主要是20世纪五六十年代的建筑,条件好一些人家大都已搬迁,相当一部分房子是用来出租的。

走在这条街上我确实感受到一些历史沧桑感,但当看到房子里那些较差的居住生活条件,闻着那些带有霉味的潮湿的空气时,这种所谓的历史感荡然无存。那些听起来很美好的所谓古街区保护,实际是以当地居民较差甚至恶劣的居住生活条件为代价的。后来在浙西一个县城,我大清早兴冲冲地赶去一个被当地规划部门划定的古街区调研时,也遭遇了同样很强烈的扫兴感。

我绝不是历史虚无主义者,但长期以来总觉得如果先人的一砖一瓦都得保护,今人恐怕连插足之地也没有了。我完全可以理解当年林徽因强烈要求保护北京城墙的那种情感,可是很难想象如果当今北京还有着那些城墙将会是一个什么模样。10多年前,我在被古城墙包围的现代化的西安市中心,有一种很强烈的压抑感,至今这种压抑感似乎还在。

笼统说旧城保护固然不错,但具体问题应该具体分析。对于工艺和品相俱佳,以及具有重要历史内涵的旧建筑和街区,应该全力保护,这不会有任何问题。但对于该保护的时候并没有得到较好保护的历史建筑和街区，长期以来已高度损毁，且历史内涵不丰富的，就比较值得研究。如果仅仅是为了发思古之幽情，则存在政府投入过大，以及缺少商业性开发的经济效益等问题。

其实那些旧时建筑，大多已不适合现代人居住。结构不合理，采光、通风、隔音和消防措施均较差。我自己童年时代就曾居住在这类房子里，参加工作后回家，每次都要问我妈妈，这房子什么时候能拆迁。前些天偶尔走进了杭州小营巷，那幢毛泽东当年视察过的 61 号，是太平天国时期的听王府，曾经是有钱人家的大宅子，现在起码住了 10 户人家，居住空间狭窄，基本不具有私密性。这房子如果仅一户人家住，倒也不错，但可能近于奢侈，且也不见得有多高的舒适性。

对于旧时物品，寻常人难免有食之无味、弃之不舍的纠结，可是绝不能说旧的就是好的。保留工艺和品相俱佳的建筑和街区，主要是有标本和历史寻踪的意义。我们宁波人有"旧的不去，新的不来"的说法，多数旧物件终究是要被抛弃的。

《浙江日报》2013－05－03

失忆的城市

我 4 岁时，我们全家从上海来到宁波，住江东演武巷，这是很好听的一个地名。记忆当中是一座大户人家的宅子，是一种比较典型的宁波人所谓的"大墙门"，我在宁波曾见过不少这类房子。

宅子坐北朝南。大门进去先是一个天井，过了天井是开放式大厅，两侧是厢房，正房在大厅上面的二楼。二楼有面向天井的走廊，小时候我曾住这里。当年黄昏时候，我扶着走廊栏杆，盯着大门，盼望我爸早点下班。圆柱很粗，金漆地板很温馨，大厅里的牛腿，对孩童时的我来说有点吓人。

　　那房子我们住了不到一年就搬了。这段回忆对我来说,实在是非常美好,因为这也是我刚刚开始认知世界的时候。后来整个少年乃至青年时期,我的脑海中总偶尔有一些那房子的景象浮现。一个小孩,倚在走廊边门旁,被邻居大人们逗着玩。当时似乎已近年关,走廊里洋溢着一年辛劳后的欢快。

　　到杭州多年后,我终于等到了机会,可以重温这美好的童年时光。那天我妈带着我,一起经过一扇破落且不太大的门。真不敢相信这就是有着那么美好回忆的地方,天井很小,圆柱斑驳,牛腿朽坏,二楼黑乎乎的,破烂不堪,几乎就像当下在拆迁现场看到的所有旧民房一样,只不过这房子当时尚未拆迁。

　　记忆在哪儿?记忆只能在脑子里。实物尚在,只是已面目全非。即便如此,那些实物多半也即将被一拆而空。当这一代人渐渐老去时,下一代人该去何处寻找记忆?

　　这些精美宅子落到这般地步,让我唏嘘不已。先是制度性改造,原本只是住一个大家庭的房子,被挤进十几户人家,烟火熏陶,百足践踏。接着是狭小空间的结构性改造,天井加建,或成为永久性厨房;露台加层,或成为子女婚房;走廊被占,或成为储物天地。紧跟着是岁月的无情摧残,当年出自工匠们手上的作品,终被毁坏而至毫无价值。当城市大拆迁来临时,一切都是那么顺理成章,一个个破败街区、一幢幢破败建筑,如摧枯拉朽般"零落成泥碾作尘"。

　　所以当人们在争论旧房子该不该拆时,正方理直气壮;至于反方,恐怕自己亦缺少底气。一幢建筑沦落不堪,除非像胡庆余堂老宅一样极具世俗吸引力,否则巨资修复有何意义?

　　文化在哪儿?建筑是立体的雕塑、无声的诗,更是城市文化的载体。放眼望去皆是混凝土森林,仔细打量多是恶俗之作,城市文脉断裂,精神家园何在?这样的城市,就像是水上的浮萍,没有根基,没有底线,也没有牵人心肺的情感羁绊。

　　木构建筑易朽,注定了新建筑终将在不太长的时期内替代旧建筑,然而这应是有前提的。梁思成在《中国建筑史》中替木构建筑辩护："中国结构既以木材为主……实缘于不着意于原物长存之观念。"梁思成二战期间向美军力主不轰炸日本京都奈良，20世纪50年代力主保存北京城墙。梁思成所谓的建筑新陈代谢，绝不是断崖式更替，而是如他所说的"以自然生灭为定律"。

纵使新建筑具有足够的美学和实用价值、足够的文化承载力，旧建筑仍是不可替代的精神文化符号。20世纪30年代，日本学者说中国已无唐朝建筑，而日本奈良建于这一时期的东大寺却保存完好。梁思成不信这一套，终于和他的民国第一才女太太林徽因一起，在五台山一个山沟里，找到了建于北魏、重建于唐、后被称为中国"第一国宝"的大佛光寺。佛光寺正殿一个小角落，谦虚地有一尊胖乎乎的唐仕女彩塑，叫作"女弟子宁公遇"，据说是武则天本人。

就在写这稿子的前一天，建于1872年的宁波外滩教堂遭遇大火，几于全毁。宁波及浙江其他地区本来就很少有历史建筑，而我们自己又不加珍惜，轻易毁坏，真当罪过。

童年时我在外滩玩耍，是那教堂钟声催我回家。我一个舟山同学火灾后跟我说，每次来宁波，看到钟楼才觉得真到大陆上了。一些宁波人看着大火后的教堂泪流满面。我们在历史建筑前肃然起敬，因为那是我们的血脉。我们活在当下，可是历史却正在提前到来。

（《浙江日报 2014-08-03》，发表时有删节）

小城大堵

我们羡慕小城的慢生活、畅通的交通、慢悠悠的行人。可是这几年经常会听到小城人士用略带骄傲的口吻说，他们家的小城也和你们家的大城一样，很堵。

堵车是一种时尚，更是一种骄傲，就像我们当年骄傲杭州房价远远高于苏州一样。小城人士的潜台词就是，我们这边也拥有和大城市一样的一种生活，很现代的。

骄傲归骄傲，不过堵车给小城带来的不方便是真实的。前些天我去浙南一座小城，下高速公路进城时，前面带我们的本地车，领着我们避开主干道进城。这岔道不仅狭窄，而且很堵。于是我们在车内抱怨，怎么上了这么一条道！第二天我们要回杭州了，由于没有引导车，就从主干道出城，可是这条主干道堵得一塌糊涂。这时才明白昨天穿越很窄的岔道进城，是为了避开更堵的主干道。

小城为什么大堵？缘于城市形态不合理。通常理想化的城市形态是同心圆，这样可以在一个既定的城市面积上，实现不同端点之间的距离最小化。这就能以最小化的出行距离，换取最大化的活动空间，交通拥堵亦能最小化。

理论是理论，实际是实际。实际是什么呢？实际就是城市的发展跟着人的意愿走，跟着地形走，而绝不是跟着理论走，所以小城大堵成了常态。

浙江多山，有26个县城位于狭小的山间河谷盆地，小城大堵由此发生。这26个县城可分为两类：一类是可拓展的河谷盆地，即河谷两端无山体阻挡，城市能持续向两端伸展；另一类是难以拓展的河谷盆地，两端有山，城市发展严重受限。

第一类县城的发展，形成了狭长形城市，是一种最不佳的城市形态。浙西某城区南北长达10余千米，东西最狭处仅数百米，城南商业区，城北住宅区，形成了典型的蜂腰状堵塞。又如台州某城区，发展空间虽然较大，但这个仅30万人口的城区长达15千米，最窄处仅1千米多，高峰时南北交通成典型的瓶颈阻塞。

第二类县城的发展，形成了高密度的空间结构。如浙西南的一个县城，东西长3千米多，瓯江横贯城市中心，江北部分最宽处不足1千米，建筑高度密集，国道穿城而过，城市道路被压缩至最低限度，这个有七八万人口的小城，堵车是家常便饭。

坦率而言，这两类县城都有相当的发展难度。所以有一次在一个县城，我就斗胆提出，能否另辟蹊径，控制县城，重点发展当地的一个中心镇，形成比较合理的城市形态。如我所料，当地领导把头摇得像拨浪鼓一样，连说不行。他们虽然没说理由，但我也知道，县城就好比是既得利益，在既得利益面前，堵车这种小问题何足挂齿。

搬迁县城很难，但不是没有先例。德清县城1994年从乾元镇迁至武康镇，20年间形成了具有10多平方千米、10余万常住人口的城区，且距交通干线更近，城市形态较好。历史上有宁波迁城促进发展的佳话，唐初宁波前身的明州府治设在四明山下的鄞江镇，唐中后期的公元821年迁至现三江口，这才有了宋以来宁波商业和航海业的辉煌。

搬迁县城动作太大，可行性确实不大。或可考虑适当调整区域城市化重点，甚至不排除将重点转移至地理空间条件更好的其他镇。美国有不少州政府并不在当地最大的市，如洛杉矶是加州最大的市，州政府则在萨克拉门托，其人口只有洛杉矶的1/10强；又如纽约州的州府不在纽约，而在奥尔马尼市，人口只有10万左右。

小城大堵给予我们很多思考。交通拥堵只是城市形态和结构不合理的一个比较显性的方面，更严重的是空间资源的低效配置和低效利用，城市活力和舒适性的大幅下降。举一个简单例子，城市呈细长布局，会导致城市给排水系统建设管理难度大幅增加。前不久我在一个名气很大的县城的朋友家了解到，当地生活污水至今仍是直排，令人惊讶万分。

浙江的山区县城是非常有特色的风情小城。小而美丽，小而精致，小而顺畅，是小城发展的基本要求。推进城市化，必须按照庖丁解牛、顺势而为的要求来制定和实施科学的城乡建设规划，必要时得舍弃既得利益，以构建更合理的城镇布局。

城乡二元何时了

改革市县体制

像中国这样市下设市,甚至再设市的体制,在全球发达经济体中应该不多。这样的体制如果长期持续,城市化就好比是负重前行,较难顺畅发展。

市与省的区别,在于市有直接管理的地盘,而省却没有。所以省下设市县,因省较少有直接利益牵制,治理公平性相对较强。当然现实并未如此理想,各省大都有一块直接利益,只是与市相比要小得多。浙江改革开放以来多次下放省属企业,以及大规模推进国企改制,直接利益已很少。

市是市场经济状况下,直接进行市场竞争的空间实体。这样一个在市场经济中打拼,需要与别地争夺要素、争夺市场,甚至争夺眼球的行政区域,再去管辖与其相邻的其他空间实体,必定出现利益冲突。10多年前我曾跟随领导去一个地级市,当地市委书记直截了当地要求,机场不能批给市所辖的一个市,应批给市里。在行政审批事项大幅减少和信息技术发达，完全可以实行扁平化管理的今天，实施这种体制的必要性越来越少，弊端也非常明显。

市较弱，难以有带动作用。1982年，中共中央51号文件《改革地区体制，实行市领导县体制的通知》的一个出发点，就是发挥地级市的中心城市作用，带动和加快县的发展。不过就浙江而言，即使在20世纪80年代初期，相当一部分市也未有显现足够的带动力。随着改革开放以来经济的快速发展，一些市的实力甚至已被所辖县（市）超越。浙江除杭、宁、温三市经济对下辖区域有绝对优势外，其余8市，或多或少都存在着带动力较弱问题。2011年，全省除杭、宁、温外的8个设区市，有2个设区市的市区，主要经济指标均被其下辖区域大幅超越。有1个设区市的市区，主要总量指标仅稍高于下辖区域，人均指标则已被超越。一些实力较强的县级市，有的戏称上级市是"叔叔"，有的公开表示不屑于与其上级市的经济往来。

市刮县①，影响县的发展。1982年下半年，我跟随领导调研市管县体制，几乎每到一县，必有当地领导提出"市刮县"的担心。他们觉得省里还比较公平，而市里因为利益相关，必定斤斤计较，不可避免地产生影响县里利益的情况。这几年市里控制的资源分配越来越少，但还是有一些分配权，或是向省里的建议权。还有如一些试点权，因为可以有独占性的资源分配，市和县都非常想争取。而在这个时候，省里往往比较重视市的意见，市对县还是具有一定的决定权。

市占县，影响市场经济秩序。一些市以统筹协调名义，不经法定程序，直接将下辖市地块划由其直接领导，下辖区域慑于领导和被领导关系，只得服从支持。一些县（市）丧失了自己的最好地块后，又去另搞一套，导致典型的分散开发和重复建设。当然，这种做法或许确能增强统筹协调发展，但影响县的积极

① 意思是市里摄取县里的资源和财力。

性,影响市场经济竞争关系。一些比较明智的市,虽然也在下辖区域划定开发区,但不把自己作为开发建设主体,注意维护下辖区域利益,实际效果反而更好。

现行体制下,设区市也很无奈,有自己的苦衷。市有管辖之名,却较少获得管辖之权和管辖之利,多半只能把精力放在自身发展上,较难有统筹协调发展之实。多年前一位担任过某设区市的常务副市长的领导曾对我说,他们与县(市)其实是兄弟关系,对于县(市)的做法通常也只能听之任之。还有一位曾担任过设区市的市长的老领导也曾对我说,他知道自己的主要精力应放在城市建设发展上,但也得时常去农村,因为有市管县之责。

现行市县体制是在计划经济时期及发展水平很低的年代实行的体制,是当前城市化进程中,应该改革的一个重点领域。当然,具体还是应差别化实施,如杭州、宁波或应实行更为彻底的市管县,且杭州或许应与宁波一样,具有相当于省一级的行政管理权限。一些条件成熟的设区市,可将周边小县改为下辖区,同时将现所辖的较强县(市)改由省直接管理。发展水平较低的设区市,在省市减少对县(市)行政审批事项的同时,或可由省直接管理一些不能减少的行政事项。

(《浙江日报》2013－09－27)

市民化成本分担机制是伪命题

中国经济发展中,长期有一些似是而非的问题,农业转移人口市民化成本分担机制就是一例。市民化是农民进城后自然而然的一个问题,怎么需要成本分担机制?

农民是因为城里有工可打才来,他们是进城创造财富的。市场机制下,农民并不需要政府"安排"进城,而是被城里的就业机会吸引。同时,农民也会自行创造就业机会，我家楼下超市就是来自丽水的农民开的。如果城里长期无工可打，农民就会回家，毕竟还有几亩薄田。农民如果赖在城里不走，一定是经济社会陷入重大困境，这就绝非城市化所能解决。农民在城里打工时间长了，势必成为市民，哪有不让人成为其长期居住地居民的道理？这也是城市化的两大要义，即城市产业发展和城市居民增加。

然而由于长期计划经济下的城乡二元体制，农民享受的基本公共服务水平大大低于市民。城市政府对那些长期在城里打工的农民，并不愿意为其提供教育、卫生、文化等基本公共服务。所以这些农民即使长居城里，也还是没有实现所谓的市民化，尽管相当部分农民不仅早已回不了乡，且已与城里人毫无二致。

因此，所谓市民化成本分担机制问题，一半是如何让长期在城里的农民享受城市政府公共服务，另一半是如何"安排"农民进城并享受政府公共服务。前者或许还有些道理，不过就事论事的研究解决不了多少问题，后者是对城市化的曲解。一些研究机构为此很认真地做了大量研究，如某权威机构估计一个农民工成为市民，需增加政府支出约 8 万元。有些学者甚至把农民工在城里的生活费用也作为市民化成本提出来。

深入而言，关于农业转移人口市民化成本分担机制的问题，实际是劳动力大量过剩时期的阶段性问题。因为在此情形下，城市政府能以大大低于户籍居民的公共服务费用，取得大批进城劳动力，他们宁可把钱用于大而无当的重复建设，如使用率极低的大剧院之类，也拒不为进城农民提供足够的公共服务。正是因为长期不愿意、不习惯、不舍得支付这笔费用，所以才出现了所谓的市民化成本分担机制。这也是当代欧美学术界讨论农业转移人口市民化成本问题文献寥寥的原因。

让我们设想一下，当劳动力求大于供时会有何种情形。在这一情况下，如果城市政府仍不提供公共服务，则这一城市的劳动力将短缺，企业和居民将怨声载道，城市运行将受影响。由于通常情况下城市政府并不愿因劳动力短缺而受影响,因此不得不主动或被动地向农民工提供和增加公共服务,这就将形成公共服务提供与劳动力供给之间的均衡。在这种情况下,根本就不存在所谓的市民化成本分担机制问题。

市民化是城市化的函数,而城市化是经济发展的函数,所以说到底是经济发展造就了农业转移人口市民化。城市化进程中的市民化成本,内生地由经济发展收益提供。城市政府向企业收税,又以公共服务方式支付给全体市民。只要经济发展及其运行是有效率的,就不存在缺钱问题;只要政府运行是正常的,就不存在农业转移人口市民化成本分担问题。如果还是缺钱,那绝不是费用问题,而是城市政府的良心和体制问题。

所以市民化成本分担机制,仅是特定时期的特定问题。在当前劳动力总量逐年减少的情况下,城市政府将逐渐不得不增强公共服务以吸引农民工,若干年后,所谓市民化成本分担机制问题将自然消解。这就像20多年前一样,不少学者对乡镇企业高度感兴趣,研究很深入,著作很厚重,但乡镇企业却逐渐消失了。

进一步看,如果经济发展缺少相应水平,并且是低效率的,那所谓的城市化确是钱的问题。在这一情况下,即使政府有很强的分配意愿,但缺钱什么也做不了。在这种情况下,分担机制很合理、很科学,但仍解决不了问题。

所谓农业转移人口市民化成本分担机制,实则是市场化不充分下的伪命题。市场化主导的经济发展将内生地承担农业转移人口市民化成本,并不需由谁来分担。当下仅就进城打工农民长期无法在城里体面生存发展这一事实本身,即已对一些城市政府形成若干压力。或许过不了多长时间,随着劳动力短缺加剧,至少沿海发达地区的地方政府,就将竞相出台关于农业转移人口市民化的相关政策。我们就等着看城市政府讨好农民工到来的那一天吧!

(《北京日报》2015-03-23,发表时有修改)

产城融合纯属瞎扯

写下这题目是 2015 年 8 月 10 日下午 5 时。约 55 个小时后的 8 月 12 日 23 时 30 分许，天津滨海新区发生特大危化品爆炸事故，最新报道是爆心周边初步统计 1.7 万户住房受到影响，6000 多人需紧急安置。这一惨痛教训，或可认为是对产城融合的一个回答。

我最早接触产城融合概念，大概是在 5 年多前。当时闪过的第一念头，觉得这似乎又是一个"为赋新词强说愁"之类的概念。

比方说长期以来，不少人有在"××化"之前加"新型"的喜好。然而正如古希腊哲学家赫拉克利特所说，"人不能两次踏入同一条河流"，所有后世进行的"××化"均应是新的，难道还要再走前人的老路吗？所以应该是没有必要加"新"字的。更何况加了"新"字，也未必真的能"新"。

不妨再看"融合"定义。百度上说，融合，指熔成或如熔化那样融成一体。最佳例子是水乳交融，即你中有我，我中有你。

如果说产城融合是指服务业与城市的融合，那么不说也罢。城市的定义，原本就是城与服务业的结合。因为"市"在汉字当中，原本就是交易的意思。交易就是服务业。

服务业与城自古以来就是一对哥们。有学者根据对公元前 7400 年至公元前 6200 年的土耳其加泰土丘的考古发掘，认为应是先有市才有城。约 6500 年前的湖南常德城头山遗址，被称之为当今中国最早的城，考古证明出现了酒肆。日本古代那些大名住的地方，城内没有商业，商业在城门外，被称之为"城下町"。

现在一些人说产城融合，实际上他们想表达的是制造业与城市的融合，但这在现代经济社会发展状况下有必要吗？

产城融合,望文生义应是空间上的物理性质的融合。然而即使是像天津滨海新区那种紧挨着的融合,事实证明也是不可行的。至于那种你中有我、我中有你式的融合,您闭上眼睛傻乎乎地想一想吧,有可能吗?

当然,有些人会说产城融合,并不是指空间上物理性质的那种融合,而是指"以产兴城、以城带产"。这应该有多种情形,不妨在此做些分析。

一些外来制造业较难促进当地城镇发展。有一年我调研省内一特大型电厂,总经理说,上级主管部门要求他们在当地居住,但小镇教育、医疗水平太低,绝大多数员工自然选择在约1小时车程外的市区居住。

外来制造业发展壮大后,或将催生、培育小镇。但只要其周边原本另有城市,这些制造业形成的居住区终因生活环境较差,以及较难培育商业功能,而通常较难发展成为繁华城镇。如省内建于20世纪50年代末的某大企业,10余年前我去他们的职工居住区,发现那里建设水平较低,完全不如当时宁绍地区的小镇。

一年前我再去这个居住区,发现那里建设水平获得了较大提高,但整体规模依然不大,商业并不繁华。这一方面是周边城市的吸纳替代,另一方面是制造业员工收入偏低。这两个原因进一步负反馈,更是使得企业居住区里留不住人。

内生发展的制造业确能带动城市发展,但随着产业扩张,最终不得不选择退二进三。10多年前我去瑞安调研,朋友陪同考察。那些开发区的工厂与城市街道民宅犬牙交错,车在狭窄的马路上行驶,环境很脏乱,感觉很不好。朋友告诉我,这些都需要整治搬迁,压力很大。结论就是,"以产兴城、以城带产"的长远结果是"产城分离"。

产城之间确有柏拉图式的"融合"。然而在市场对资源配置起决定性作用的当下,这是产城各自应有之义。产若不促进城,何以增强竞争力?城若不促进产,何以增强承载力?市场经济自会将两者联系起来,学者们或能就此做些研究。政府要做的是市场做不了的监管"产城分离"的那些活，而不应是市场机制能促进的"产城融合"。

天津"8·12"特大事故也给园区开发区提了一个醒。长期以来，园区开发区以低于成本的价格出让产业用地使用权，为了平衡资金，通常都会划一些商住用地出让，产城融合刚好给这一做法提供了"理论依据"。现在来看，如果这些商住用地远离产业区块当然问题不大，如果紧挨着产业区块的话，那这种做法就比较值得商榷。

（《浙江日报》2015-09-11，发表时标题为"产城融合的陷阱"）

浙江城市化向何处去

重塑世界名城群

2016 年 3 月我在一个会上提出，杭州应该"重塑世界名城"。一起参会的茅盾文学奖获得者王旭烽说，为了避免人家认为我们"有趣"，开一个 G20 会，就想着要打造世界名城，我们还应"重述世界名城"，因为我们家原本就很厉害。

"有趣"是典型的杭州话，意思是为一寻常事而得意。其实数百年乃至近千年前，浙江何尝只有一个杭州能称之为"世界名城"？我们在历史上曾有过一个世界名城群。所以浙江从"十三五"开始，应该有一个战略愿景，就是重塑世界名城群。

杭州的辉煌被马可·波罗描写得恍若天堂，但显然是被夸大了，我们不能顺着杆子往上爬。由于元朝人口数字不好找，我们来看南宋杭州人口，以更确切地了解历史上的杭州。

1979年，林正秋先生根据各地县志，著文指出南宋末年咸淳年间（1262—1274），杭州城区人口约为43万。这与柳永写杭州的词"参差十万人家"非常相符。

同时期欧洲一些著名城市又如何呢？意大利名城，世界史上非常有名的佛伦罗萨，曾集聚过达·芬奇、但丁、伽利略等耀眼巨星。美国人写的《文艺复兴时期的佛罗伦萨》，引用1338年的人口估计数，佛罗伦萨有10万居民，仅杭州的1/4。

1500年，是英国都铎王朝亨利八世时期。这位亨利国王以6个妻子及建造剑桥三一学院而著名，然而当时伦敦城仅有5万人口。

杭州显然不是"迈向国际名城"，而是重塑的问题。英使马戛尔尼1793年在北京谒见乾隆返程时在杭州逗留，其副使斯当东认为杭州"城内人口繁盛程度同北京差不多"，"市内主要街道大部分是商店和货栈，其中规模之大不下于伦敦同类栈房"。至于杭州聚集过的名人，恕不再赘言。

宁波作为港口城市的辉煌始于唐朝，是当时中国最大的开埠之港。公元752年，日本孝谦朝3艘遣唐使船舶首次停靠明州，自此至838年，共有7艘遣唐使船舶停靠宁波。842年春，有商人自明州港驾商船赴日本，是最早的赴日贸易记载。

宋朝在宁波设立相当于现在海关的市舶司，官署位于现天一广场东侧。宁波19世纪被辟为5个通商口岸之一，如今已是世界大港。

温州的瓯海关由清政府于1876年设立。1886年瓯海关贸易报告记载，"全年的贸易一直比较活跃"。1887年瓯海关贸易报告估计温州人口17万，这份报告慨叹"欧洲很少有城市人口在10万以上者"。

重塑辉煌过去并不是阿Q心态："我们先前——比你阔得多啦！"而是要唤起重塑世界名城群的信心，在未来发展中设立清晰标杆，激励我们做好工作。

打造世界名城群关键是开放。中国由于自身独特的地理构造,自人类文明开初以来至19世纪中期,长期"孤悬"于欧亚大陆东端,与世界上其他文明简直可以说是"老死不相往来"。

10余岁随父谒见乾隆的小斯当东说:"在西亚和欧洲,不少古代久盛不衰的、富有探索精神的文明古国,甚至不知道中华帝国的存在。"中国15世纪以来至20世纪中期的落后,闭关锁国是主要原因。

开放才能打破顽固的既得利益。"风乍起,吹皱一池春水。"开放将确立一个新的参照系,在现有格局中具有了一整套新目标;开放将令全球资源为我所用,在现有山河中发现了新矿藏;开放将引进稀缺的高级要素,在现有架构中催生新动力。

开放的一个要义是学习。日本1868年明治维新之后,可以说是极其贪婪地向西方学习,在三四十年前被称为欧美"优等生"。向发达国家和地区学习很重要的一条,就是放低身段,坦承不足,全面深入观察别人,取长补短。

开放的一个目的是超越。当下学习全球最新技术和了解最新趋势已十分便利,但这种便利必须得有更大的开放才行。而只有更大的开放,才能真正学到世界的最新科技。

坦率而言,当下中国的开放仍有很大空间。2016年春天,一对在美国国家科学院工作的夫妇来家里做客。其中,太太已是世界一流毒理分析专家,由于在杭州难以与同行进行网上对话,坦言十分不便,但她又庆幸马上能回去。

在杭州召开的B20,习近平主席7000字的主旨讲话,23次提到开放,足见习主席对开放的高度重视。改革的中国需要开放的世界,前进中的世界也需要开放的中国。我们浙江打造世界名城群,更是需要开放、包容。

(《浙江经济》2016年第8期)

"村级市"未尝不可

一些专家对于河南西辛庄提出的"村级市"进行了批评，媒体也紧紧跟上，看来"村级市"确应有些问题。不过这倒使人再一次强烈感觉到，当前我国行政区划管理调整机制大大滞后的无奈。

浙西南山区有个龙泉市，无论是人均 GDP 还是城区人口，指标都不能算高，却在 1992 年由县改市。浙江沿海的台州有个玉环县，人均 GDP 位列浙江各县市第四位，城乡居民收入居全省前列，更重要的是，这是一个可以称之为"全岛城市化"的县，以人口和土地面积比例看，城市化水平大概可居浙江县市前位，却长期戴着"县"的帽子。

原因并不复杂。可能当年龙泉撤县建市工作启动较早，应该也做得较好，而玉环大概不是太积极。于是龙泉被有关部门批准为"市"，玉环则错过了"县改市"的末班车。到了今天，尽管玉环的发展水平又大有提高，但仍只能无奈地留在"县"的队伍里。从这里我们可以清晰地认识到，当下我国行政区划管理调整机制，的确有很大的改革必要。

"市"在汉语里面，按照百度上的第一条解释，只是一个做买卖的地方。《说文解字》上说，"城，以盛民地"，"市，买卖之所也"。宁波以前有个小镇叫"三七市"，大概取的就是逢三、逢七进行集市贸易的意思。至今以市定名的地方，可大可小。大的如上海，小的如刚才说的龙泉。

日本《地方自治法》对于"市"有 4 条规定。一是人口 5 万以上，二是中心市街的居民户数占全市六成以上，三是具有在本市或其他市从事工商活动的人口的家庭，占全市户数六成以上，四是都道府县根据本地实际依法做出的其他规定。不知道西辛庄是不是有符合上述规定的地方，如果符合，至少用日本人的标准看，就可以称之为市了。当然，这里是中国，日本规定是行不通的。

说到这里,我想到了台湾地区的一个案例。台北附近的桃园县中坜市,1945年设立为镇,1967年改为县辖市,当时人口10.6万,目前中坜市人口为30余万。这就是说,对于"市"这种区划设置,得根据经济社会发展而及时调整。这也表明,在创新行政区划管理调整机制方面,就是连台湾地区也是走得比较前面的。

河南西辛庄在自己的"市"的前面,又冠以"村",实在也是一种无奈。因为他们知道以今天中国这样僵硬的行政区划管理调整机制,即使他们的"市"具备各方面条件,也是不可能被批准的,因此也只能是他们自己想象中的"村级市"而已。我对此的理解是,如果真的具备了人均GDP、非农产业规模、建成区人口等方面的条件,批不批得下来也就随它去了,但干不干就是自己的事了。

这就像当前浙江正在实施的小城市培育一样。浙江于2011年确定了27个中心镇,实施小城市试点培育。这些镇最大的镇区人口约为30万,小的也有三四万。按现行做法,这些镇不可能成为市,但这些镇的经济社会发展,确已具备或接近于市的规模和水平。因此,浙江这项试点的一个内容,就是县市尽可能向这些镇下放行政管理权限,这些镇也按照市的要求展开各项管理和建设发展,目前已取得了一些初步成效。

写到这里,我又上网查了西辛庄资料。这个村只有172户村民、720人口。但这个村的产值10多亿元,吸纳外来劳动力8000多人。这样,再加上外来劳动力的家属,以及由此而兴旺的服务业就业人员,这个村自身人口规模已有1万左右。如果再加上他们集聚周围15个村子的人口,并依托自身所在的庆祖镇,总人口就有两三万了,还是有一些市的雏形的。

当然,如果西辛庄所谓的"市"只是一个幌子,目的是大拆大建,兼并别人,那就是动机不纯,坚决不应允许,有关方面应坚决把好关。如果确如网上资料那样,有关方面可能也得给其创造一些条件,不能因为是"村"就不能按照市的要求实施管理和服务,以及实事求是地展开相应的建设和发展了。

(《浙江经济》2012年第10期)

推进乡村空间转型发展

乡村空间转型发展，是城市化的另一个基本面。一幅好的油画，得有相应的底色。底色固然不是油画所要表现的主体，却是主体的支撑。

长三角一带的乡村居民，主要收入已不再来自于农业，不应再称其为农民。宁波经杭州、上海至苏州一带，有着中国最富裕的乡村。2012年，浙江农民来自于农业的收入，仅占家庭纯收入的14.8%。嘉善、秀洲等地因人均耕地较多，农业收入占家庭收入比重稍高，其他人均耕地少的县，来自农业的收入通常仅占家庭纯收入的10%以下。人群职业特征应以收入结构来衡量，农业收入降至如此低的水平，显然是乡村居民职业身份发生了根本变化。

长三角一些区域的乡村空间，农用地或已降至50%以下，称农村似乎并不贴切。七八年前我去绍兴县安昌，车行之处看不到成片农地。现在用"谷歌地球"观察，绍兴县一些乡村空间的建设用地或多于农用地。以前说是广阔的田野包围着安静的小村，现在则是拥挤的村庄和工厂包围着小块农田。嘉兴虽然农用地占乡村空间比重仍较高，但道路发达，平均每隔五六公里就有一个颇具建设水平的镇，乡村居民的生产生活环境发生了根本性变化。

长三角乡村空间的非农化状况，是长三角地区高密度均质化空间的必然结果。2012年，按宜居空间计算，浙江每平方千米人口多达1320万人，人口密度已高于美国大纽约地区，是中西部一些省份的2倍或3倍多。高密度空间导致了城乡均质化，乡村空间也具有了城市空间的生产生活环境，形成了普遍的郊区化。

当前必须加快长三角乡村空间转型发展，着力解决空间碎片化、分隔化和同质化等一系列严重问题。长三角每一个点都具有发展经济的较好环境，天然具有很强的分散化倾向，这就必须十分注重规划和管理。正是在这种状况下，长三角乡村人口的短途迁移收益低于迁移成本，人口集聚难度较大，所以得有科学方式和坚强决心,在尊重乡村居民意愿的前提下,着力推进乡村空间的集中化战略。

人要走出来,才能切实降低乡村地区人口密度。减少自然村、整合行政村、建设中心村镇,是城市化的重要工作。促进农田开阔、连片分布,有利于推进农业现代化;促进乡村人口集聚,有利于提升乡村居民生活品质。最近我们在海宁调研,提出海宁乡村人口应向两带集聚,即硖石至许村的产业与城市发展带,以及沿钱塘江北岸的百里生态人文长廊,以优化海宁的城乡空间。当前应尊重当地居民的居住选择,积极做好规划,努力争取不再在现有高度分散的农居点新建及改扩建住宅,积极引导年轻人向城镇集聚。争取经过一二十年的努力,减少乡村人口一半以上,实现农居集聚分布。

地要流转,才能切实改变农业分散经营格局。乡村人口减少为耕地流转创造了较好条件,这就有可能提升农业规模化、组织化和产业化经营水平。2012年,全省农村居民平均每户经营耕地仅 2.0 亩,劳均仅 0.84 亩。浙江的耕地,不仅已不再是乡村居民的主要收入来源,而且已经逐渐副业化、兼业化,以及成为城市化难以切割的尾巴。温州通过"地改"促进土地流转,一些村庄采取多种办法补贴土地流转,基层财政应在这方面有所作为。不过要强调的是,增加亩均实物产出并不是耕地规模经营的主要目的,主要目的是推进农业现代化,减少化肥农药施用量,治理农业面源污染,提高亩均货币产出。

城市公共服务要延伸,才能改变城乡分割局面。乡村地区公共服务建设提升,应由城市切实负起责任,那种所谓城乡共建共享的说法,应是秘书们的笔误。乡村地区人口密度较低,因此乡村地区的人均基本公共服务建设运行标准,应稍高于城市。至于那种城市优质公共服务资源下乡的说法,具有一定的民粹主义倾向,或许较难做到。不过城乡教育卫生机构应强化整体协调,城市应为乡村居民到城里求学问医提供必要的条件,乡村机构也应积极与城市沟通。

前些天我无意中来到了海拔 900 米的临安太湖源龙须山。置身于空旷山间仙境般的翠绿和静谧之中，洗却了城市俗世的万般郁闷，只觉得淡泊人生是何等的惬意。在山顶一敞亮的屋檐下，我们夫妻俩和朋友，与留守老者相谈甚欢，竟久久不愿离去。

（《今日浙江》2013 年第 18 期，发表时有修改）

转型升级进行时

对于中国经济的长期野蛮生长,网上一片责备,大牌们也总是指责这个指责那个,然而这不公允。自从 1982 年 9 月 1 日中共十二大提出,"把全部经济工作转到以提高经济效益为中心的轨道上来","集中主要力量进行各方面经济结构的调整",至中共十八大,合计七次党代会,每次都提出类似于"转变经济发展方式"的要求,只不过具体文字表述有所变化罢了。

然而这基本无效。并不是我们不努力,也不能责怪思想路线和方针政策不对,而是中国发展的三大基本条件长期没有根本变化。一是低成本劳动为主的要素支撑,二是低档次产品为主的市场支撑,三是浅层次变革为主的制度支撑,上上下下、方方面面多年没有改变。客观环境没有根本性变化,人类行为和价值观自不可能有根本变化。

中国经济并无旧常态,而只有超常态。1978—2011 年,中国 GDP 年均增长 9.9%,世界现代经济史有过这样的大国增长经历吗?有过这样的大国发展状态吗?然而,增长迅猛,难以持续;财富泉涌,结构失衡;经济高效,幸福缺失。典型超常态是吧!

浙江产业结构"三十年如一日"的根本原因,是浙江人太聪明能干了。就在全国人民在"纺织"这口井里打不出水时,浙江人却在这口井里越挖越深,让这口井持续不断有甘甜井水喷涌而出。于是,浙江产业结构路径依赖由此而生。

转型升级,是经济新常态下的唯一选择!

加快"世界工厂"提升转型

中国仍是"世界加工装配车间"

中国制造在相当程度上还不能说是"世界工厂"。相当部分的出口商品,不是档次较低,就是中国仅负责装配而已。所以尽管中国商品出口额已高居世界第一,但还只能说是"世界装配车间"。因此,提升发展空间很大。

做实出口贸易具有很大空间。2001—2011 年,中国商品出口贸易占全球的份额,从 4.3% 上升到 10.4%,一跃成为全球第一大商品出口国。这既是来之不易的成绩,也存在相当水分。中国商品出口总额有一半是外商投资企业创造的,这些出口商品产业链的主要部分在境外,在中国的多半是一段工艺技术层次和附加价值较低的产业链。2011 年,中国的办公和通信设备出口占全球总量的29.6%,占中国商品出口总额的 26.2%,其中主要是附加价值很低的组装加工。典型者如 iPhone、笔记本电脑组装等。所以商品出口额如按增加值计算,恐怕中国现在的出口额,低于美国和德国,未必能算得上是全球"老大"。从这一点看,中国出口商品占全球份额还有一定的上升空间。

做深出口贸易任重道远。中国商品出口贸易的一个当务之急是要延长产业链,提升价值链。就是要从装配环节向后延伸,逐渐争取把一些附加价值高的中上游生产加工环节布局在国内。2011年,中国的办公和通信装备进口额高达3051亿美元,这其中除了一部分整机,还包括大量用于组装加工出口的零部件,其中进口集成电路及电子元器件高达1961亿美元,占办公和通信装备进口总额的64.3%。再如国内出口工程机械的核心部件全面依赖进口,中联重科某款300吨挖掘机,发动机是美国康明斯的,液压泵是德国力士乐的,阀门同样采购自国外。中国商品出口整体是浅层面的,深化发展道路还相当漫长。

做大出口贸易非常迫切。中国也有相当部分的全产业链出口商品,但档次大都较低。中国2011年纺织原料及制品出口额为2405亿美元,占全国商品出口额的12.7%。这些产品多来自传统劳动密集型产业,除少部分是具有自主知识产权的创意产品,能赚一些钱外,多半只能赚一些辛苦钱。如中国集装箱出口量占全球95%以上,2011年出口额为114亿美元,明摆着是典型的粗大笨重、技术含量及附加价值率很低的商品。类似这样的商品出口,具有典型的粗放式经济发展模式的特点,只能说是聊胜于无,是劳动力大量过剩之下的无奈选择。好比鸡肋,食之无味,弃之不舍。当前迫切需要优化中国出口贸易的产业链和价值链,提高技术含量和附加价值高的商品比重,加快从粗大笨重商品向轻薄短小商品转变。

这些美好愿望应该具有较大的实现可能性。中国的劳动成本虽然逐渐提高,但在一定时期内抵消不了中国经济内在的三大优势:一是高度密集的产业环境优势。在环黄渤海、长三角和珠三角地区,企业云集,分工深化,系列齐全,生产和交易成本较低,具有持续的收益递增倾向。二是民间活力较强的优势。尼克松在20多年前说过,中国农民天生是企业家,长期在小块耕地上精耕细作和现代社会的较大压力,使得中国人比世界多数地方的人更肯干,更会动脑,更能利用后发优势加快技术进步。三是快捷便利的物流优势,我国沿海深水良港众多,形成了多个相互竞争的物流圈。

前些天新华社记者来采访,对于经济转型升级提出疑问,我毫不犹豫地说道,这方面进展正在积极展开,当时正是举了出口贸易的一个例子。2013 年截至 10 月末,全国商品出口总额累计同比增长 7.8%,但出口货物运量累计同比却下降 7.9%。这表明,如按重量计算,中国出口商品的价格提高了 15.7%。由此可以解读三方面的可喜变化:一是相同商品价格提高,二是商品升级导致价格提高,三是商品升级导致同样价格的材料消耗下降。

刚刚过去的新世纪头 10 余年,是全球贸易快速增长的黄金时期。2001—2011 年,全球商品出口额年均增速高达 11.4%。全球 2012 年出口增速比上年大幅下降已成定局,今后一段时期恐也较难再现前 10 年的辉煌,这就进一步对中国"世界工厂"提升转型提出了非常紧迫的要求。

(《浙江经济》2013 年第 3 期)

本土化制造业优势

像中国这么大的一个国家,制造业主体部分应该是本土化的。起码制造业的重点关键产品,应形成本土化全产业链,即国内应完全掌握这些产品的原材料及核心部件生产,以及设计和工艺技术、生产装备等,缺一不可。

国内在制造业的主体部分,原则上不应有什么国际分工。只有中小国家因为国内市场小,不可能什么都生产,才需要参与国际分工,才只能主打少数几样产品。中国这么一个大国,对于一些重要的产品,原则上应均能生产,任何一件小产品都可以有大需求。所以从国际分工起步的中国制造业,目标是形成本土化的、完备的制造业体系。

当前已大致具备本土化制造业的正面和负面激励条件。从正面激励而言，我们已形成了一个庞大的制造业体系，总体的工艺技术水平已大为提高。培养形成了一大批经验丰富的一线员工和高素质技术人员，积累了较为雄厚的资金实力，已经能够生产一大批技术数据居全球前列、具有重要影响的产品。同时现代科学意识，以及全社会科学素养，也有了较大提高。

本土化制造业的负面激励因素亦已形成。出口增速正在从年均 20%，降低到 10% 左右及以下，相当一部分企业出口增长大幅放慢；农民工工资，以及地价、环保费用等也在上升，企业利润空间不断缩小；房价上升明显趋缓，一夜暴富正在成为神话。在这些情况下，一方面会死一批企业，虽有很多副作用，但客观上会使要素得到优化配置；另一方面是活下来的优势企业背水一战，将有更强的研发、扩张、开源节流等冲动。这两方面因素无疑都将加快制造业转型。

本土化制造业具有三大要素：一是主体，包括研发机构、企业，以及员工；二是体制，包括激励机制、知识产权保护机制、市场监管和交易机制等；三是政府服务。在此之上还有一个顶层要求，那就是环境。这些都是一些非常复杂的，这里仅谈环境问题。

研发的主体是人，个人的创造发明素养必须从小培养。40 多年前，当我在制作最简单的晶体管来复式收音机时，与我同龄的比尔·盖茨，在西雅图中学玩 IBM 大型计算机；当年我向外祖父要到一元钱，买了一副二手耳机，与我同于 1955 年出生的乔布斯，少年时代打电话给惠普 CEO，要到了制作频率计数器的零件。我当年因经济条件所累，小小少年强烈的创造发明欲望受到压制；而今天的那些孩子，则被升学所累。

如果不能有一大批从小就玩创造发明的孩子，就不可能有一大批创造力无穷的科学家和工程师。比尔·盖茨和乔布斯的天才创造，均得益于其少年时代的科学氛围和自由自在的环境。如果起点即已逊人一筹，怎么可能在途中追上，更遑论取胜。

高端轻工装备的本土化是一个巨大金矿,然而大专院校和央企研发机构却较少关注。原因就是他们缺乏活力,缺少与民间的对接,放着那么多的活不去干。民企则成长期太短、力量太弱,还担当不了如此重大、如此全面的科研重任。如果主力团队缺少活力,那么就不要企望社会整体的创造活力。

国内浮躁的社会环境,也对本土化制造业优势形成巨大杀伤力。这几十年来,赚钱似乎成了一件比较容易的事。1998—2008 年,全国规模以上工业企业利润,年均增速高达 35.6%,2000 年达到了极为夸张的 92.0%。而相当一部分重大发明创造,需要安安静静地努力几年,甚至需要几十年的艰苦努力,才有可能取得一点成就。我读中学时,订阅过当时少有的公开发行杂志《无线电》,阅读过液晶技术的相关文章,液晶技术历经了四五十年的研究开发,才有了当前的发展水平和广泛应用。如果一开始就不打算长期苦苦追求,结局可想而知。

制造业转型提升是一个长期的艰苦过程。当下最不为人注重,也是最难的事情,就是整体环境优化工程。我们可以出很多单项政策,但环境会给你一票否决;我们有一些很好的设想,但总有人会说你那是远水解不了近渴。中国经济发展的快因子正在弱化,是时候把主要精力放在科技创新这样的慢因子上面了。

(《浙江经济》2014 年第 8 期)

加快迈向"制造强国"

制造业是中国发展的基石。中国当然需要加快发展服务业,但制造业具有根基般的支撑作用。虽就未来而言,制造业占比或许仍将持续有所下降,但其重要性却将持续上升。

就拿浙江淳安县的旅游来说,由于乡村旅游加快发展,千岛湖湖区收入占淳安县旅游收入比重逐渐下降,但湖区金字招牌的重要性正持续上升。20 年前考察位于日本浜松的铃木汽车工厂,面对庞大的 2 公里多长的流水线,我猛然觉得正是由于高效率而用人极少的制造业,才支撑起了庞大的服务业,才有了庞大的日本经济。与千岛湖湖区重要性上升的道理一样,如果没有制造业支撑,何来服务业的较快发展?

然而我们当前的制造业,在一些品质要求较高的产品的大规模生产方面,实际主要从事的是加工组装。令人引以为傲的"中国制造",一定程度上是误读。说一句令人不爱听的话,"中国制造"实际上一定程度上是指"中国加工组装"。我们还生产不了较多的高精度、高效率的成套加工机械,生产不了多半的高档工作母机,生产不了相当部分设备的核心部件或器件,生产不了相当数量的高端材料。如此情况之下所能做的,当然只能是加工组装。

浙江越是先进的企业,进口工艺装备比重越高。有一次我调研一家当地有名的印制电路板企业,老总说自己家的工艺技术只是中等,进口设备比重为一半左右。他告诉我,业内工艺技术领先的印制电路板企业,主要设备几乎全部进口。前不久我调研一家规模和实力居国内前位的化纤企业,其流水线全为最新进口装备,主机是德国的,配套装备是意大利和瑞士的。起先他们用中国大陆生产的配套机器人,但故障率太高,不得已而用台湾的。又如浙江一个经编园区,其产量占全球 17% 左右,但 90% 左右的经编机是进口的。

有些企业除了厂房外,车间里的主要东西都是进口的。如像工艺品一样精致考究的苹果笔记本电脑,虽然有着"中国制造"印记,但其 CPU、主板、电源适配器等主要配件都不是在中国大陆生产的,大陆主要是负责生产一些次要部件及配件,以及组装测试和包装。现在我们人手一部手机,殊不知除了华为等少数手机外,多半是"进口芯"。即使国产手机,其芯片框架也不得不向高通和 ARM 购买。全国 2015 年集成电路进口额达 2300 亿美元,90% 多高端芯片依靠进口。一些高大上的中国制造产品,大都难免有着一颗"进口心"。

有些企业,甚至厂房中的某些材料也是进口的。如食品行业的铺地材料因涉及食品卫生安全,即使明知价格昂贵,一些有情怀的、社会责任心强的企业也是用进口的。杭州一家著名小吃连锁店,肉馅车间的铺地材料是瑞士西卡公司的产品,与意大利生产费列罗巧克力的企业的车间一样。

更可气的是,一些发达经济体的领先企业,每隔一段时间,就会出一个新版本。这些企业垄断着全球最新技术,其所谓新版本其实只是在新技术运用的基础上,像挤牙膏一样,每次只拿出来那么一点点,不肯把最新技术全部交出来。可怜的国内用户,如果不买就会落后,核心竞争力就会弱化,买了则明摆着让人赚钱。此情此景之下,我们只能被牢牢绑定在境外厂商的战车上,亦步亦趋,不断花钱。

这些情形当然正在加快改变之中。中国水泥工业之所以自20世纪90年代以来得到巨大发展,完全是由于我们能自行生产大型水泥装备,大大降低了造价。前年我在缙云县了解到,这个县壶镇的一家小小机床厂,已能生产数百万至千万元一台等级的拉床。桐乡市濮院镇的羊毛衫集群,高端针织横机长期依靠进口,现国内已有企业能够生产,尽管质量稍逊一筹,但毕竟是良好的开端。

清醒地认识客观实际,绝不等于妄自菲薄,这恰恰是科学决策必不可少的前提。如浙江现代制造业虽然最早可以追溯到1845年美国长老会在宁波开设的印刷厂"美华书馆",但真正的快速发展,大致是从改革开放之后才开始。我们踩在发达经济体的肩膀上,40多年走过了发达国家一二百年甚至更多时间走过的路程,我们必须从最便捷的路径,一路奔跑,争取最大收益,尽管这样做会来不及观赏沿途美好的风景,但这并不妨碍我们回过头来,再行补课。

3年前,从北方中央级科研机构来义乌的高级工程师张所长,深入调研以后,非常感慨于义乌装备机械的困窘。因为所有品牌厂商的主要装备都是进口的,甚至低值易耗品也得进口。张所长觉得这简直是一片亟待开发的洪荒之地,遍地皆黄金。张所长当时雄心勃勃地对我说,尽管困难重重,但他有信心,从最易入手处做起,来努力改变义乌轻工成套机械主要依靠进口的局面。

现在有不少人提出"智造大国"或"智造强国"等理念,这固然很不错,但无论怎么千变万化,其根本还是制造。我们需要脚踏实地,重新清零,从最基础的工作做起。大自然寒冬虽然一片肃杀,但却在一片静寂中酝酿着来年的勃勃生机。经济寒冬可以使我们反躬自省,发现自己更多的短处、弱项,发掘自己更多的长处强项,加快从"加工大国"真正走向"制造强国"。而在这些方面,目前至少有如下四方面的巨大空间和着力点。

一是积极推行进口替代。当然没有必要所有的东西都自己制造,但大国经济决定了我们必须能自行制造提供相当部分的高端成套装备、工作母机、关键核心零部件及器件,以及多半的高端材料等。浙江作为东南沿海地区先进省份,早已把装备制造业作为战略产业,但长期以来装备制造业发展的进展不快,成效不大,还需要全省从上到下的更大努力。与此同时,加快制造业整体品质提升,加快提升生产经营管理水平及工艺技术水平,精减工艺流程,提升产品品质及降低生产经营成本,更是当前的紧迫任务。

二是努力整合产业链和价值链。服务业强的企业剥离制造业,制造业强的企业融合或提升服务业,供应链不完备的企业亦应强化这方面建设,小微企业则长期专注做"奥林匹斯山上的宙斯"。强链,即加快技术进步,提升现有产业链和价值链的综合竞争水平;补链,即充实产业链中的欠缺部分,提高产业链附加价值率;拓链,即扩张新的产业发展空间,浙江最近确定的两个航空特色小镇,即是典型的拓链之作。

三是加快夯实基础。这当然离不开发展材料工业,提升机加工精度及其效率,提升大规模生产的质量成本控制水平,以及提升设计、发展生产性服务业、促进信息化融合应用等技术性命题,然而这里也有一条增强制造业人文精神的主线。长期以来,高分考生不愿就读理工科专业,年轻人不愿在一线技术岗位磨炼,凡此种种都说明我们在制造业人文环境建设方面出现了一些问题。当前一个着力点,就是努力建设一大批活力无穷、具有承担多重使命的团队。当下中国,最缺少的是像郎平这样的团队核心和灵魂,而这关键是需要合适的体制机制和社会环境,以及长期高信任度的放手培养。

四是着力重构信心。以工业企业为主的全国民间投资,自 2011 年 9 月达到 34.8% 后,已持续 58 个月回落,2016 年 7 月累计同比增长仅 2.1%,又比上月回落 0.7 个百分点,这说明我们面临着重构信心的严峻挑战。诚如前文所述,我们当前并不缺少发展空间和商业机会,缺少的是切合实际的体制、政策乃至信心。超常态增长已经谢幕,新常态已经来临,从浮华走向坚实是未来一个重要的价值取向,企业和个人行为方式都应及时调整。不高估困难,但也不低估自我;不高估经验,但也不低估未来,关键在于行动。一个行动胜过一打纲领,行动力是当下最为宝贵的。

(《浙江日报》2016-09-30,发表时有修改,标题为"加快迈向'制造强省'")

增强国有科研活力

我在微信上看到抗战时期杭州的老照片,照片上的人正在进行全手工的稻谷收割和脱粒,突然想到,我们其实刚走出农业社会,而制造业根基不实的原因,是科研落后。

国有科研体系是中国科技发展的主力军。这里有三支队伍,一支是科研院所,另一支是大专院校,再一支是大型国企。就科研活动的人时和经费而言,国有科研体系大致占全国 1/3 强。就科研领域和水平而言,则与当今中国产业领域以民营为主体截然不同,国有科研占据着最重要领域和最顶尖的位置。2013 年国家自然科学奖 54 个奖项,除其中 3.5 项二等奖是由香港高校获得外(其中 0.5 项是香港高校与内地合作),其余均为国有机构所获。同年国家科技进步奖 137 个奖项,国有科研机构为主的团队,获得了其中的 124 项。

然而国有科研却长期为人诟病,国家自然科学一等奖多次长期空缺。根据中国统计年鉴数据,2012 年,国有企业科研经费占全国 7.8%,科研人时占全国 7.3%,有效发明专利仅占全国 5.9%。一批大专院校科研事业单位占了一块好地,却存在着较大的不接地气的问题,产业领域的重大突破较少,对于企业的促进较少。当前制造业高大上装备大量需要进口,微电子领域与国际前沿差距长期未能有较大程度缩小,国有科研有一定责任。

问题症结在于,改革开放逾30年,国有科研虽然也引入了市场机制,实行双轨制,但市场这一轨长期受到牵制,无法真正放开搞活。这不仅影响国有科研的自身活力,也导致中国科研整体缺少活力,缺少对于民营经济的较强带动。

根据现状,可供实施的一个思路,就是根据20世纪"增量改革"的经验,在积极壮大民营科研力量的同时,坚持放开搞活国有科研体系中的市场经济部分。然后待条件成熟,逐步将其从国有科研体系中剥离出去。这样,市场化的科研力量越来越强,国有科研体系占全社会比重就会越来越低,从而发挥了科研发展的市场决定性作用。就当前而言,放开搞活国有科研体系,急需两个"破除"。

一是破除行政化。体制内长期把科研机构作为行政机构对待,人员任命较少从事业发展要求出发,而是比较考虑论资排辈、照顾情绪,甚至把职位当作福利。科研机构要求高度自由的活动空间,具有弹性的工作安排,而行政机构则强调秩序和服从,以及按部就班的工作安排,科研机构在行政框架之下,不得不以行政规律从事科研活动。科研人员本质上是一批自由主义分子,如果没有天马行空般的思维,就不可能出重大成果,而这恰恰受到了行政体系的重大羁绊。

当然转制也是当前的一个选择,然而这需要一个过程。行政体系当前仍需要直接掌握若干科研力量,以降低现行体制下的交易成本;国有科研机构沾染了浓重的行政习气,科研人员的价值体系和行为规范与行政体系融为一体,陡然分离两者,不一定能真正激发活力。当前立马可以实施的,就是切实按科研规律,领导科研机构和人员,切实按科研规律来运营科研机构。

二是破除"大锅饭"制度。前些年开始实行的绩效工资,正在国有科研机构形成新的"大锅饭"。绩效工资因总额受限,奖励甲的钱,只得从给乙的钱里扣。理论上虽可扣乙的钱,但乙的工资本来就不高,更重要的是乙的业绩虽差于甲,但也干得还算不错。结局是既不能扣乙的钱,也无钱奖励甲。在现行绩效工资体系下,干得好的与干得更好的之间,难以拉开分配差距。

一份有竞争力的薪水是激发人的活力的关键。那些哲学式的关怀,短期或能令人激动,长远则缺少激励。对于国有科研体系,既不能按行政规律来确定科研人员工资,更不能采取事实上的封顶办法。科研人员多半是优秀人才,他们理应得到与其付出相适应的一份报酬。缩小收入差距,关键是减少不合理的高收入,不能以此影响科研人员收入。科研工作是长期艰苦的脑力劳动,如果科研费用不能有相应份额转化为科研人员收入,长此以往,就会影响科研人员积极性。

推进制造业转型,关键是民营科研要成为科研的主体力量。这就涉及科研转型的重大问题,而这里的一个关键则是国有科研机构转型。话题起于制造业,落脚于国有科研改革,正好表明了中国制造业转型话题的沉重。

(《浙江经济》2014 年第 9 期)

附:改革开放以来历次党代会关于转变经济增长方式的提法

届	召开时间	提 法
十二大	1982 年 9 月 1 日	"把全部经济工作转到以提高经济效益为中心的轨道上来。""集中主要力量进行各方面经济结构的调整。"
十三大	1987 年 10 月 25 日	"从粗放经营为主逐步转上集约经营为主的轨道。"
十四大	1992 年 10 月 12 日	促进"经济增长方式从粗放型向集约型转变"。
十五大	1997 年 9 月 12 日	"转变经济增长方式,改变高投入、低产出,高消耗、低效益的状况。"
十六大	2002 年 11 月 8 日	"走新型工业化道路","推进产业结构优化升级"。
十七大	2007 年 10 月 15 日	"创新发展理念、转变发展方式",明确提出"加快转变经济发展方式,推动产业结构优化升级,形成以高新技术产业为先导、基础产业和制造业为支撑、服务业全面发展的产业格局"。
十八大	2012 年 11 月 18 日	"加快形成新的经济发展方式,把推动发展的立足点转到提高质量和效益上来……"

推进经济转型的多元模式

从制造产品到创造价值

小时候在上海外婆家隔壁的点心店,我总是看到营业员们开心地工作。烟气氤氲的店堂,灿烂的笑脸,轻快的话语,做包子馄饨的麻利动作,至今仍历历在目。

成年后去上海,再难寻觅到这样的场景。20世纪90年代,我家巷口有一个用油毡搭起来的包子店,父子俩配合默契、动作敏捷,然而表情呆滞、毫无生气,这时我就情不自禁想起上海点心店那令人愉悦的店堂。其实目前在杭州,也是不太能看到少年时代上海点心店里的那些画面的。

工作着是美丽的。"文革"中的上海,那些年轻的营业员们定有诸多生活烦恼,更有对于简单劳动的厌烦,可是他们能够快乐地承受下来,这很可能源于对自己境况的满意。当时上山下乡狂热,能留在城里且有一份工作已非常不错,还能抱怨什么呢？当然还有另一个非常重要的原因,就是这些营业员至少受过初中以上教育,长期熏陶于海派文化之中,有着上海大都市"阿拉"的自豪。他们在工作,他们也在创造着自己的一份愉悦。

浙江经济已具有世界中等发展水平。这一时期的我们,有一个艰巨任务,就是应该从物质至上式的发展方式,走向物质与精神文化并重的发展方式。制造产品并制造更多的产品,当然仍是不可或缺的一个重要方面,然而更应该从一个苦兮兮、脏兮兮和毛毛糙糙的过程,变成一个乐呵呵、洁净美丽和精工细作的过程。我们必须在制造产品的同时,创造提升我们自身的价值。

有一次我在湖州调研,专业生产汽车发电机的德宏公司的女老总不无自豪地说,他们对于产品的要求是无差异,即每一个汽车发电机都应是一模一样的。高度一致性是大规模工业化生产对于零配件的最高要求,因为只有在这一状况下,才能让整装线喜爱上你的产品,才能生产出高品质的汽车。

我当时立马对那位年轻美丽的女老总说,产品的高品质源于员工的高素质,你能控制住机械运转,但控制不了员工的随意性。因为这种高度一致性的要求,实际是对于员工操作持续高度精准的要求。女老总完全同意我的观点,她说,他们早就考虑到了这一点,正在千方百计提升员工素质。

促使员工以绅士般气质制造产品的前提,是企业乃至全社会必须高度尊重员工,建设科学合理的制度体系,以及具有相应的薪酬水平。当一份工作充满了养家糊口的无奈和苦涩,员工总是在挑战心理、生理对单调和乏味的承受能力,总是得不到一份应有的关切和认同的时候,员工生产的将永远只是无生命的冷冰冰的产品。或许这样生产出来的产品也有竞争力,但绝不是可持续的;也许这样生产出来的产品也具有实用性,但绝不会是有灵性的。只有具有高度自我实现价值的员工,才能创造出具有高度内在价值的产品,才能使制造产品的过程,成为创造价值的过程。

企业家的价值绝非仅仅是带着一大群人制造产品。一个企业家的根本目的是与这一群人共同发展,共同享受人生的瑰丽风景。我们当年缺吃少穿、住得逼仄时,把制造产品作为第一要务无可指责,可是当产品像泉水一样喷涌而出,且出现大量过剩的时候,我们得认真思考一下,我们究竟为谁而生产?为何而生产?尤其是在大量产品的生产正消耗大量资源并伴随着大量环境污染,而人均收入增长都相对较慢的情况下,我们更应认真思考一下,这一制造产品的模式有幸福可言吗?

社会运行的生命在于其内在的深厚价值。什么是价值?价值就是令人不由自主自觉遵循和追求的准则,价值就是超物质的精神愉悦,也就是令普通人击节赞叹的美好感受。社会虽有固有价值,但也在不断创造新的价值。最近受热捧的浙江卫视"中国好声音"栏目,创造了娱乐节目的新的价值准则,即好听、真诚和公平,来自民间的好声音、发自真情实感的师生互动、源自公平要求的评比规则,令观众获得了高水准的音乐享受,满足了热闹开心的娱乐心理,领略了大牌歌手的才艺风范。我们当前创造社会价值的一个艰巨任务,就是传承和光大孝顺、仁爱、忠诚、礼仪、言行如一等传统价值;而未来加快发展的一个关键,则是创造民主自由和法治,以及公平公正的现代价值。

本文灵感来自2012年2月公布的世行报告《2030年的中国——建设现代、和谐、有创造力的高收入社会》。报告中有一句话非常值得我们深思:"成功与否取决于创造价值的能力,并非生产更多的产品。"价值内含于产品之中,内含于生产经营过程之中,内含于与你周围的人的共同发展之中,内含于人生不尽的愉悦之中。制造产品固然不可或缺,创造价值仍是未来发展之关键。

(《今日浙江》2012年第8期)

从外延式发展到内涵式发展

近几年,浙江省内的经济指标数据不太漂亮,当然这是与兄弟省市比较而言,就自身而言则不能算太差。这一状况出现的一个原因,是因为浙江目前正在遭遇一个深刻矛盾,就是省内存在着比较严重的要素环境瓶颈制约,而在省外,传统发展方式仍有较大空间。

前些天我去浙江长兴县夹浦镇环沉村调研时了解到,他们当前最大的问题是缺地,县里今年只给了两亩的建设用地指标,根本不够用。我在那里的企业看到,车间拥挤不堪,化纤布在车间门口搭棚检验,雨水难免会打在布上。最近我又去了庆元的九川竹木有限公司,尽管企业在两个车间之间搭起天棚形成了一个新的车间,又在车间内部搭起"阁楼",可是企业生产还是受到了缺地的影响。

然而从省内而言,我们确实已经不能大量供地。根据 2008 年普查数据,浙江耕地面积总计 2881 万亩,人均仅 0.53 亩。改革开放至今,全省各种建设占用耕地大致 900 万亩,减去新增的耕地,净减少耕地约 400 万亩,这大致相当于杭州全市 1980 年的耕地数量。这几年浙江的"地荒",就是在这一背景下发生的。我们当然还必须增加一定的建设用地,但像 2004 年前那样较多占用耕地的日子,一去不复返了。

可是放眼省外,传统发展方式仍有相当大的空间。当前农民工工资加快增长,这就导致中低档次产品仍有一定甚至较大增长空间,进而导致传统产业仍有相当增长空间。中西部一些省份的人均耕地多达两亩以上,有些甚至高达三四亩,当地政府强烈的外延式增长冲动仍有较大实施空间。

浙江企业在省内遭受环境资源制约,在省外却受到热烈欢迎。于是浙江企业将外延发展方式向省外移植,弱化了在省内转型升级的积极性,且留在省内的话部分产能的先进性也明显低于省外部分。2010 年在江苏宿迁,我就曾目睹大批浙江企业在当地投下巨额资金。浙江上市公司在 2009 年对省外投资累计高达近 300 亿元的基础上,至 2011 年年末累计又增加 100 多亿元,"去浙江化"越演越烈。

这里用得上马克思说过的一句话,旧的生产关系在其所包容的生产力未充分展开之前不会消亡。省内的外延式增长虽然制约重重,而省外却仍有较大空间,这就累及省内经济增长方式"逼而不转"。省外招商引资条件一地比一地优惠,全国固定资产投资一浪高过一浪,传统的经济发展方式一年接着一年延续。

2011年我在桐乡调研,与一些企业家探讨如何采取多层厂房等措施节约用地。他们明确表示,这在技术上并无问题,但在经济上不可行。症结就在于,如果省外仍大量使用单层厂房,省内就不可能大范围推广;如果省外仍在粗放增长,省内就较难集约增长。在要素高度流动的今天,浙江经济增长方式是全国的有机组成部分,我们跑在前面的难度明显较大。

当然,我们绝不能被动地跟着客观趋势走,而应该主动积极出击,千方百计推进内涵式发展。2015年6月中旬,我在乐清雁荡山鼓吹清理低效用地,腾出空间用于高效产业,受到了乐清林市长的击节叫好。林市长说,他们已展开了一场整治"'三沿'视觉污染建筑"的工作,要求限期拆除26.5万平方米的破旧违章建筑。吴兴区经发局的杨元江局长告诉我,他们正在推行"零增地"技改,就是通过"腾挪"等手法,努力在不增加土地的前提下加大技改力度。富阳富生电器的生产车间"爬"上了三楼、四楼甚至五楼,150亩土地实现了30亿元的销售。

前些天我在长兴县环沉村出纳老臧家的纺织车间里,看到了一台电脑自动穿经机。这台机器要11万元一台,替代了传统的手工穿经,效率提高几十倍。老臧说,这台机器买来两个来月,已替他挣了两万多元,当年就可以收回投资。以资本替代劳动,以先进工艺替代传统工艺,以信息技术替代传统技术,以占地少的装备替代占地多的装备,是内涵式发展的重要内容。

20世纪90年代我曾抨击过内涵式增长。因为当时浙江工业还比较弱小,有些行业连起码的规模都谈不上。在缺少内涵的情况下,当然不可能从外延为主转向内涵为主。而现在,浙江规模以上工业资产已逾5万亿元,出口已占全球 1.2%左右,这一"内涵"已绝非往日可比。而且,浙江的资本有机构成、劳动生产率、亩均土地产值税收等指标,均处于全国较低位次,内涵式发展日趋必要。

更重要的是对于当前的浙江而言,客观上具有集聚集约的产业环境、快捷便利的物流体系、相对较好的政府服务等优势。这就有利于形成一种相对较低的总和交易成本,从而部分地甚至决定性地战胜资源环境制约和省外对我们的吸引,完全有可能全面展开从外延式发展向内涵式发展的转变。

(《今日浙江》2012 年第 14 期)

从草根创业到精英创业

前些日子网上有一篇文章《浙江到底怎么了》,说浙江缺少令人印象深刻的企业,十几年前是娃哈哈,今日依然如此。这话虽然不免偏颇,但的确也点出了浙江的一些痛楚。从草根创业走来的浙江经济,一直难以较快走向精英创业,由此而产生的一大问题,就是产业结构"三十年如一日"。

纺织业至 20 世纪 90 年代末,一直是中国最大的产业。然而 2000 年前后,中国纺织业终于跌下了全国第一的宝座。至 2011 年年末,全国纺织业产值仅占全国规模以上工业的 3.9%,降至各行业第 12 位。纺织业是一种传统的劳动密集型产业,需求层次和工艺技术层次都比较低。纺织业地位大幅下降,象征着中国工业的优化升级。

反观浙江,纺织业在 2011 年年末仍占全省规模以上工业增加值的 10.2%,高居浙江工业榜首。这就意味着,浙江产业结构优化升级的进程大大滞后于全国。从这里还可以看出浙江产业结构优化升级滞后的严重性,即在经济增长较快的同时,战略性新兴产业发展并未紧紧跟上。

进一步分析就可以看到这一问题的严重性。2004—2011 年,浙江专用设

171

备制造业产值年均名义增速比全国低近 10.7 个百分点,交通运输设备制造业产值年均名义增速比全国低 2.2 个多百分点,医药制造业产值年均名义增速比全国低近 8.4 个百分点,普通机械制造业年均名义增速比全国低 11.4 个多百分点。这些数据令人震惊,不仅表明浙江制造业优化升级不能令人满意,还表明浙江一些地方以装备工业等为主导产业的愿望,以及政策支持等,实际并未取得足够的成效。

这里的一个原因,就在于浙江长期以草根创业为主,导致省内产业结构升级乏力。长兴县环沉村一位纺织企业老总坦率地跟我说,无论是知识结构、人脉关系还是资金实力,都决定了他只能继续在纺织业打拼。我们确实不能苛求这一代企业家,我们应该继续大力支持和推进草根创业。像长兴这样交通稍显不便利、现代产业相对薄弱的区域,类似于纺织这样具有比较优势的低层次产业,还是得有所发展。

然而我们当前还有一个非常重要的任务,就是大力扶持精英创业,促进战略性新兴产业获得更快的发展。时至今日,浙江工业已积累起了 5 万多亿元的资产,如果仍以草根创业形成的纺织服装等为主体,就将影响产业结构优化升级,更重要的是浙江大地已缺少足够的土地资源等要素来承载大量的低层次产业。

草根创业与精英创业或仅理念之差。草根创业和精英创业,或许存在着知识、技术和资金方面的差异,然而这并不是关键,关键是自我价值追求等的差异。草根创业的主要诉求是改善自身福利。当年一些民营企业家接受采访,都说当初创业无非就是为了解决生计问题。精英创业也有改善自身福利的诉求,然而通常还有较强的自我价值追求,能在较高的视野下实施创业行为。像我一位朋友,当年从一家国有银行中层干部位置上出来,动机就是觉得那种环境令人窒息,应给自己换一种活法。

草根创业与精英创业绝不具有泾渭分明的界线。前些天我与长兴县环沉村创办纺织企业 20 多年的臧永兵交谈，他说眼下环沉村七成织机停产，而他的工厂还能满负荷运转，甚至有所扩张，就是因为比较能把持自己。形势好的时候不过度扩张，形势差的时候及时出货和控制成本。当时我由衷觉得，像臧永兵这样的企业家，已走过了从草根到精英的艰难历程。

精英创业绝不是高不可攀。这里的第一个层面是促进从草根到精英的转变，第二个层面是促进一大批高智商和高情商的"神奇小子"脱颖而出，第三个层面是促进一大批有潜质的企业再次创业，第四个层面是吸引高素质人才和企业来浙江投资创业。不过既然是精英创业，肯定也更强调创意、知识、信息、网络，以及必要的资金的作用。而产业选择，则更注重附加价值和长期增长弹性较高、环境资源影响较小等要求，而这些显然是浙江经济发展的方向。

我们不是不要纺织业，也不是不要草根创业。我们要的是在纺织业平稳健康发展的同时，其他战略性产业的更快发展，从而加快产业结构优化升级。我们要的是在草根创业的同时，能大批涌现精英创业，从而逐渐形成以草根创业为基础，以精英创业为主体的良好局面。

20 多年前电脑刚进机关的时候，文字处理软件几乎清一色是"WPS"。可是很少有人知道，写这个软件的求伯君是 1964 年生的新昌人。我们想象一下，当时省内如果能有风投或政府基金资助，同时加大打击盗版软件力度，那么今天浙江的软件行业，将不会是今日这个状况。

然而历史绝没有假如。重提这个案例只是想指出，推进精英创业，既需要创业者的勇气和智慧，更离不开良好的制度环境和政府及全社会的长期支持。

（《今日浙江》2012 年第 16 期）

从制造业资本向金融资本拓展

当前创造浙江发展新动力的一个重要方面，就是促进省内民间资本向金融资本拓展。这与其说是出于把钱留在省内的"自私"心理,更不如说是出于加快浙江转型发展的战略考虑。推进民间资本向金融拓展,一个直接效应是让有钱而投不出去的企业,与有活力而找不到钱的企业结合起来;另一个直接效应是让浙江的"土豪",真正发展成长为产融结合的现代企业;更重要的效应,是以民间资本增强民间活力,再创浙江发展新格局。

从产业资本走向金融资本,是现代经济发展的一个重要客观规律。日本、韩国等一些亚洲国家,早期的金融控股集团基本都是以产业资本为支撑和核心的。纵观世界 500 强,80% 以上的公司均有过成功的产融一体化的经营经验。

20 世纪 30 年代,上海的金融业发展迅猛,当时共有 54 家银行的总行,128 家分支行设在上海。当时的 4 家政府银行,总行都在上海,在全国各地有 491 个分支机构,放款占全国银行放款的 55%,存款占全国的 59%。当时的上海共有 27 家外商银行,远超中国其他地区。当时全国 12 家信托公司,总公司设在上海的有 10 家。当时浙江大量游资进入上海,据"文革"前曾任宁波市副市长的民族资本家俞佐宸回忆,20 世纪 30 年代仅宁波一地,就向上海投放白银两三千万两之巨,当时宁波灵桥至新江桥的江厦街,钱庄云集达百家。

央企早已把金融业作为战略性的发展领域。东风汽车于 1987 年 5 月成立财务公司,被认为是中国工业企业向金融业拓展的标志性事件。1992 年首钢公司发起成立华夏银行,据说是拉开了中国工业企业集团投资金融的帷幕,大牌专家当年多认为这是国企改革的一个积极的重大事件。目前几乎所有的央企都涉足了金融领域。比较典型的如中石油,旗下有庞大的金融系,包括财务公司、人寿保险、基金、信托、证券、银行等。昆仑银行原系克拉玛依市的城信社,中石油多次增资,终于在 2010 年 4 月将其收为控股银行。

令人遗憾的是,浙江民间资本虽然称雄国内,也正在走出国门,但长期难以与金融业亲密接触。浙江民间长期就有大规模金融活动,且对浙江发展具有相当大的积极作用,却一直受到制度性金融的排斥和打压。即使当前正在推进中的温州金改,也仍然没有改变其看低民间金融的态度。一句"阳光化",暴露出了置民间金融为制度性金融对立面的潜意识。

虽然相关法律法规已难以找到对于民间金融的歧视性条款,但现实当中仍存在明显的"玻璃门",设有文字上所没有的种种关卡。中国不缺银行,缺的是民营资本与金融资本的无缝对接,缺的是民营资本对金融资本的有效激活。我们当然完全能理解监管当局对于金融安全的偏爱,但中国金融业如果长期不对民间资本敞开大门,其对中国改革发展造成的不利影响,完全有可能超过金融风险的危害。是在金融改革中增强金融监管能力,还是在金融封闭中追求低水平的金融安全,应该是一笔比较容易算清楚的账。

关于推进民间资本向金融业拓展的题目,早就提出来了,但长期得不到令人满意的解答。党的十八届三中全会的召开,是加快金融改革,逐渐消除民间资本进入金融业壁垒的一个重大契机。

(《浙江日报》2014-03-07,发表时标题为"促进民间资本向金融资本拓展")

传统产业出路何在

传统产业绝不至于萎缩

传统产业会走到"萎缩"这一天吗？不会，绝不会！只要人们一天离不开"低俗的日常生活"，那些"低俗的传统产业"就会顽强存在一天。相反我倒是还认为，中国传统产业正在迎来一个崭新的转型发展机遇。

中国经济当前的一个重大历史性转折，就是自 2011 年以来，城乡居民收入增长开始快于 GDP 增长。2014 年，全国 GDP 增速回落至 7.4％，城乡居民人均收入增长仍达 8.0％，如果减去人口增长因素，则可认为人均收入增长比人均 GDP 增长快 1 个百分点左右。

这里还有一个农村快于城镇的状况。对此完全可以理解为收入较低人群的收入增长，快于收入较高人群的分配格局变动态势，尽管这并不完全确切。2014 年，农村人均纯收入实际增长 9.2％，比城镇快 2.4 个百分点，而这一状况已持续 5 年之久。这种收入分配格局的重大积极变动,正是传统产业转型发展的重大机遇。

一个表现是在市场销售这一端形成一种"宽带式"的消费增长。尽管是在中国经济下行时期,但高大上的通信器材、中西药材等销售依然生猛,日常生活离不开的粮油食品、饮料烟酒、服装鞋帽、针纺织品等销售增长,虽低于平均水平,但仍在两位数以上。这既是市场对于收入分配格局变动的整体反映,也是收入稍低人群收入增长相对较快在市场销售上的直接反映。

在生产这一端则是与消费有关产业的状况相对较好。2014 年,长期不被看好的食品、家具、皮革、服装和纺织行业,主营业务增长居然都相当于或高于平均水平,其中前 3 个行业的主营业务利润增长均为两位数,即使是皮革和纺织行业的主营业务利润增长,也高于平均水平,其中服装行业利润增速高达 11.4%,令人大跌眼镜。

我早就盼望着浙江制造业中的纺织比重能有较大下降,但每一年数据出来,都会大失所望。这就令人反思,为什么传统产业如此顽强,如此不肯退出历史舞台?这里的关键,就是市场需求增长的支撑。这在前些年有境外需求增长因素,而在最近数年,则是国内"宽带"消费的支撑,当然还有业者的不懈努力。

看看大批春节返乡农民工,大包小包中装着什么东西就可以知道,中低档次商品的增长极限远未到来。再看看大批扩招后的大学毕业生,急欲在城里有一个安稳工作和住所就可知道,创新需求刚刚展开。

所以就当前传统产业而言,存在着一个如何应对国内消费崛起的重大转型机遇。袁腾飞在一次讲课中说,美国生产的商品 80% 卖给自己,中国生产的商品 70% 卖到境外。这话虽不确切,但有一点是对的,即中国制造业近一二十年,重点是在为他人做嫁衣裳。中国制造业的亲们,从现在开始,您得为国内劳苦大众服务了。

中国传统产业应尽快告别粗制滥造时代。1992 年,我在乌鲁木齐专业市场调研,看到来自浙江的一些商品,廉则廉矣,劣亦劣矣。我问摊主,这商品能有人买吗?摊主觉得我很弱智。每一件特定质量的商品,都是与特定需求相对应的。世上没有劣质商品,只有更廉价的商品。然而这样的时代正在逝去。2007—2014年,中国农村人均纯收入年均实际增速高达11.1%,比同期GDP年均增速高0.3个百分点。当人们的钱包终于渐渐鼓起来时,第一个选择就是买一件称心如意的商品。

中国传统产业必须在商品中创造其内含的价值。保罗·克鲁格曼在《地理与贸易》中说,意大利服饰中的设计要素,无异于高新技术产品中的新技术,他还自嘲说是那些工程师们认为他很无聊。这显然也是马斯洛需求层次理论在起着作用。贫穷时衣服能遮体御寒就足矣,有几个小钱后,衣服们的精神文化特性就凸现起来。内含特定价值的消费品,才会在今后竞争中胜出。

这里的商品内含价值,应包括品质、文化和功能三要素。品质,如服装上或细密齐整,或粗犷恣肆的针脚;文化,如家具彰显的个人独特气质;功能,如吴晓波所说的令人倍感舒适的日本马桶圈。季节更替时分,是很烦人的换装关头。和女人一样,男人衣柜里也总是少一件衣服。这样的时代似乎正在开启。

(《浙江日报》2015-03-06,发表时标题为"传统产业依然有为")

历史经典产业的机遇和转型

浙江历史经典产业正迎来加快发展和转型的重大机遇。这里的一个基本背景,是中国经济正在从以出口和投资拉动为主,向消费主导的增长格局转变。这意味着消费升级及产品销售增长的相对加快,将十分有利于有着深厚历史文化沉淀产品的全面发展。

中国经济曾长期存在着扩张性结构失衡。2003年,最终消费对经济的推动作用仅为35.8%,仅略高于改革开放以来最低点的1994年,而发达国家和地区的这一占比则通常为 60％以上。然而 2011 年以来,城乡居民收入尤其是农村居民收入,在不断回落的较低水平上持续快于 GDP 增长,终于使得消费对经济的增长推动作用逐渐上升。2015 年,根据国家统计局公布的数据,最终消费对经济增长的贡献率达到66.4％,比上年提高 15.4 个百分点。

这将使得多数历史经典产品的增长弹性大于 1。这里的意思是指,当工业增长 1 个百分点,历史经典产业或将增长 1 个百分点以上。2011—2014 年,全国规模以上工业当中,具有历史经典产业要素的皮毛、木竹、文体及家具 4 个行业,合计的增加值占比从 3.1％上升至 4.5％,增长速度明显较快。

历史经典产业是我们有了几个小钱之后的不二选择,它令我们的生活多姿多彩和充满情趣。这是因为丝绸、黄酒、茶叶、中药、青瓷、宝剑、石雕、根雕、木雕、文房等产品,除中药外有一个共同特点:当收入较低时并非必需,而当收入提高后,则成为生活必需品,且是品质生活的象征。

在"文革"前的上海弄堂,那些爱俏的半老徐娘都会为拥有一件"香云纱"而欣喜万分。这是一种用特殊处理后的真丝面料做的夏令上衣。听说当年法国最华贵的晚礼服,是用塔夫绸制作的。10 多年前,我的同事喜迁新居,我们几个人精心选了木雕作为礼品。当前这一状况已明显反映在茶叶的生产销售上,2015 年,浙江茶叶产量增长 1.2％,产值增长 7.7％,其中名优茶产量增长 10.9％,产值增长 13.5％。

物质背后的历史文化沉淀,更是令人心向往之。中国红木家具的流行始于明朝,原因是郑和从西洋带回了大量用于压舱的黄花梨、鸡翅木等硬木,引起了一场家具革命。明式红木家具的简练、硬气和细腻,象征着文人学士的道德风骨和情感。黄酒被称为三大古酒之一,堪称江南一带的国粹。1982 年春天的一个中午,我在绍兴宾馆的餐厅偶遇谢晋和李文化,这俩电影大师静静地面对着坐在一张方桌旁,就着四五个菜肴,边聊天边品着一壶烫热的黄酒,帅呆了。

然而,正是由于中国经济当中消费比重长期较低,缺乏对于历史经典产业的正常需求,这些产业长期以来的日子并不好过。1998 年,国营龙泉瓷厂改制后,当年规模庞大的青瓷厂区就此闲置,几近荒废。又如黄酒业长期来良莠莫辨,我在日本超市买到的所谓"绍兴黄酒",品质甚至低于杭州市面上的料酒,好在听说那并不是绍兴的。丝绸、黄酒、茶叶等历史经典产业,是我们浙江亟须打理、亟须提升、亟须转型的战略性产业。以我的想法,当前或可采取"四品＋融合"的发展战略。

品牌战略。浙江历史经典产业虽已确立了不少品牌,有一些也不乏知名度,但总体而言仍有较大欠缺。比如居世界首位的茶叶品牌是不产茶的英国企业所拥有的,这让我们不太好受。这一洋品牌的特点是注重产品特色化,分层次适应消费需求,针对不同人群推出不同产品,进而形成全系列产品而覆盖整个市场,形成强大的品牌压力。注重产品标准化也是重要一招,历史经典产业并不一定是土里土气的形象,相反,只有树立品牌才能形成现代零售渠道支撑。我们应该确立做世界一流品牌的雄心壮志,努力争取经过 10 余年或数十年努力,把浙江历史经典产业打造成为享誉全球的金名片。

品质战略。品质是所有商品的内涵和支撑,是业者的良心和价值。尤其是对于历史经典产品来说,品质更是生命。如何在不同批量、分散化生产经营状况下,保持或提升历史经典产品的品质,是当前一大难点。因此,必须建立科学管理体系,亦即产品是历史的、经典的,管理营销或应是现代的、科学的。不能回避特定产品生产的现代化和技术进步,如青瓷等产品应积极运用现代工艺技术,以求品质能够媲美世界顶级产品。同时,积极建立法律法规、检测检验、公关应对等体系,全面把控产品品质。

品位战略。历史经典产品因其消费特性,而具有艺术性、欣赏性,以及实用性、功能性等要求,从而构成了所谓的品位。如果说品质指的是商品的外在质感和内在特性,品位则更多的是指商品的外在文化特性。一些历史经典产品在通常情况下,不应囿于小众化圈子,而应以合适价格适合大众消费要求,以建立最广阔的需求市场。然而这绝不意味着降低品位水准,产品完全能以中低价格而有较高品位。同时要积极开发具有高超艺术水准,完全定位于小众路线的极端精致的高端产品,以促进整体品位提升。

品性战略。所有产品的背后都是人,所谓品牌、品质和品位,最后都是由生产经营者及其员工的品性决定的。提升生产经营者和员工整体素质,也应该是一个非常重要的发展战略。一方面,提升人文素养。历史经典产业因其深厚的历史文化内涵,产品业绩很可能取决于业者自身的价值追求。另一方面,提升科学素养,生产经营历史经典产品,无论以哪种方式生产经营,都必须有科学方式和科学管理。政府的关键是促进竞争和依法监管,政府扶持只能是引导性的,最终只能靠业者自己的积极努力。

融合战略。积极推进历史经典产业在种植业、制造业与服务业之间的高度融合,探索和形成"历史经典产业+"的发展路径。我们承认诸如龙泉青瓷和宝剑等产品的小众化特点,但倘若将这些物质性产品的历史人文内涵,融于创意、文化、旅游等产业中,势将产生积极的放大效应。

(《浙江日报》2016-03-23)

跨界转型与创新

浙江产业结构在 2015 年有一个标志性变化。纺织业比重自改革开放以来首次降至第二位,取而代之的是电气行业,产值比重达到 9.4%,荣登工业首位。

浙江经济是民营经济的天下。浙江经济的每一微小进步,都反映着民营经济的进步。浙江产业结构之所以"三十年如一日",是因为浙江人太聪明能干了。当全国人民在传统产业这口井里挖不出水时,浙江民营经济继续深挖,越挖越深。这在统计上反映为产业结构缺少变化,在理论上被认为是"路径依赖"。然而浙江经济在不为人注意之处,无时无刻不在发生着生动的故事。

我一位企业家朋友,这一辈子似乎都在做着跨界的事。1972年,这位朋友18岁时从农民成为建筑工人,他当时非常开心,因为终于可以跨出家门,迈出田畈,挣工资了,这或许可算得上是他的第一次跨界。20世纪80年代末,他承担了施工全国第一家水泥厂的任务,怎么也没想到这是他跨界的第二大步。到21世纪初,全国约1/3水泥厂都是由他们负责土建施工的。而他虽处建筑业,却被评为全国建材行业的劳动模范,实属典型跨界。

就在水泥全行业产能过剩时,我的这位朋友再一次跨界。他们当时把原本打算做公司总部的一幢大楼改造为五星级宾馆,没想到就此进入酒店业,创造出了他称之为"酒店业一站式服务"的商业模式,从酒店的前期研究开始,直到最后向甲方移交管理团队,即全产业链承包的经营方式。他的企业虽然在水泥厂施工业务方面萎缩,但在旅游业方面却异军突起,并由酒店业一站式服务打开局面,整体经营良好。

我的这位朋友先后进入建材业、酒店业,现正在开发轻资产商业模式。在这些跨界转型中,他始终以建筑业为立足点成功跨界。因此,跨界和转型都是必需的,因为一个行业就像潮涨潮落、月盈月亏一样,有上坡的时候,也有下坡的时候,必须及时进行战略调整。同时,不抛弃自己的强项和优势也是必需的,任何行业、任何领域,都必须有核心竞争力,我这位朋友的核心竞争力就是他的以建筑施工为主体的团队。

要想获得成功,必须时刻做好捕获机遇的心理准备。这位朋友的跨界之道,具体做法与所有经营成功的企业没什么不同,如追求卓越、用心替客户创造价值、努力开发市场等,但这些只是跨界转型的必要铺垫。他跟我说,他建造第一家酒店时根本没想到会进入这个行业,只是想着尽量控制好从投资研究到管理服务的全过程,尽可能建造、管理一家没有缺憾的酒店。但后来他突然发现,完全可以把这些宝贵经验放大而产业化,于是勇敢闯入,开发新的蓝海。

经济下行期也是创新强劲期。我有一位朋友专业生产新品试制用的印制电路板,一个订单也就三五块板子。但这行的特点是,经济越差的时候,正是企业努力试制新产品的时候,因此生意越好,具有鲜明的反周期特点。他们企业2016年1—4月的销售额已达1400万元,同比增长50.5%。

浙江打造民营经济标杆省,关键是创新。创新应该包括理念、组织、经营、管理、技术等的创新。跨界也罢,转型也好,均属创新范畴。虽有人说中国经济将长期呈现L形增长态势,但即使经济增速保持在6%左右,中国仍可列全球经济增长的第一方阵。2016年1—4月,全国规模以上工业利润增长的有34个行业,合计利润同比增长14.5%。有人说"中国已进入干啥都不挣钱的阶段",应属不负责任的夸大之说。

我们当前完全有理由坚定信心。以浙江民营经济的执着和开拓精神,我们仍将有较好的增长前景;同时也要时刻准备着,因为在这一过程当中一定会有很多机会,一定可以演绎很多故事。

（《浙江日报》2016-06-01,发表时有删节）

都市服务业引领未来

浙江服务业发展曾经有过滞后,应该说这具有相当的客观必然性。浙江经济快速发展始于农村工业化,而这是浙江空间均质化,以及生产要素难以畅通流向城市的制度障碍使然。浙江所毗邻的大上海,以其强大的综合性服务功能,一定程度替代了浙江城市所能提供的相应服务。至于浙江县市经济迅猛发展,又直接导致了一段时间内浙江都市经济相对逊色,服务业更是浙江痛楚。

以浙江与河北比较为例,可看到杭、宁、温三市的一些尴尬。1990—2008年,杭、宁、温三市GDP占全省比重,从47.1%上升至52.0%;同期河北最大三城市占其全省GDP比重,从40.7%上升至51.8%,集聚能力大大强于浙江。而这一时期,浙江服务业占全省GDP比重,平均每年仅上升0.6百分点,甚至未能实现当时的五年规划目标。

然而,这些已是过去式了。就当前而言,浙江的都市服务业具有增长弹性大于1的重要趋势。这里的意思是GDP每增长1个百分点,都市服务业将增长1个多百分点。2011—2015年,全省服务业增加值年均增长9.7%,比全省GDP增速高1.7个百分点。具有鲜明都市服务业特征的一些行业则增长更快,如信息服务业、租赁和商务服务业、卫生和社会工作服务业,以及文体娱乐业4个行业的规模以上企业,2015年营业收入比上年增长分别高达13.3至35.7%不等。

都市服务业因缺少相应统计口径,难以量化分析。大体估算表明,都市服务业占全省服务业八成左右,增长贡献或接近九成。当然,即使没有这些数据,我们也能断言浙江服务业主要分布在城市,增长主体亦在城市。所谓产城融合其实是典型的同义反复,因为就空间概念而言制造业不可能与城市融合,"市"的汉字内涵即是服务业,城市这个概念在字面上即已包含了产城融合的意思。

当下及未来一段时间内,推动都市服务业发展或有三大方面。一是随着经济发展及收入水平增长的都市服务业,即所谓增长弹性高的行业将主要在城市;二是随着社会化分工不断细化而增长的都市服务业,即从原有的经济形态中将分化出一大块经济;三是技术和结构变动导致的无中生有的都市服务业,即通常说的研发、信息服务业等将引领未来。对浙江这样一个即将迈入高收入门槛的区域而言,这三方面几乎同样重要,难分伯仲。

随经济及收入而增长的都市服务业,构成了都市经济发展的宽大基座。浙江人玩产品是高手,玩资本也是高手。2015年,浙江金融业增加值占GDP的14.3%,贷款余额占全国7.7%,比GDP占全国比重高1.4个百分点。金融业不但已成为全省发展的支柱产业,且其在全国的地位,比浙江经济在全国地位还高。旅游业是沟通城与乡、国内与国外、生活水平与品质的大行业,2011—2015年全省国内旅游收入年均增长高达15.4%;旅行社组织的全省出境游人次,年均增长高达17.3%。海外旅游曾是日本经济快速增长时期，日本普通家庭的一大追求，现轮到浙江人了。

随社会分工不断细化而增长的都市服务业，构成了都市经济效率提升利器。剥离企业内部的非主流业务，提升社会化分工水平，并以此提升全社会劳动生产率，是当下浙江经济的一大金矿。绍兴一设计集团在自己15层办公大楼内，请进了专业图文、餐饮等机构为自己服务，效率大大提升，且降低成本，增加利润。当前经济寒冬的成本压力，正在加快把原本企业的内设部门，诸如创意、策划、广告、会计，以及后勤服务等，驱赶到企业外部，成为围绕企业需求高效运转的第三方，甚至第四方服务机构。

随技术进步和结构升级而来的新经济，构成了引领都市经济走向未来的强劲动力。2015年全省规模以上服务业企业中，信息传输、软件和信息技术服务业的营业额为3223亿元，比上年增长35.7%，占全省规模以上服务业企业主要行业营业收入的37.3%。位于杭州翠苑西侧、余杭塘河畔一个10余万平方米的地块，有着中天MCC、天堂软件园等科技园企，是城西一个重要的新产业、新业态、新商业模式的新经济集聚区。这里闹中取静，具有典型都市经济风情。上下班和饭点时分，都能看到成群结队的年轻人，那是真正的活力所在。

前些时候，我因好奇闯入这里的一家VR研发企业。那些年轻人帮我戴上视频头盔，360度虚拟多维空间瞬间呈现，远处正是未来的灿烂之光。

（《浙江日报》2016-07-20，发表时有删节）

当前经济困窘的两面性

高龄农民工驾到

前不久在一个企业家座谈会上,一位老板抱怨新招聘的农民工平均年龄高达 38 岁,企业成本和风险相应增加。他解释说,这些农民工的学习能力下降,病事假和工伤率提高,工资福利待遇要求却并不低。

多年前还被认为源源不断的农民工资源,如今正在枯竭。国家统计局《2014 年全国农民工监测调查报告》披露,50 岁以上农民工比重已上升至 17.1%,比 2010 年上升 5.8 个百分点。与此同时,农民工增长速度逐年回落,2014 年仅比上年增长 1.9%,增速比 2010 年回落 3.5 个百分点。

更让老板们惊吓的数据亦新鲜出炉。2015 年 2 月末,农村外出务工劳动力总量同比减少 602 万人,下降 3.6%,是近 3 年所没有的。2015 年上半年,农村外出务工劳动力总量同比仅增长 0.1%,月均收入同比增长 9.8%。这里既有农民工需求减少的因素,也有农民工供给减少的因素,后者或许更为主要。

我最近在安徽广德县南部山区调研,所到之处很难见到青壮年劳动力。陪同的领导说,就连不少老头也在外打工。峡谷和山坡上的成片农居破烂不堪,无人居住。山坡下和路口边的崭新楼房,不少大门紧闭,空无一人。

一个小山村的一幢新盖三层楼房外,两位妇女正在忙碌,我出于职业本能上前询问。年轻一点的是媳妇,丈夫在浙江当厨师;年长的是婆婆,丈夫在县城打小工。这时一个3岁多小孩过来撒娇,两位妇女却直勾勾地看着我,觉得这个陌生人好奇怪。

我在2009年利用"五普"数据分析发现,中国劳动年龄人口将从2013年开始,出现总量减少。当时这一判断很难让人接受。一次会上,一位复旦老教授不假思索,嘲笑我这观点"瞎弄"。一些同行则认为,人口数据可信吗?一场四川洪水即发现了很多不上户口孩子,劳动力减少的结论或不可信。

也许11岁前年龄段的人口数据确有较大误差。我用"六普"数据校核,发现"五普"0~10岁人口起码少报1700多万,误差率高达-9.4%,国家统计局一位处长也承认这一点。

不过校核并未发现11岁以上数据有较大误差。同时0~10岁孩子的普查误差,应该并不影响趋势判断。因为前一个10年数据应该也有误差,两相比较,就将自动约去普查误差对于今后劳动力预测的影响。

我进一步用"六普"数据,得出2012—2026年,中国劳动力总量年均减少577万的结论。这一分析已扣除死亡因素,但未消除提早或推迟就业的因素。其中2012—2017年,大致每年减少300万左右,这已被国家统计局近3年相关报告证实。

2019年将出现劳动力总量减少峰值。这一年劳动力总量减少高达900余万,次年后回跌至每年减少400万~600万。从2022年开始,劳动力减少幅度又将逐年加大,直到2026年扩大至1200多万。

劳动力总量减少已对经济社会造成深刻影响,且其影响还将进一步加大。当前首当其冲的,是农民工工资持续较快增长,这也导致农村收入持续较快增长。2015年上半年全国农村人均纯收入实际提高8.9%,比GDP增速高1.9个百分点。

农民工工资较快增长确已使制造业日子艰难,然而视农民工工资较快增长为洪水猛兽,应该说也没有太大必要。资本和劳动各有自己的美好时光。资本大把赢利的激情岁月已经结束,现在轮到劳动的美好时光到来了,所以资本您也就别抱怨了。

劳动收入增长加快,同样有利于加快经济增长。日本从1961年开始,雇员所得占GDP比重从39.5%,一路上升至1975年的55.2%,此期间日本GDP年均增速达到7.9%。

失之东隅,收之桑榆,人口红利的深化集约利用阶段正在到来。我家钟点工小叶的儿子,今年大学毕业进入杭州一家软件公司。虽说工资不算低,但对老板来说完全可以承受。小叶告诉我,儿子上班很早,下班很晚,一出差就是半个多月,但是心情很好。这样的小伙,不正是老板手上的福将吗!

(财新专栏 2015 - 09 - 14)

富孩子不愿接班是穷孩子的机会

富孩子不愿接班其实不算是一件太坏的事。对富孩子来说,世界具有无限选择的可能,何必绑在父母的战车上;对穷孩子来说,世界选择原本有限,如今少了一些富孩子阻碍,拼搏更有空间。

一位居于重要岗位的多年好友,我每次去他那边,他都能讲一些当地的新故事。最近一次,朋友在饭桌上边说边笑,绘声绘色地给我讲了一些富孩子接班的故事。其中有"另立门户"型、"艰苦历练"型等,最好玩的一个,是清除"叔叔"型。

稚嫩的孩子置于老奸巨猾的"叔叔"们之中，就好比羊羔处于狼群当中。一位老板正是基于这一考虑，学朱元璋"卸磨杀驴"，设法开除了几个与其一起创业的"叔叔"，以便给孩子接班创造条件。

没想到动作太大，反而对企业不利。因为行业进入门槛很低，几个被开除的"叔叔"另立山头，低价竞争，威胁着孩子接班后的企业经营。还有一位"叔叔"被卸职时，煽动工友闹事，导致企业动荡。朋友点评认为，这种做法伤了"叔叔"们的感情，并不成功。

我在这儿更想表达的是，富孩子不接班才真正是世界常态和亮色。BBC关于英国历史的一部纪录片，提及18、19世纪，蕞尔岛国居然有占世界40％的科技发明时认为，一大帮有钱有闲的富孩子，是使得蕞尔岛国取得这一成就的一个重要原因。

1768年8月20日，一艘载重为368吨的英国海军三桅帆船"努力"号，从普利茅斯起航，开始驶向南太平洋的航行。船上有25岁的纨绔子弟约瑟夫·班克斯，以及他的8个随从和一条狗。这位贵族少爷7年前继承他父亲惊人的不动产，以1万英镑预算的准备，向英国海军部提出，"极愿意承担此次航行费用"，获得了随船考察机会。

班克斯因这次考察成为世界植物学界"大咖"，亦与大名鼎鼎的库克船长一起，成为世界航海史名人。库克船长耗时3年的人类历史首次单船环球航行，因班克斯日记和植物学考察而增色不少。约瑟夫·班克斯爵士于1778年当选为英国皇家学会会长，直至1820年去世。世上少了一位富绅，多了一位科学巨匠。

多达七八成的富孩子不愿接班，是穷孩子的巨大机会。世界因此而充满众多机缘，社会因此而具有高度活力。前两年我去某地调研，一位美丽的女老总侃侃而谈。后来接待单位告诉我，这位女老总所在企业的老板，有一位不着调的女儿,不但与她的夫婿一起不愿正经干活,而且还捣乱。老板一怒之下,将经营大权交与这位贫寒人家出身的女老总。老板更是明确,女儿费用必须由女老总给,使得大老板的任性女儿,不得不拍女老总马屁。

由经理人掌管企业是世界大势。企业接班人并非必是己出,百步之内必有芳草,关键是事业传承。至于企业由谁来掌控,虽然十分重要,但尊重孩子意愿,由职业经理人掌管,或是更佳方案。

著名的德国家族企业博世集团,汽车零部件业务板块位列全球同业第一。而其手持电动工具,更是杭州装修队伍的最爱。博世创始人1942年去世时,大儿子已因病离世,小儿子只有8岁。这位父亲在遗嘱中表示,要尊重小儿子意愿,意思是不任职博世亦可。小儿子长大后曾短期在企业董事会工作,随后离开博世,成了一名心理学家。

博世历任董事长除创始人外,均无来自博世家族的成员。这些职业经理人秉承创始人"可持续和有意义的发展",以及保持财务和决策上的独立的理念,坚持不上市,使得博世持续稳居全球制造业"隐形冠军"宝座,同时也并未妨碍博世家族对于企业巨额财产的继承和占有。

促进企业老总的代际良性更替,是浙江"十三五"重大战略性课题。上海交通大学品牌战略研究所所长余明阳教授带领的团队,在前两年的调研结果表明,在交班的5年以内,特定样本家族企业的滑坡幅度是60%,这显然是社会各方不愿看到的。

企业第一代创始人在改革开放初期环境下,可以凭借勇气和胆识打下一大片事业。然而在新常态环境下,事业的传承弘扬,更需过人智慧和专业造诣。企业权杖转移有风险,经理人掌管应是优选项,更相信浙江社会将由此而有巨大进步。

（《浙江经济》2015年第18期）

企业且留下

促使企业强化创新驱动,专注于省内集约经营、内涵发展,是当前浙江建设用地短缺常态化下的战略途径。这也对政府提出了以创新驱动发展企业,以创新产业环境留住企业,以创新工作思路重振浙江雄风等一系列要求。

创新驱动长期以来是浙江的优势。我们曾在春节前后在温州、衢州、丽水、嘉兴等地调研,觉得企业家们正在从浮躁走向平和,从感性走向理性,各地出现了不少强化创新驱动、集约发展、执着增强本业的状况。需强调的是,提升创新驱动环境的一个最基本要素是尊重所有人。所谓尊重知识和人才,仅是当"尊重"为稀缺资源时的阶段性口号。只有尊重和支持所有人的创造性奇思妙想,善待和便利所有人的创造性行为,才能加快形成促进创新驱动的社会氛围。

提升配套协作优势是创新产业环境的基本面。浙江块状经济之所以有今日辉煌,就是因为长期形成的配套成本较低这一优势,柳市低压电器自诩全球配套成本最低。而企业向外走,就等于抛弃了原有适合自己生长的土壤,将导致成本上升而弱化竞争力,近几年一些企业就是由于这一原因重返浙江。当前仍积极发展小微企业,优化产业链、供应链,努力降低配套协作的成本,通过提升和增强配套协作优势让企业把根留住。

强化物流优势是创新产业环境的独特工作。浙江有上海和宁波两个巨大的物流体系可资利用,以进一步形成全球性的竞争优势。应该鼓励和促进宁波港在合作的基础上挑战上海港,同时也应该让上海港在合作的基础上挑战宁波港。两大港口优化竞争,货主得利。积极发展第三方和第四方物流,建设好港口集疏运体系,千方百计降低物流成本。建议在高速公路方面,对注册于省内的企业采取若干优惠,以强化物流体系对于企业的吸引。

强化政府服务是创新产业环境的根本。一些走出去的企业比较留恋浙江的政府服务,相对较好的政府服务是浙江的一大优势。企业发展是区域发展的关键,对政府来说,为企业提供最优服务是天经地义的职责,服务才是王道。当然政府也绝不能无处不在,应充分发挥民间自组织功能,增强社会组织活力来优化提升社会服务。

提升浙江现有建设用地效率是浙江的第二土地来源。根据浙江省统计局《2011年浙江省工业土地利用状况简析》,在浙江90个县及县以上行政区划中,位列前10位区域的规模以上工业企业亩均增加值,算术平均高达244.5万元;而位列末10位区域的亩均增加值仅35.7万元,仅为前10位的1/7强。浙江规模以上工业占地最多的是纺织业,合计占地14.5万亩,占全省制造业占地的10.8%。纺织业亩均增加值为61.0万元,列全省制造业第25位,只有全省平均的80.1%。强化兼并重组以满足优势企业的土地需求,就是根据上述状况得出的一个重要结论。应通过市场竞争机制,推进兼并重组,促使低效企业退出或减少用地,转而为高效企业和高效行业服务。也可研究采取经济法律手段,降低高效用地企业的国有土地占用费用,提高低效用地企业的土地占用费,促使低效用地企业或是努力提高用地效率,或是将地转让出来。

积极发展总部型制造业,也是必须实施的一项对策。面向全球的制造业是浙江的优势,但其中相当部分生产工厂并不在省内,而是在省外和国外,向省外投资是浙江长远发展的客观趋势,不能阻拦,只能引导。这里需做的一项重要工作,就是应努力让企业把根留在省内,形成总部在省内的发展格局。

从传统走向创新,从粗放走向集约,从外延走向内涵,是浙江人发展经济的长期梦想。我们虽然不可能在短期内完全改变全国普遍粗放增长状况,但创新、集约和内涵,必将使浙江经济走出一片新的天地。坚守浙江,必有收获。

《浙江日报》2013-07-03

区域经济，
改革中坚与战略转变

我虽然一年回宁波多次，但都是来去匆匆。有一年在宁波，我难得与初中同学相聚，他们问我，你究竟在杭州做什么工作？我一时语塞，不知怎么回答。

　　我急中生智回答说就是那种"代写书信"的工作。小时候在宁波街头，经常看到有戴老花镜的老先生，或是在一个门面前，或是端坐一把大伞下，支一张小桌，上有"代写书信"纸牌。那年头很多人不会写信，遇上要与外出亲人交流的情况，就得到街头请老先生代写。

　　我这么一说，大家都笑了起来，说我太离谱了。我争辩说，我的工作与那些老先生们真心没什么区别。那些高大上的字眼，什么研究、什么咨询、什么智库，不就是码字吗？不就是给人写东西吗？不就是服务客户吗？说着说着，我自己也忍不住笑了起来，觉得终于有了一个精准的职业定位。

　　区域发展研究中，需要做一些替他人作嫁衣裳的区域发展规划的咨询服务工作。这就宏观研究和为本级政府服务而言虽无必需，却有助于做好前述工作，"理论是灰色的，生命之树常青"。如果不了解企业动向，不了解基层脉搏，又如何提得出高大上的发展战略和对策建议？又如何提得出精准的实施方案和具体政策？正因如此，我在职业生涯中，有相当一部分时间行走于浙江的山山水水及大街小巷，时常与基层干部觥筹交错，呼五吆六。酒后真言，宝贵实践，真情实感，皆收囊中。

　　当然更重要的是，区域发展是宏观经济的支撑和基石。中国经济进入新常态，中国经济转型升级，需要从最低层推进并支撑。

地方改革的难点和着力点

"上面等下面的实践，下面等上面的精神"

习近平同志最近去小岗村，充分显示了总书记和党中央对于人民群众改革首创精神的高度尊重。浙江当年之所以改革迅猛推进，其中一个关键就是基层和群众改革活力的高度发挥。

当前地方政府推进全面深化改革，存在着改革空间较小的问题。尤其是在县市层面，不少地方觉得缺少抓手，缺少自主，缺少重点。即使是中央已明确的一些改革，地方也较难推行。而且，当下不少改革与发展纠缠在一起，那些改革往往还有诸多束缚，有些甚至需全国人大常委会授权，令人望而却步。一些改革受到各方利益制约，协调难度巨大，地方缺少内生动力。还有比较典型的如浙江一些县市，一些很具特色的政治体制方面的改革，长期只能是"盆景"而难以成为"风景"。

这一方面表明改革开放时至今日,地方自主可改的空间已经或正在被大幅压缩;另一方面也表明,如何激发地方改革开放积极性,也是当前着力全面深化改革的一大课题。我10多年前在《人民日报(华东版)》上说的"上面等下面的实践,下面等上面的精神"的困局依然存在。

应该说,这些年来,比较多地强调"顶层设计",在一定程度上忽略了地方政府和人民群众这个改革主体。十八届三中全会通过的《中共中央关于全面深化改革若干重大问题的决定》指出,人民是改革的主体,要坚持党的群众路线,建立社会参与机制,充分发挥人民群众的积极性、主动性、创造性。习近平总书记也强调:"必须坚持人民主体地位和党的领导的统一,紧紧依靠人民推进改革开放。"30多年前,中国的改革是由人民群众首先发动的。而在今天,在强调顶层设计的同时,同样应该依靠地方和人民群众来推进改革。在此过程中,或许应该注意以下一些方面。

——允许区域间体制机制差异。中国2014年人均GDP最高5省份的平均值,是最低5省份平均值的3.2倍,乌鲁木齐的太阳比杭州晚升起2.17个小时,如此大的经济社会和自然差距,也应该具有相应的体制机制差异,不能一刀切地推进某些对先行地区来说不合时宜的做法。

——允许少数发达地方率先改革突破。一些中央已经明确的具体举措,应该允许在中央明确的框架内先试先行,允许冲破某些法律、法规和政策束缚。应该允许发达地区基层党委政府,在符合五大发展理念前提下,率先实施一些有利于生产力发展的改革,并按照这些地方的成功实践,依法按照相关程序,修改相关法律法规和政策。

——允许不再对某些改革采取层层报批和试点的做法。这几年下了很多改革试点文件和方案,有一个市这种所谓的改革试点居然有100多项,某部门自诩领导为地方编制了100多项规划。然而就地方来看,花费大量人力物力,却不免"为赋新词强说愁",效果值得商榷。尤其是某些所谓试点,地方也知道没有多大意义，但不争取不行。

——允许改革试错。只要不是出于一个地方或某些人和部门的私利，只要不是蛮干，只要是做过充分论证，充分听取各方面意见，经过规范程序，并在中央明确的框架内的改革，哪怕出现问题，也应该对事不对人地进行纠正。

地方政府推进全面深化改革，与中央政府有较多不同。地方政府注重接地气，注重技术性细节，注重群众具体反响，关键是能解决实际问题。当前更应特别强调多层面并重协调推进各项改革，当然在一个时期也可以有若干重点。因为沿海经济社会发展已有相当水平，整体复杂性非昔日可比，不应该再像改革开放初期一样，寻找所谓的改革突破口。30多年前那种以突破口来推进整体改革推进的做法，如今或许已不再可取。当前应该着力四个方面的整体联动改革。

一是让穷人充满希望，着力社会体制改革，促进社会公平正义，提升社会服务水平，让收入较低人群具有更多改善生活和向上流动的机会，加快促进中产阶层的壮大。

二是让富人充满活力，着力经济体制改革，保护产权，放松规制，明确政府与市场和社会的界限，构建低成本、长期可预期的环境，让收入较高人群增强责任感，增强服务桑梓意识，强化创业创新活力。

三是让环境更加美好，着力生态环境体制改革，保护好绿水青山，积极增强多层面"生态＋"经济发展的体制机制，让绿水青山成为美丽家园、美好生活的有力支撑。

四是让政府更有效能，供给侧结构改革，理应包括政府自身改革，倡导和实施政府瘦身。市场和社会能解决的问题，政府就不应插手干预，同时依法加强引导和监管，加快增强提升政府公共服务和管理能力及水平，弥补及减少市场与政府的双重失灵。

地方政府当前推进改革更多应以制度建构为主。面对经济社会大转型，社会价值重新建构,原有的行为规范难以适应新的要求,各方面制度严重缺失,具有非常艰巨的制度建构任务。积极加快建立与市场机制相适应、依法治国的区域治理体系,并提升区域治理能力现代化,是地方政府推进全面深化改革的主要目标。

(《浙江日报》2016 - 05 - 24,发表时有删节,标题为"地方推进改革着力点")

儿子大了可否不走

春节时我听说,支付宝总部正在有关部门办理迁沪手续,不由感慨"儿子大了难免一走"。2015 年 4 月 22 日,媒体报道支付宝总部正式迁址浦东。恰在此时,我爱上了用支付宝购物付款的"爽"。

可是我这篇文章想诉说的,是浙江"留不住儿子"的痛楚。20 世纪初期,浙江两家最大的银行——浙江实业银行和浙江兴业银行,总部相继迁往上海。大量浙江资本和浙江人以混迹上海滩为乐。1947 年浙江的工厂资本只有上海的 6.0%,江苏的 16.7%。新中国成立时,宁波只有三支半烟囱,这座号称五口通商之一的城市根本就徒有虚名。

历史往往重演。20 多年前我在新疆挂职,在办公室坐我对面那兄弟在浙江挂职。他回来后兴奋地告诉我,浙江经济已进入资本输出阶段。我想糟了,浙江自己还不富啊。

果不其然,2000 年以来,浙江经济增速由领跑全国几乎跌至全国末位。浙江工业 2015 年 4 月增速仅 3.3%,同比回落 3.5 个百分点。工业增速的一半多没了,是很严重的问题,其中一个重要原因就是企业大举向外投资。发家于温州的青山控股集团,2014 年销售产值 650 亿元,董事局早已落户上海,生产基地几乎无一在温州。几个月前我在台州调研一家制药企业,5 个生产基地有 3 个在省外,江苏基地生产工艺和设备最好,其销售收入占集团总额的一半。

发达国家的企业壮大后并不必然立马向外大量投资或搬迁总部。20多年前我去日本静冈县磐田市考察雅马哈集团,其近两万员工多半在磐田市。这个具有8万人口的小城市,几乎每户人家都有人在雅马哈工作。微软公司在西雅图创立,总部一直未迁。1916年创立于西雅图的波音公司,总部直至2001年因并购等原因才迁至芝加哥。1937年创立于爱知县的日本丰田公司,官网上的爱知总部地位高于其东京总部。

企业大了,家乡留不住是一种令人诧异的状况。诸如浙江平台太小、上海吸引力太强、布局全国乃至全球的需要等,都可以是一种解释。然而美、日等国也有这些状况,为什么他们的一些企业能安心留在家乡,且这也并不影响其成为世界一流企业? 这里的关键,还是中国独特的环境在起着决定性作用。

行政资源高度集中。前些天我编了一个段子,或许可以反映这一状况。一些部委批试点,一些部委批牌子,一些部委批资质,一些部委批许可证,仍有不少部委在直接面向企业分钱分粮票,仍在别出心裁地搞各种各样的国家级、省级、地方级等名目。逼得企业家只得经常从家乡来到省城,来到京城。当别人拿到特定行政资源时,您拿得少或拿不到,还怎么混?

人格化交易。这是史晋川教授10多年前提出的一个观点,意思是"建立在个人相互了解基础上的交换"。如果望文生义一下,也就是非面对面即难以做生意,温州、台州一带又称之为"熟人圈"。其背后的文化特征,就是相互之间缺少基于法治基础上的充分信任关系。在这种情况下,您待在一个交通不便的地方,业务往来又逼得您满天飞,真不如把总部搬了算了。

建设用地的资源性制约以及制度性的厚此薄彼。2004—2012年,浙江建设用地年均增速仅2.1%,中西部此期间年均增速高达18.0%,于是大家都到中西部投资、扩张。我曾在安徽广德县调研,当地有274家浙江投资企业,占当地企业的64%。一家替东芝做注塑机配件的宁波企业,在鄞州只有50亩地,在广德有300亩地,正雄心勃勃地开发机器人配件,以及开发向发达国家出口的木工机械。

儿子大了要离家,是浙江对全国的一大贡献。浙江的最大资源,可以说就是企业家资源。儿子长大后由不得爹娘,闯荡江湖,要实现一个大大的梦想,没有理由不支持他们。

然而从家乡情结出发,希望多一些企业留在浙江,多一些投资在浙江,也没什么错。而且,这毕竟是全国最好的一块地,不仅企业能比在别处挣更多钱,而且也有利于全国要素优化配置。多留一些儿子在身边,对浙江、对全国都是有利的。

儿子大了可否不走是浙江的一个战略性课题。我们应该以独特的文化基因、高度发育的产业环境、便捷的物流体系,以及高效的政府服务,创造最好的发展环境,多留企业及其投资。而且,浙江自己发展得好一些、快一些,就能更多地向外输送企业家和投资,完全能更好地造福全国人民。

(《浙江日报》2015 - 07 - 03)

政府要当好大车店的"店老板"

要素自由流动这个概念,一直到 2003 年才出现在党的重要文件当中。2015 年 11 月召开的党的十八届五中全会,明确提出"塑造要素有序自由流动……的新格局"。

在要素自由流动的市场化格局下,区域或者地方,基本上是类似"大车店"的一个经济社会发展平台。在这个状况下,我们各级政府就是类似"大车店"的"老板"。这个"大车店老板"掌握公共资源,制定公共政策,提供公共服务,努力做好两方面工作。

一方面是积极创造较好的发展环境,让那些"车老板"们乐意光顾。毕竟在要素自由流动的环境下,投资者愿意来就来,不愿意来就走。虽然实际情况没有那么复杂，但基本状况如此。地方政府必须树立长期可持续发展观念，依法合规提供全方位、低成本的优质服务，使"车老板"们长驻浙江这块宝地。

另一方面是积极加快社会发展，促进"大车店"人员自身的发展。让"车老板"们乐意光顾只是一个手段和途径，目的就是提升当地居民的物质精神生活水平和质量，这也是我们通常说的政府工作的"出发点"和"落脚点"。

正是在这一情况下，加快政府创新是当前经济新常态下政府工作的一个非常重要方面。

我们浙江这几年，我个人觉得大体上是按照平台打造的意识在推进一些方面的政府创新工作。如2013年以来，省里已经按照试点先行、重点突破、以点带面的整体思路，先后批了嘉善、海宁、柯桥等十多个县市的专项改革试点方案，每个县的方案各有特点。2015年10月底，又根据这几年试点实践经验，进一步全面铺开县域综合改革。

关于政府创新，其实十八届三中全会的全面深化改革报告已说得非常详细。按照三中全会精神，主要是四个方面：明晰政府与市场的界限，健全宏观调控体系，全面正确履行政府职能，优化政府组织结构。根据我个人长期在基层调研的感受，基层政府当前确还需要进一步强化与企业家和企业的共同转型。

精心造城和积极运行。这里的精心造城，当然主要是指积极推进城乡建设，但另一个含义是要体现一种把城乡建设作为打造经济社会发展巨大平台来对待的理念。同时造城之后还要促其良好运行，使得企业能在这一平台上得到最大的潜质发挥。

着力于民生福利和加快社会发展。当年经济落后、生活贫困，基层政府大量精力放在经济建设上是正确的。但随着经济发展水平和人民群众生活水平的提高，城乡居民的诉求趋于多元，分配关系趋于复杂，社会发展问题开始凸现，尤其是提高生活品质的呼声十分强烈。正是在这一状况下，基层政府需要把更多资源和精力,用于民生福利与加快社会发展。

与时俱进,致力于创造长期低成本的交易环境。这些年资源环境瓶颈制约逐渐加剧,劳动工资加快上升,区域发展感受到了前所未有的压力,降低区域发展的整体交易成本,成为区域发展的关键。比方说,深入研究企业税费负担,积极创造条件降低企业税费负担。又如注重做好生产要素优化配置工作,以此促进企业转型提升。同时政府还要严格控制支出,精心筹划政府性投资项目,提高政府资金效率等。

浙江经济当前正呈现相对性回升势头。虽然与全国一样,浙江经济总体尚处于下行格局,但若干经济指标在全国地位明显较高。比较典型的如 2015 年全国出口负增长 1.8%,浙江出口则增长 2.3%。这当中虽有一些比较复杂因素,如中国区域发展格局变化等,但也表明我们在政府创新方面,取得了一定的实际成效。

(《钱江晚报》2016－01－25,发表时有删节)

破解温台困局

在浙江,人们习惯把温州和台州合并称作温台。其实温台处于不同地理单元,拥有不同的文化环境,历史发展路子亦有诸多不同,相互之间并不热络。此处称温台,只是遵从约定俗成的说法罢了。温台改革开放以来的重要相同之处,是同样快速地从贫穷走向小康,以及均以民间经济为主体。

改革开放头20余年,温台发展速度并列浙江前列;最近10年,温台发展速度双双跌至浙江末位。概括而言,温台经济发展当前遭遇三大问题:一是改革滞后形成的制度供给短缺,二是转型滞后形成的资源要素供给短缺,三是2009年信贷大投放引起的企业债务危机。

温台警示

温台经济的迅速崛起,是浙江改革发展的辉煌成就。温州1981年全市农民人均从集体分得的收入仅71元,台州为68元,同年全国农民人均从集体分得收入为 101 元。

从改革开放到 2004 年是温台经济的辉煌时期。温台在国有投资及国有企业均很少的情况下,GDP 年均增速分别高达 16.6% 和 16.2%,比全省平均高出 3 个多百分点,这一时期浙江 GDP 年均增速位列全国第二。温台人均 GDP 于 2000 年达到 1 万多元,分别是全国平均的 1.7 倍和 1.4 倍。全国不少地方在 2000 年前后去温台考察学习,简直就跟朝圣一样(见图 7)。

然而温台经济有一个较大的共同问题,大致均为低水平粗放型经济。典型的如低技术水平的组装加工,以及合成革、服装、鞋等产业的比重长期较高,产业结构优化升级明显慢于全省。温台企业生产经营效率长期难以提高,2011 年规模以上工业企业全员劳动生产率平均仅 50 万元,为全省 11 市最低。

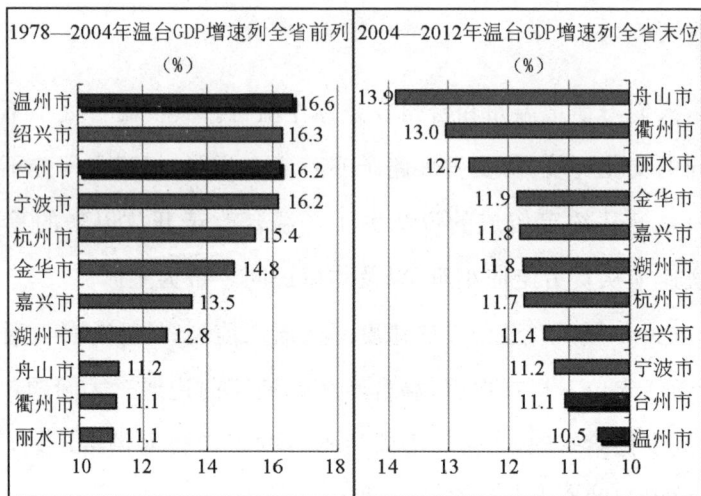

图 7　2004 年前后温台 GDP 增速比较

2004 年全国缩小建设用地规模,以及随之出现"用工荒"。从此时开始,高度依赖低成本土地和劳动的温台粗放经济开始逐渐降速。粗放型经济以外延扩大再生产为主,高度依赖土地等要素投入。温台人均耕地仅 0.3 和 0.4 亩,为全省最少,仅为全国平均的 1/3 至 1/4 左右。当建设用地供给因资源和制度双重制约快速收紧之时,也就是温台粗放经济难以为继之日。

按理说,由此形成的土地紧缺"倒逼机制",将促使温台从粗放外延走向集约内涵。然而此时中西部建设用地大增,一些省份竞相以低地价招商引资。温台企业不仅没有集约发展,反而大批出走省外"复制"传统产业。起家于温州的青山控股集团,生产基地均已在温州以外,集团于2013年生产不锈钢粗钢300万吨,当年销售产值508亿元。

这里还有一个较大的问题。随着中国经济成本敏感性逐渐增强,一些制造业企业开始按"销地产"要求,在全国布局生产,这进一步影响了温台投资和经济增长。

按照温台的区位和资源条件,改革开放以来,经济持续健康增长大致可有三个途径:一是企业加快做大做强,及时将改革先发优势转变为竞争先发优势;二是加快发展总部型制造业,及时破解区位和资源困境;三是展开全国范围内的资本经营,及时将改革红利转变为现代多元经营资本。这样,在当地制造业因空间局促而遭遇土地瓶颈,创业者因出身草根而遭遇素质制约,企业因"销地产"需要而大举向外投资之时,当地经济就能加快转型,区域发展将持续辉煌。

然而具体推进均有相当难度。企业做大做强遭遇素质性、资源性及当地文化习俗等多重因素制约,总部型制造业因区位及体制机制等原因对当地促进有限,资本经营遭遇监管当局严厉规制。

温台状况警示我们,在浙江这么一个改革领先及自然矿产资源相对匮乏的省份,一旦改革慢了,自然资源等劣势的瓶颈制约就会加剧。温台状况还揭示,辉煌业绩始于全国体制困境,增长降速同样是受到了全国改革滞后的掣肘。

温台受阻

温台发展长期有一个较大的问题,即经济增长对区域发展促进作用较小。

社会发展滞后,累及经济增长受阻。虽然浙江各地都有这一问题,但温台地区相对比较突出。

我编了一个简约的社会事业发展指数以做定量分析。2011 年,全省 11 个设区市,社会事业发展指数最高的杭州市为 5.7,其次的宁波为 3.6。其余 9 市社会事业发展指数,均在 2.0 至 3.0 之间。而温台位列这一简约指数的倒数第一、二位,指数仅为 2.0 和 2.1。

社会事业发展缓慢,一方面当然是经济发展水平尚低所致,但分配关系也是重要原因。如果简单地把企业收益定义为用于自身和回报社会两大部分,则温台企业回报社会部分明显少于浙江其他区域的企业,从而影响其社会发展。

温台企业平均工资显著低于全省。六普资料表明,温州市外来人口占比45.5%,高于宁波的 41.4%、杭州的 39.3%。在县级层面,全省外来人口比重列前三位的县区均在温州,分别是瓯海区、鹿城区和龙湾区,外来人口比重分别高达68.4%、67.1% 和 64.8%。台州一些县区外来人口比重也远远高于全省平均。

外来人口比重与当地平均工资负相关。外来人口比重高的区域,当地平均工资较低,反之亦然。根据我的计算,外来农民工比重每提高 1 个百分点,如果不考虑就业结构差异,则当地平均工资水平大致下降 0.5～0.6 个百分点,由此可以认为,温州一些县区的平均工资至少比全省平均低近 20%,再加上温台蓝领从业人员比重比全省高 3 个多百分点的状况,则温台平均工资与全省差距更大。

长期低工资锁定了长期的低水平繁荣。在低工资下,当地服务业难以较快发展,脏乱差局面难以得到较好改变,城市品位难以快速提升。温州城乡接合部建设水平,远远低于杭嘉湖县级市市区。城乡居民消费结构长期难以转型升级,企业发展缺少可资依赖的当地市场。

温台财政收入和支出明显低于全省。2013 年,温台财政总收入占 GDP 比重分别为 14.1% 和 14.2%,均比全省平均低 4 个多百分点。温台财政支出占GDP 比重亦仅为 10% 左右,低于全省平均。

财政收入占 GDP 比重低的后果,是当地公共服务水平较低。目前全省人均财政支出最低的 20 个县市,温州占 5 个,台州占 4 个。温州公共服务水平仅为全省平均的 2/3,台州亦低于全省平均,这些状况正是温台社会事业发展指数大大低于杭州、宁波的主要原因。

社会发展长期滞后对于区域经济可持续发展具有严重杀伤力。一是在教育卫生事业长期难以有相应水准的情况下,全社会人口的文化和身体素质都难以有较大提高;二是在区域文化建设长期滞后的情况下,区域社会文化素质长期难以提高。这两个原因进而导致企业创新发展缺少具有浓厚乡土情结的当地高素质人力资本,企业转型发展缺少可资依赖的高水准社会文化氛围,社会创造力难以提升,区域经济发展的社会阻力逐渐上升。温台企业给自己的长远发展酿了一杯苦酒,形成了内生的发展障碍。

温台凝滞

1991 年年末,我在温州平阳县城南待过 3 个月,对当地编织袋生产印象深刻。20 世纪 70 年代至 1991 年的 20 余年内,平阳编织袋生产经历了木机、铁轮机、圆盘机三个阶段,产品销售价格几乎不到其他地方生产成本的一半。直至今天,仅平阳萧江镇一地的编织袋产量仍占全国的 1/6。

2013 年年初我又去了平阳城南,感觉编织袋行业仍叙述着 20 多年前的故事。朋友带我看了一家作坊式企业,已是晚上 8 点多,狭小车间内仍有人在手工操作,老板娘也在旁边收拾。这个车间是在原街道办事处边一块空地上搭建的简易房子,与 20 多年前的简易车间毫无二致。朋友说,少数企业能挣一点钱,六七成企业勉强保本,其他的则都在亏损边缘。

我问朋友,这块地方有没有人用生产编织袋挣来的钱,去干其他产业而大有发展的,即通过编织袋生产经营的原始积累,促进其他产业的发展。朋友沉吟片刻，回答是几乎没有。

温台几乎处处有着相同的故事。温台改革从民间创业起步，老百姓先干起来，在创业发展过程中逐步形成私人产权体系和区域市场体系。然而起步于贫穷求生的民间创业，注定会在富裕安逸后碰到一系列问题。

低层次产业的长期路径依赖，就是一个较大的问题。温台产业结构中的低压电器、合成革、服装、制鞋、医药中间体等，30 多年来持续占当地经济较大份额。虽然这些产业的技术水准正有较大提升，经营模式也有较大变化，然而这些产业整体的技术和需求层次仍均较低，从而在总体上限制企业竞争力走强，影响区域发展。

人口结构的低层次化由此而成。温州外来人口的比重高达 45.5%，比全省平均高 8.9 个百分点。台州椒江区和路桥区外来人口的比重也显著高于全省。全省外来人口当中，初中及其以下学历占 85.6%，比全省平均水平高 13.9 个百分点。而温州这一人群当中，初中及以下文化的比重达 88.1%，又比全省外来人口的这一数据高 3 个多百分点。

温台低层次产业与庞大的蓝领人口相结合，形成多重结构性固化凝滞。第一，产业结构高度凝滞。在中外巨大市场需求面前，温台长期以低成本促销，产业结构"三十年如一日"。第二，资本结构高度凝滞。长期低工资扼制了当地服务业较快发展，且监管当局严厉规制，更使得产业资本难以向金融资本拓展。第三，治理结构高度凝滞。在全球经理人当道的时代，温台的资产所有人仍亲力亲为，资本法治化水平长期较低。凡此种种，弱化了温台经济对于经济社会变迁的应对能力。

对于这些问题，不能不分析其中三个变量的决定性影响。一是年龄变量。年轻时了无牵挂，然而随着年龄增长，锐气削减，恰如民谚所说"人过四十万事休"。当初创业时义无反顾，现在则不由自主地思前想后。当前浙江工业无论是传统产业还是新兴产业，占全国份额均在下降，温台更甚。二是财富变量。

当年赤手空拳闯天下，无所畏惧，"赤条条来，赤条条去"，如今事业有成，财富反成了束缚。稳健是浙商的一大优点，却也是浙江"产业结构三十年如一日"的一个成因。三是体制变量，创业初期根本来不及思考产权等太多问题，而如今仍时不时出现姓资姓社和产权保护等纠结，顿觉该收手时就收手。

这些情形，不免让人产生以不变应万变的想法，以无所谓的、看透了的眼光对待世事万象，或是"过小日子足矣"，或是拔腿走人。因此，出现大型骨干企业较少、重大转型提升不足、投机取巧甚嚣尘上的结果也是意料之中。这样一些价值和行为取向，对企业家个人及其家族，或许是收益最大化的最佳选择，但对区域发展来说，则绝非幸事。

对于企业家个人，或许我们无可指责。他们当年创业时，脑袋里缺少知识，口袋里缺少资金，能拥有如此巨额资产已是对家乡的巨大贡献。如今他们步入老年，再要求他们转型折腾，似乎有点"惨无人道"。然而温台转型是必选项。苏泊尔董事长苏增福 69 岁时投入 3 亿多元，成功开发不锈钢龙头。可见年龄未必是转型障碍，转型之坎亦非难以逾越，关键还是区域环境，以及心态与胆识。

温台转型

温台转型或可有三个方向：一是制造业提升，就当前而言这是基础，但温州制造业在本地经济中的重要性，今后或将有所降低。二是资本经营，基于丰厚的民间资本，温台完全应该成为东南沿海地区的区域金融投资中心，并由此展开国际商务活动。三是城市化，从地形状况和空间结构而言，温台应加快全域城市化，构建滨海城市带，加快促进社会发展。

温台转型亦可在三个方面并重推进。第一个方面是全国及全球发展环境变化，引致温台民营经济内生性转型。第二个方面是温台党委政府锐意改革，清除积弊，优化区域商务和发展环境，转变区域价值和行为方式，一定程度上加快区域发展。第三个方面,是在中央政府层面出台一系列有力举措,激发温台形成新的活力。

第一个层面所谓的温台民营经济内生性转型实则早已展开,温台最早感受到了环境资源和劳动力等基本变量的转折性变化。温台土地集约利用远远走在全省前列,2011年,温州市规模以上工业企业亩均增加值等三大土地利用指标,均大幅高于全省平均,居全省11市第1位。温台产业结构也在发生积极变化,温州2013年与2007年相比,第三产业比重上升4.1个百分点,达到46.8%;台州上升5.8个百分点,达到45.2%。温州制造业的行业集中度近几年进一步提高,优势行业也进一步趋强。不过,"暴风雨"还可以来得更猛烈一些,温台民营资本的内生性转型远远不能满足当前实际。

第二个层面是区域推动的改革,或应以社会体制改革为重点。以经济体制为重点推进改革,是就全国而言。在温台,民营经济为主体的格局早已形成,国有经济虽仍需改革,但已非重点。同时就地方政府而言,当前亦缺少经济领域改革的相应空间。在以经济体制改革为牵引力,以社会体制改革为支撑力,以政府改革为服务力的三力之中,地方政府对于社会改革和政府改革,或有较大空间及自主权。具体可以有政府自身的改革转型,以及社会服务提升、社会管理创新、社会组织发育、社区功能和社会监督增强等改革。

第三个层面是中央政府推动的改革。这里包括确立民营经济主体地位、金融、农村产权、城市化、公务员改革等。中央政府锐意全面深化改革的具体举措将产生两大效应:一方面是优化调整区域经济社会发展的激励约束条件,另一方面是极大激发温台民营资本活力。

温台重振

在中央政府层面,有必要重新审视1995年提出的区域协调发展思路,再次明确沿海地区应作为全国发展的"引擎",促进温台重振。

中国区域经济自 2005 年以来,中西部发展加快,沿海发展放慢,过早结束了沿海地区的经济集聚趋势。2005 年,沿海自辽宁至广东 9 省市 GDP 占全国 55.6%,2013 年降低为 51.8%,8 年降低了 3.8 个百分点,中国人口向沿海地区的集聚亦出现停滞。在这一过程中,中西部持续扩张"又重又黑"为特征的产业结构,全国范围内的粗放增长越演越烈。

全球凡有海的国家和地区的经济,基本都集中在海岸带上。清咸丰年间,浙江人口 3040 万,占当时人口的 7.1%。美国和日本的人口,一直在向着沿海地区集中,加州人口 1900 年占全美 1.9%,2013 年增加到占全美 12.1%。东京圈人口 1955 年占日本 17.1%,2000 年占 26.3%,2012 年达到 28.0%。在当前中国人口增长放慢的背景下,沿海人口比重上升,意味着中西部生态环境保护加强,以及沿海要素的高效集聚利用。

温台快速发展,可以说是得益于改革开放的迅猛推进,以及加快沿海发展的大战略;而温台发展放慢,亦可说是受制于改革放慢,以及新世纪之后沿海在整体上的增长回落。

当前中国经济的发展速度正在整体放慢。在这一重大转变的转折点上,特别需要有若干区域,在符合科学发展观要求的前提下继续较快发展,作为增强中国整体转型的重要支撑。而包括温台在内的沿海地区,从全球现代经济增长、资源环境条件以及地域政治等方面来看,完全应该成为这样的支撑。推进和加快温台转型,需要多方共同努力,是当前具有全局意义的重大命题。

(以上 5 篇均发表于《南风窗》2014 年第 18 期)

区域战略贵在新招奇招

自在普陀

接受地方委托课题,有一个很难的活,就是战略定位等的提炼。这种提炼就两三个词组,既要符合大政方针和当地实际,还要有新意,更重要的是能上墙,群众喜闻乐见。前几年我接受舟山市普陀区的课题委托,但分管的汉平副局长,老是不满意我们提出的那几个词,弄得我和同事黔驴技穷。

2015年夏天在普陀,我突然听闻"自在普陀"这个词,顿觉这是一个比较贴切地展现普陀发展定位和发展战略的词,且又是一个有广泛认知度的概念。听说当时这个词在政府文稿里已有出现。

我立马检讨自己,与普陀合作六七年,怎么就没想到这么好的一个词?其实根子是我们缺乏深入了解和思考。其实,我们这些外来和尚,带着浮躁心态,企图待一两天就能掌握全貌,快餐式地编出一些漂亮话,串成一篇文章。但这些漂亮话毕竟缺少根基,缺少内涵,不一定能最好地反映当地实际。

其实这些问题,我在实际工作中也不是没有认识到,但比较难解决。现代社会节奏越来越快,同事们的生活和工作压力越来越大。且合作单位委托项目,多半是急如星火,频频催迫,我们只能快马加鞭,唯恐误时。虽然很多时候任务确很繁重,但我们总是尽量不延迟交稿。

所以我们做文章也好,做人也好,总是很难达到"自在"境界。我所理解的"自在"这个词的含义,是对自己的完全掌控,完全放松,完全投入。百度上的解释,"自在"是一种无拘无束的逍遥境界。我同意"无拘无束",但不同意"逍遥境界"。民间对逍遥的理解,是一种百事不管、百事随意的状态。"文革"中有"逍遥派",就是指哪一派都不参加,快活如神仙的一些人。

我心目中的"无拘无束",是一种随心所欲而不逾矩的境界。从形上说是完全放松,从质上说却是完全投入。完全放松是为了完全投入,只有完全投入才能达到完全放松。所谓"逍遥"只是表象,又有多少人能理解济公和尚疯疯癫癫背后的真谛?

"自在普陀"最直接的,是反映了普陀文化发展方面的特征。考虑到文化的灵魂性作用,这或许可成为普陀区发展的一条重要线索。普陀区有关领导和有关部门显然非常清楚这一点,他们对"自在普陀"的运用,看得出来比较谨慎,网上难以找到普陀区政府及其部门与"自在普陀"这个词相关的条目。

普陀产业发展"海"字当头,完全可以把"自在普陀"渗透其间。按普陀区的说法,是制造业和服务业的"双轮驱动"。如果说制造业通过产品形成与顾客之间间接的心灵接触,服务业则是服务员和顾客之间直接的心灵接触。由此而言,"自在普陀"不仅仅是文化和生态文明方面的要求,也可以全方位作用于产业发展。

制造业也能体现"自在普陀"的精神文化要求。在产品开发过程中,以"自在普陀"无拘无束的活力,充实产品张力;在产品制造过程中,以"自在普陀"咬定青山不放松的定力,提升员工能力;在产品售后服务过程中,以"自在普陀"忠贞不渝的信力,增强服务魅力。

服务业应是"自在普陀"的主战场。表面看,在服务的提供及接受过程中,劳务是联系主体和客体的媒介,然而能让服务过程愉悦完成,则非精神和文化参与不可。但凡服务员对顾客的举手投足和一笑一颦,以及顾客的微笑礼貌回应,无不渗透着精神和文化的内在力量,这就足以让"自在普陀"大显身手。

而且,无论是制造业还是服务业,都必须服从生态文明的总体要求。我们完全可以把"自在普陀"看作是人与自然界之间的一种生态秩序,人们自觉接受自然规律,严格规范自身行为。自然界虽然不可能主动顺着人的要求,却可在不遭受巨大人为破坏情况下,可持续地维持有规律的潮涨潮落,不至于频频出现破坏性极大的雾霾、大潮等事件,从而成为人类社会有序运转的坚实支撑。

真正实现"自在普陀"其实很难。但我们细想一下,人生处处有一个"难"字。人生之难,难在挣脱拘束;然而一旦明白所谓拘束之真谛,则拘束于我何在。

(《浙江日报》2014 - 01 - 25)

寻梦菇乡

从杭州去庆元,几年前需近 7 个小时,现仅需 5 个多小时。这个在浙江离杭州最远的县,有一年我连去 3 次。在我酝酿写这组县市发展思路的稿子时,最先跳出来的是最遥远的庆元。

1981 年我跟随领导在龙泉调研,才知道继续往南 1 个多小时,还有更偏远的庆元县。后来好几次我到丽水都想去庆元,可惜均未能成行。2004 年杜鹃花开得正旺的时候,终于一了心愿。

那天傍晚时分,穿过一个隧道,我就看到蜿蜒而下的松源溪,以及一座美丽的山城位于两山夹持的峡谷之间。我们在进城口的松源溪大桥下车,夕阳轻灵地映照着熠熠闪光的庆元城,空气清澈透明,眼前是溪水、廊桥、长堤、高楼和满目绿荫,背景是高高的苍翠群山,正是心向往之的山城胜境。

庆元这几年的发展成绩斐然。2012 年按"六普"常住人口计算,庆元人均GDP 已有 3 万元左右,相当于全国平均的八成左右,要知道这是浙江最偏远的山区县啊。

乡土庆元最值得骄傲的是香菇和廊桥,而工业化庆元最值得的骄傲则是食用菌加工、竹木制品和铅笔制造。我于 2013 年 8 月在丽水的莲都开发区参观了一个人工培植食用菌的工厂,这家企业的总部设在庆元,他们用日本技术生产新型食用菌,卖得很火。我曾两次去庆元的九川竹木公司,他们用竹子开发生产环保型家具,打进各大超市;庆元的吉安木业公司用先进工艺生产高档木门,其产品已用于绿城精装修住宅。庆元铅笔是一个奇迹,年生产铅笔 30 亿支,产量占全省一半、全国一成多,更奇特处是其原材料均非出自庆元。

庆元经济的支撑是大山的谦逊。庆元面积近 1900 平方公里,90% 多是山地。斋郎村海拔 1210 米,是全县最高居民点。主峰百山祖,海拔 1856.7 米,是浙江第二高峰,至今我一共去了 3 次。第一次是去百山祖乡调研,第二次是登百山祖,第三次是考察百山祖旅游发展。我们一到穿越山溪、峡谷和密林,大约1 个多小时才登上百山祖。山顶是百多米宽阔的台地,恍若天庭;群山都在脚下,百山似乎都在朝拜。我正期待着再去百山祖,考察百山祖周边乡村。

当前浙江山区发展正在形成新机遇、新格局和新模式。山区经济比重下降,生态地位上升;山区常住人口下降,养生旅游人口上升;山区货币收入较低,幸福健康指数较高。富起来的浙江人,夏天没有去处,浙江山区完全能够打造若干个"庐山"。老起来的长三角人,需要寻找生态绝佳的养生休闲场所,浙江不少山区完全能够打造成为养生度假基地。

我曾专程前往庆元荷地镇考察。这个镇距庆元县城 43 公里,是海拔 1040

米的中山台地,曾有 1 万多人口,现仅有数千居民,夏天异常凉爽。以荷地为中心的庆元东部数个乡镇,均为海拔 1000 米左右的中山和高山台地。如果把这一区域与百山祖、巾子峰等景区统筹建设,将形成绝佳的养生度假基地。但现状是交通不便,基础设施薄弱。我在庆元多次鼓吹荷地优势,当地人士却似乎不以为然。

2013 年 6 月中旬,庆元发改局的小叶突然打来电话,说是到庆元的高速公路将在 6 月 25 日通车,希望我能去。7 月初,我又去庆元调研。县城至百山祖的隧道通车了,洋背村农家乐初见成效,百公里游步道规划建设全面展开。那段时间杭州高温难耐,而庆元白天较热,晚上则凉风习习。那天晚上我开着窗子,未开空调,睡了个生态觉。

未来庆元发展的强项无疑是养生旅游经济。大山赋予了庆元生态优势,赋予庆元中国第一生态县的美誉,形成养生旅游经济发展的坚实支撑。县委于 2012 年 3 月提出"寻梦菇乡,养生庆元"战略思路。这一发展战略的内在实质,是以"菇乡"诉求,激发全县人民建设庆元的家乡情怀;以"养生"理念,增强全县上下努力开拓的发展共识。这一战略思路,既有具体的发展基点和产业选择,也包含全方位的生态化建设理念,是庆元发展的总体目标和美好愿景。

(《浙江经济》2013 - 12 - 25)

天下大潮

我第一次去海宁是在 1981 年,住在县城峡石镇的县府招待所,一排老式砖木结构房子。早上 6 点多我被窗外食堂人员巨大的砸石煤声吵醒。城中心长街沿河,店铺都有挑檐,就像现在西塘那样,似乎怎么也走不到尽头。

20 世纪 80 年代初,海宁市已是浙江发展最快的 10 县市之一。1980 年海宁乡镇工业产值居全省各县市第 7 位,1990 年海宁工业总产值上升至全省各县市第 6 位。海宁人均 GDP,根据 1990 年排序,列全省各县市第 3 位。当时我所在的单位挑选浙江 10 强县,其中就有海宁。不过 80 年代初之后,一直没有机会去海宁。

1990 年我去上海浦东考察,晚上回杭途中横穿海宁市区。夜色苍茫之中,但见道路宽阔,建筑高大,灯火闪烁,行人如织,感觉中汽车似乎怎么也开不出市区。海宁,这座江南水乡的小城,俨然已是现代中等城市。

与海宁结下不解之缘,是在原体改办与原计委合并成为发改委以后。那年我在国庆节前接到一个急促的电话,被要求帮助做一个空间布局调研。当时我不知对方是谁,加之膝盖伤痛,并未答应。没想到第二天对方找上门来,态度恳切,要求紧迫。当时我立马说不管什么情况,一定全力去完成,后来这一课题得到了较高评价。

江浙地区长期的商品经济行为,孕育着农民敢于开拓创新的思想观念和行为方式,这在海宁特别明显。太平天国战争以后,海宁靠近杭州一侧有较多来自萧山等地的移民,人均耕地较少,商品经济比较发达。2001 年,这一带不包括硖石镇的 7 个乡镇,人口占全市 53.0%,耕地占全市 54.0%,工业总产值则占全市 72.7%。紧邻杭州的许村镇,率先在改革开放初期,在以集体企业为主的嘉兴地区,大力发展个体被面生产,现号称"家纺装饰布之都"。

海宁当前发展面临的重大挑战,是跨越"高收入壁垒"。海宁人均 GDP 达到世界银行提出的 1.2 万多美元的高收入门槛水平,已指日可待,关键是达到这一水平后的可持续发展。因此,所谓海宁的跨越式发展,是指如何实现达到高收入水平后的三大要求:一是如何继续保持较好发展态势,为全省和全国发展做出贡献;二是如何从粗放外延发展加快转向集约内涵发展,真正实现发展方式转变;三是如何进一步加快社会发展,促进社会公平正义,真正形成两富海宁。

空间重构是海宁跨越发展战略的一个重要方面。杭嘉湖一带的城乡空间,存在着严重的"碎片化"问题。沿交通主轴线方向,平均每隔四五公里就有一个城镇。而城镇之间的乡村空间,则是高度分散化的农居,基本是沿路沿河"一张皮"分布,同时密布的路网进一步分隔空间,降低空间效率。

我们提出的海宁空间重构的对策,就是集聚发展"两带"。即集聚形成自硖石至许村的"产城发展带",沿钱塘江北岸的"百里钱塘生态人文带"。前一条是创业财富带,可称为"金带";后一条是生命愉悦带,可称为"绿带"。不过"金"和"绿"两字凑在一起很"土豪",所以不能并用。我们提出,"两带"的人口比重应占全市 80% 以上,二、三产业比重应占全市 95% 以上。

海宁乡村空间发展的关键,是"人要出来,地要流转,钱要进去"。用一二十年或更多一点时间,推进乡村人口向城镇集中,解决乡村空间碎片化问题;促进耕地流转集中,实现农业生产经营的规模化、组织化;加快城里的基础设施向乡村延伸,城里的工商资本向乡村投入,真正把乡村建设成为城里人的向往、大城市的支撑。空间重构的一个要点,是高度尊重农民意愿,着眼于政策引导和增进农民幸福,着眼于科学规划和做长期艰苦工作。

努力建设现代化的时尚大都市,应该是海宁发展的重要战略目标。七八年前我曾考察尖山新区,之后去过多次。这片围涂而成的崭新土地,面积多达 45 平方公里,居嘉绍大桥要冲,是海宁大潮的起点,今后将成为海宁大都市一个最重要的组团。

(《浙江日报》2014 - 04 - 18)

龙游生龙子

2012 年去过龙游后,我一直在想一个问题:研究制定区域旅游发展战略,联系当地实际是必需的,但也要打破固有模式,独辟蹊径,有新思维和新概念。

那次去龙游,县里希望能结合当地实际,谈一些发展思路。"下车伊始,哇啦哇啦",是当年毛泽东批评过的。但我30多年来行走于浙江各地,虽还不敢夸口熟悉情况,一些基本感受还是有的。

当晚我看了一些资料,理出第二天可以讲的一句话:"两江夹两城,龙游生龙子"。第一句是写实,描写龙游县城格局。龙游县城位于衢江、灵江之间,县城又分新、老两城。1979年我曾来过老城,在街上吃过一碗豆腐脑。第二句是借龙游县名,提出龙游发展旅游的意境构想。因为我之前已听说,2012年提出的龙年龙游概念,已有一定市场效果。龙游旅游做龙的文章,顺理成章。

天下的故事大都是编出来的。说的人多了,相信的人也就多了,也就成了一种社会习俗。日本情人节有送巧克力习惯,是日本巧克力企业炒作形成的。10多年前的2月14日,当时我正在日本学习,早晨进办公室,一眼看到桌上放着两盒巧克力,是两位日本女士送的。一个故事激活一个产业,国内最典型的例子就是把11月11日变成了购物狂欢节。

"龙游生龙子",或可成为龙游旅游业发展的文化召唤。"龙游"二字具有恭维、升抬旅游者身份的内涵,"龙子"则是寻常家庭的美好愿望。来一趟龙游尚不是目的,目的是在龙游之行当中,孕育新的生命,缔结爱情的丰硕果实。这些内涵不需深度发掘,即已一目了然,只需稍加提示即可。

这样,利用俗文化中的主体尊贵、香火血脉、心想事成等元素,张扬龙游的山水胜境、文化意境、佳偶梦境,既给旅游者带来高度文化享受,又达到宣传龙游旅游业的目的。更重要的是,这无关迷信,只是借助传统文化与现代营销相结合的手段,达到主客双赢的目的。

浙江不少地方的区域旅游因为没有名山大川,通常只有小家碧玉式的景致,往往难成气候。尤其是浙江衢州、丽水一带,已不可能像杭嘉湖宁绍那样发展工业,如何发挥当地山水资源优势,加快发展多种形式的旅游业,已是一个重要的战略议题。衢州、丽水的养生旅游等虽起步较好,但毕竟因区位、交通以及设施等所限,独木难支,目前还无法承担起促进区域发展的重任。

于自然风光之中编织人文元素，令游客在娱乐山水之时而有文化感受，应该是区域旅游发展的重要指导思想。这就需要提炼、想象和创意。一方面要挖掘传承地域文化，另一方面也可以发展和创造文化，重塑若干象征性的意念，点燃新的生命之火。

每一个山区县都应有自己不落俗套的旅游主题。诸如遂昌的淘金传奇，庆元的香菇发明，景宁的畲族山歌，云和的梯田童话，泰顺的温泉浪漫、文成的伯温妙算等。故事主题并不在于其文学性，也不在于其叙事性，更不在于其宏大性，而在于草根性、神秘性和朦胧性，目的是激发旅游者对于当地文化的向往。

年前我曾帮助溪口编制小城市三年行动计划，觉得完全可以以民国史题材来提升溪口旅游品味。小小溪口镇，半部民国史。以溪口为中心的奉化籍国民党高级军政人员，仅《奉化市志》记载的即多达80余名。蒋介石三次下野都曾回到溪口，小小溪口镇一度是全国瞩目的中心。以溪口为原点，研究和展示活的、形象的民国史，应该是能促进溪口旅游的。

新思维、新概念亦离不开当地实际。类似于"龙游生龙子"这样的概念，以及以民国史为主线推进溪口发展，都是基于浓厚的地域文化特点而提出来的。关键是以原有地域文化为基础，再往上跳一跳，既摆脱局限，又弘扬其血脉根源。

旅游虽仅是区域发展中的一个方面，但就浙江山区而言，很可能是今后长远发展的命脉。所以表面看仅是考虑这些区域的旅游战略，实则是事关整个区域的发展大计。发展战略具有奇思妙想，而后实际举措紧紧跟上，很可能是激烈市场竞争和旅游大发展中的制胜法宝。

（《浙江日报》2014－05－09）

特色小镇惊艳全国

日本特色小镇借鉴及超越

20 多年前,我曾去日本静冈县磐田市考察雅马哈集团。磐田市当年人口仅 8 万,也就是个小镇,但它是雅马哈集团的总部所地在。

雅马哈的近两万名员工多半住在磐田市。这个集团从 1887 年偶然修理好一台风琴的机缘中起家,1900 年后开始生产钢琴,20 世纪 50 年代开始生产摩托车,逐渐发展成为一家综合经营的跨国公司。磐田市几乎家家户户都有人在雅马哈工作,是正宗特色小镇。

特色小镇的关键是"特"字,亦即集中战略资源用于特定的战略性产业。我考察过不少产业集聚区,往往由于招商和市场竞争的不确定,难以集中资源发展特色产业,而这几乎也是全球通病。当年我从日本静冈驱车 1 个多小时,考察静冈中部一个产业园区,这个园区因招商困难,不得不让多个产业的多家中小企业入驻，完全打破了原先规划。浙江特色小镇起步伊始，即应咬定青山不放松，把最宝贵的资源定向用于特色战略性产业，最大限度地体现"特"字。

特色小镇的"特"字，按我理解还应有两方面具体要求。一是小镇上某个企业具有主体地位，恰如雅马哈集团之于日本的磐田市。当然，一个镇的经济系于单个企业之上，或有若干风险。但雅马哈集团早已实现了多元经营，因而不至于出现整体困窘。

二是小镇的某个产业或某个产品具有主要地位。20世纪60年代，雅马哈在确定其发展战略时颇为踌躇，因为它们的产品线实在太复杂。最后，他们确定主打文化体育运动产品，全球顶级的雅马哈挂桨机、雅马哈赖以起家的钢琴，都能归属这个系列。这也成为迈克尔·波特的名著《国家竞争优势》中的经典案例，并使得日本磐田市成为文化体育运动产品的特色小镇。

特色小镇这个"镇"字，或可有双重内涵。根据当前具体做法，完全可以把特色小镇的"镇"，理解为产业集聚区，而不是行政区划中"镇"的含义。当然，部分特色小镇的"镇"，仍或兼有若干行政区划中"镇"的含义，这些小镇将造就青山绿水和金山银山的鹊桥相会，打造高品质的人居功能。

"小"当然是特色小镇的基本要求。这个"小"字是"特"的内在要求，如果不是"小"，也就形不成"特"。这就有可能又回到早先的开发区老路，无异于换汤不换药。

关于"小"，我此前做过一些分析。在当时有关具体规定和实际做法尚不明了的状况下，我做出了这样的分析判断：特色小镇可能以不大于10平方公里、不超过10万人口为宜，且在实际工作中以一批不超过3～5平方公里的产业集聚区或镇为主。

事实果真不出所料。这些小镇的建设现状，通常在1平方公里左右，如杭州山南基金小镇，现占地面积为1.3平方公里。这些小镇三年建设目标，根据掌握的数据，平均规划目标为3.2平方公里。当然，还是得斗胆点评一下，我觉得这一规划目标有可能仍偏大，实际面积很可能平均在 3 平方公里以内。因为只有小，才能真正做到集聚、集约、集成；只有小，才能真正做到高强度、大投入；只有小，才能真正做到高度特色。

之所以把特色小镇面积限定在 10 平方公里以内，主要是考虑到了一部分特色小镇的可扩展性。当然，这绝不是传统意义上的规模扩张概念，而是指在不具有或较少具有地理空间扩张状况下，品质的提升、特色的增强等。所以说，并不是所有的特色小镇都应该具有地理空间上的可扩展性。一些资金密集、技术密集，以及资源稀缺和需求特定的特色小镇，关键是做强特色和提升品质，并不需要或较少需要地理空间拓展。如基金小镇，面积做大几乎毫无意义，关键是机构密集、资金密集、技术密集和客户密集。

然而，确有一些小镇需要预留一定发展空间，如战略性装备制造业小镇，又如特定生态资源的旅游休闲养生健康小镇，这些都是浙江未来发展的重要生长点，一旦有较好基础，就会有较好的扩张性。所以从规划起步开始，即预留若干空间，可确保其长期可持续发展。

特色小镇的建设发展模式，现应已有较多创新。地方政府正在"学乖"，他们不会再傻到自己亲自出马，事事亲力亲为的地步。恺撒的归恺撒，上帝的归上帝，专业的事让专业的人来做。

深圳天安数码城在富阳硅谷小镇闪亮登场。这个被富阳引进的开发团队，之所以在国内外名声斐然，最引人注目的当属其神话般的亩产效益。如其开发的深圳天安福田数码城园区，项目占地 450 亩，年产值逾 450 亿元，税收 40 亿元。而在富阳的富春硅谷，亦规划 450 亩地，按这个模式开发建设，企盼在富阳复制"天安数码"的亩产神话。一批新人，正书写着新的乐章。

《浙江日报》2015－07－03

天上飘下一朵云

Windows95 发布前，我已是狂热的电脑爱好者。有一天纯属偶然，我闯入了杭州解放路上的一场电脑展示会，看到正在演示 Excel，当时正陷于手工计算的麻烦之中的我在想，要是能把 Excel 带回家该有多好。

20 年过去了，天上飘来一朵云。在云计算时代，互联网基础设施和资源无处不在，消费者的特定服务需求随时随处都能得到满足，解决我当年的那些计算问题，实在是小菜一碟。

而今天要讨论的话题，则是如何把这朵云请下来落地，成为促进杭州发展的新产业，成为杭州经济的新增长点，而这也正是云栖小镇的战略愿景。当年设立云栖小镇的战略目标，就是打造全国最重要的云计算产业集聚区，占据全球云计算产业的制高点。如今根据报道，梦想正在步步实现。

"请云落地"的一个关键是集中资源用于特定的战略性产业。不少产业集聚区，往往由于招商和市场竞争的不确定，难以集中资源发展特色产业，而这几乎也是全球性通病。云栖小镇却能咬定青山不放松，把自己最宝贵的物理空间，定向用于云计算产业，非常难能可贵。

"请云落地"的另一个关键是形成以阿里为支撑的集聚发展模式。阿里是杭州的骄傲，他们正在与管委会一起，成为云栖小镇打造者之一。有关材料表明，云栖小镇正是西湖区依托阿里云公司和转塘科技经济园区两大平台，着力打造的一个以云生态为主导的产业小镇。通常而言，政府是产业集聚区的建设发展主体。而在云栖小镇，则已形成了政府与阿里结合的双主体结构，诸如政府与阿里共同打造"超级孵化器"，共同促进阿里云开发者大会等。一着新棋，摘下了一片新的云彩。

"请云落地"的再一个关键就是长远的战略考量。西湖区提供的这片土地，并不是为了眼前的 GDP 和税收,而阿里在这片土地上的付出,也并不是为了眼前利益。新产业的关键是在短期内迅速形成较大市场规模,这就需要有巨大的集聚发展能量。就被集聚和扶持的企业而言,钱当然很重要,但更重要的是看到政府促进云生态建设的诚意和坚强决心,这时这些企业就会很愿意把自己的利益与政府捆绑在一起。就阿里而言,他们清醒地认识到没有良好的云生态就没有自己的未来,与其说是帮别人还不如说帮自己。

祝福他们,其实也是祝福我们自己。

（《浙江日报》2015 - 02 - 05）

走向更宽阔的蓝海

浙江的特色小镇,是融产业提升与空间优化于一身,集聚高级要素的发展平台。一家以研究地理空间信息为己任的特色小镇,正在传说中的春秋时期干将莫邪铸剑的莫干山的山下快速崛起。这也是浙江已公布的 79 家特色小镇当中,唯一主打地理信息产业的特色小镇。

空间在一些哲学大师著作中,是很常见的一个问题。康德于 18 世纪后期发表的,被称为"哥白尼革命"的划时代著作《纯粹理性批判》,第一章第一节的标题,即为"空间"。有生命才有理性,有生命必有空间;哲学大师研究人类认识问题的第一步,即是研究空间问题。

所以当人类的经济社会活动空间离不开精确测量分析后,地理信息产业应运而生。因为任何的空间位置、空间距离、空间形态、空间结构,以及这些元素的任何变化,或必须依托某个地理基准而测量,或必须单独测量,且大都与经济社会息息相关。而且随着经济社会发展水平不断提高,这方面需求大增,这就引发了地理信息的产业化经营与规模化生产的巨大商机。

德清地理信息产业园是早就听说了,但园区内的"德清地理信息特色小镇"

发展如此迅猛,却出乎意料。到 2016 年年底,这家特色小镇的投资超过了 50 亿元;2016 年的产值,是 2015 年的近 3 倍;财政收入从 2013 年以来,每一年的增长速度,都是同比翻一番以上。当然,这或许有刚起步的因素,往后几年应该是要慢下去的。如今挂牌才一年的这家特色小镇,地理信息企业已有 108 家,其他企业也已达 700 多家。据说业界称北京的地理信息科技产业园为"北园",称浙江省地理信息产业园为"南园"。

德清人捕捉商机的敏锐,投资决策的果断,项目实施的迅速,令人感慨。想到莫干山的宜人风光,想到这一带闻名遐迩的"洋家乐",想到这一产业的环境友好特征,想到今后夜宿莫干山还能顺带领略现代技术经济气息,不由得为此点一个大大的赞。

浙江人以吃"头口水"著称。1998 年到任的原浙江省委书记张德江,刚来浙江时老听人说"头口水",一开始不明就里,待他知道原来这就是抢占先机的意思后,多次大加赞赏。2012 年 5 月,地理信息产业园的 1000 多亩地被划定之前,德清人就已做了大量工作。分布于全国各地的 12 次招商推介会,相关人才和商机已被德清人挖了个遍。3 年前入驻的一家公司仅 4 名员工,谁又能想到目前发展到了 100 多人。"头口水"令后来者难以进入这一行业,占据了"风光这边独好"的产业发展高地。

这家特色小镇的一个重要特点,是与政府专业部门的精诚合作,这也是浙江特色小镇当中一种比较行之有效的发展模式。浙江省测绘与地理信息局与德清县政府联合成立产业园建设指导小组,沟通研究双方合作及产业园建设和管理中的重大事项。局县共同商定了浙江省促进地理信息产业发展联席会议制度,省级有关部门成了会议成员,形成支持小镇建设发展的工作合力。

德清发展地理信息产业形成了三个层面的空间架构。第一层面是地理信息特色小镇。这是一个高科技密集的发展核心层,或可说是发展的"引擎"或"内核"。第二层面是地理信息产业园。特色小镇 3 平方公里虽不算小,但既要留出发展空间，也需配套服务空间，还因为产业链的延伸拓展和示范引领，以及其他相关产业布局空间需要，以一个面积更大的园区作为拓展和支持空间是必需的。第三层面就是国家级的莫干山高新技术开发区。这既是特色小镇发展的辐射空间，也是特色小镇发展的基本支撑。

三层面建构了德清县走向未来的一个发展极。浙江经济长期以"廉价劳动＋舶来知识"为主，当下必须向以"高素质劳动＋自主知识产权"为主转变。发展知识密集和人力资本密集的地理信息产业，大大有利于加快德清经济转型升级，这将是一片更大的"蓝海"。

（修改后发表于《浙江日报》2017－03－13）

政府，您请担待着点儿

中国当代发展从农业走向工业,从传统走向现代,从专制走向民主,关键是改革,其中比较重要的是政府改革及转型。

　　计划走向市场的改革引发了古老中国 40 年巨变。进一步发展的关键仍是改革,必须按中共十八大以来的一系列精神,积极发挥市场的决定性作用,全面依法治国,加快国家治理体系现代化等进展。

　　当前正遭遇改革动力不足的困窘。改革越来越需要调整现有不合理的利益格局,需要动少数人的"奶酪",阻力极大;各种利益关系盘根错节,需要处理大量技术性细节,需要运用大量技术性知识,要求极高;改革仍须"破"与"建"结合,改革进程甚至有局面不可控的风险,需要高度的胆识和大智慧,难度极大。这些均严重影响改革决策和改革推进。

　　不改革,毋宁死。古代中国的文明发展,虽比西亚和北非地区晚了 1000 多年,然汉唐以来长达千余年,中华文明始终位居全球前列;可惜 15 世纪晚期以后,欧洲诸国率先实施全球化、现代化,古老中华帝国的当政者却愚昧无知,闭关锁国;对内以压,对外以降,终于招致近代极其痛楚的经历。

　　中国当下近 40 年的快速发展,亦整体建立在西方物质文明和部分精神文明基础之上。当模仿与追赶动力逐渐弱化以后,我们就只能依靠自己。"风起于清萍之末",我们今天不但须从大处入手,还须从每一细微处着力,积极推进全面深化改革,才能牢牢树起明日辉煌大厦。

　　除了改革外,还有其他选择吗? 绝对没有!

请政府改革一马当先

淡化政府增长意识

长期以来,各地确定经济增速目标总是非常纠结。一些地方的领导总是希望把速度目标定得高一些。这当然有多种原因,一个因素是担心增速定得较低不太好向上交代。

这里的一个重要推手,在于长期以来,一些地方政府形成了很强的经济增长意识。每当岁末年初,基层搞具体工作的部门,就得揣摩上一级如何确定下一年增速目标,然后在这种揣摩基础上加一两个百分点来确定本地下一年经济增速目标。这种做法虽然不甚合理,可是长期来都让大家乐此不疲。

在 2012 年 3 月召开的"两会"上,温家宝总理的政府工作报告,把当年的经济增长速度确定为 7.5%,终结了中国的"保八"时代。对于这个目标,国家发改委主任张平指出:一是客观反映经济发展的走势和趋势,反映国际经济严峻形势下面临的复杂外部压力,二是要求国内能将更多精力放在转变经济发展方式上。而我个人的理解则是,这个 7.5% 体现了中央政府对于客观趋势的科学判断和对于未来增长的理性要求。

中国经济增速长期慢不下来,主要是因为国民经济分配当中,资本和政府所得比重较高,导致扩大再生产具有大量的储蓄和投资支撑。而各级政府强烈的增长意识,又进一步把经济增速往上推。所以中国的高速增长是一个非常复杂的现象,在主要是合理积极因素的同时,也有相当多的非理性盲目因素。

前些天阅读刚刚出笼的国家统计局 2011 年统计公报,我吃惊地发现一些原材料产量的增长,甚至快于 GDP 增速。当时我有一个强烈的感受,就是觉得中国经济增长的非理性及盲目性因素,大致已到了令社会不能承受的地步。

我进一步观察了 2007—2011 年全国原煤、天然气、水泥、粗钢、钢材、十种有色金属产量以及发电量的增长速度,得到了令人可怕的数据。2007—2011年,全国 GDP 年均增速 9.6%,而这 8 种原材料产量的年均增速均在 8% 以上。如果简单地把这 8 种原材料的年均增速度进行算术平均,则这一数字高达10.0%,比同期 GDP 增速还高 0.4 个百分点。比较典型的如钢材年均增速11.8%,比 GDP 增速高 2.2 个百分点;水泥年均增速 11.3%,比 GDP 增速高 1.7个百分点;十种有色金属年均增速 9.6%,与 GDP 增速持平。

这一状况的可怕之处在于,在中国这一轮高速增长当中,缺少产品品质的提高,缺少资源节约水平的提高,缺少非物质部门的较快增长,完全是一种高消耗支撑下的高增长。我们甚至可以说,消耗增长快于产出增长,国民经济的整体消耗率有所提高。

我们绝不能说这种高消耗式的高增长就是政府造成的,但淡化政府增长意识确是其中的关键。政府握有行政强制力,政府经济增长意识过强就非常有可能去粗暴地干预微观经济,从而增加经济运行中的非理性和盲目性因素。这方面已经有太多案例,而钢材、水泥等基础原材料增长快于 GDP 增长,则不过是一个数字化的注脚而已。

淡化政府增长意识，必须真正贯彻实施科学发展观。经济虽然重要，但绝不是唯一的；经济虽然是社会发展的支撑，但经济增长绝不必然意味着社会发展。改革开放初期，面对濒临崩溃的中国经济，面对普遍的贫困和落后，集中力量抓经济是必要的。当前仍需要保持经济稳定增长，但必须更多地考虑社会建设、民生发展，更多地考虑人和自然的良性互动。

淡化政府增长意识，必须加快政府转型。改革开放以来，就地方政府而言，事实上形成了一种"人民政府有限责任公司"体制。这虽然具有调动各方面积极因素的较好作用，但其内在负面因素也是显而易见的。当前必须真正认识到，政府最主要的作用是提供社会公共产品，创造良好的区域环境；政府应在人民群众有效监督之下，更多地发挥引领社会发展的舵手作用。

历经 30 余年快速增长的中国经济，终究会随着发展水平的提高，以及环境要素制约等因素而逐步降速。当疾风骤雨般的"经济大剧"渐渐淡出的时候，一出更为雄壮的"社会大剧"正在迅速登台。

（《浙江日报》2012－03－26）

改革前置审批

前置审批是各方意见较大，但又较难改革的一项政府职能。海宁这次理出274 项前置审批事项，对其中的 38 项实行"先照后证"。即在前置审批通过之前，可先办理执照，形成经营主体资格，但此时尚不能正式运营，须待前置审批通过后方可营业。

"先照后证"具有积极意义。然而对于经营者来说，不能正式运营即意味着其主体资格缺少实际作用，还是要去通过一道道令人心烦的卫生、消防等前置审批，企业仍有较高成本。

前置审批项目越来越多、越来越烦,反映了社会诚信守法的严重缺失。一些前置审批,如卫生、消防、建筑安全等,对绝大多数具有相应知识和正常人性的人来说,是一些很起码的要求,是不可能逾越的"底线"。对此设置行政审批,一方面是因逾越底线的人太多而不得已为之,另一方面亦是视被审批者天性为"恶",导致"面多加水、水多加面"的效应。行政审批越来越多、越来越严,不遵守法律法规的情况却越来越多。更严重的是在严格审批之下,不仅仍有漏网之鱼,且极个别审批官员会偷懒,会枉法,会拆烂污。正是在这些情况之下,整个社会的戾气越来越多,越来越走向严规苛法式的治理。

如果把对方想象为一位坏人,他真的就可能比较坏;如果把对方想象为一位好人,他真的可能比较好。中国古语"疑人不用,用人不疑",说的也是这个道理。美国社会心理学家、管理学家麦格雷戈,1957 年提出 Y 理论,形成了一种对于人性的积极假设理论。这里说的积极假设,是一个概率问题。如果真的不分场合、不分时间,刻板地照搬这些理论,失败概率也会比较大。这不是理论不适合实际,而是实行中的教条主义使然。如何科学运用这些关于人性假设的理论,是当前推进行政审批制度改革中的一个重大问题。

改革开放初期,曾有专家批评过政府对于国有企业的"慈父"情结。我们的政府就好比一位非常操心的父亲,对孩子们横竖不放手,总是担心他们会弄点什么故事出来,拳拳之心,溢于言表。30 多年过去了,经济社会巨变,"慈父"情结依然,且进一步发扬光大。这里尽管有一些特定原因,但不张扬人性当中内在的善,不利用人性当中内在的自我制约,一味以批代管,显然将导致社会情绪反弹,实际效果不一定好。

就当前而言,普遍取消前置审批并不可行。但完全可以划分一些特定区域、特定群体,对一些具有内在的较强自我制约的项目,改前置审批为事后检查。例如具有起码的人性制约的项目,如卫生等;具有商誉制约的项目,如建筑审图等;以及具有长期经营发展制约的项目,如投资项目的节能评估等。

一个做法，就是直接改某些前置审批为事后检查。如对于某些经营主体，可以取消其卫生、消防等前置审批项目，先允许其营业，事后依一定程序定期检查。一旦查出问题，严惩不贷，甚至罚到其倾家荡产。

另一个做法，就是确定一些商誉较好的群体和区域，免去相关的前置审批项目。如对一些信誉好的房地产公司，以及娃哈哈、万向等大型企业，还有某些开发区等，免去其相关前置审批事项，如免去施工图设计文件审查，即免去俗称的"审图"程序，而改为事后检查。这里的一个理由就是，既然对于一些商誉较好的外贸出口企业可以免检，为什么就不能对一些商誉较好的企业主体和区域，免去相关前置审批呢？

再一个做法是设置公共审批平台。几年前有人想开一家很美味的台州小吃店，但店名迟迟批不下来，店主抱怨审批官员卡他，想要好处费。其实这类审批完全可以让个人或企业自行直接在网上进行店名注册，提高效率，避免误解，也有利于转变社会风气。

免去前置审批后，相关部门应切实履行好充分告知义务。如餐饮企业的工商登记，个人或企业前来登记注册时，相关部门必须把应遵循的卫生、消防等事项，以及违反相关规定的严重后果和相应处罚，通俗易懂、原原本本地进行告知。

前置审批改革涉及相关规律法规和文件，按现行体制，须有相关部门授权。这样，改革的球又踢到"上面"去了。这也是当前改革的一个难点，即如何依法调整相应的法律法规，积极在法治基础上加快推进改革。

（《浙江经济》2013 年第 22 期）

征税强度提高的忧虑

2009 年上半年金融危机肆虐的时候，税务部门提出了"应收尽收"的要求，这其实是与当时宏观政策相反的一种做法。事过 3 年,2012 年 7 月末,中国经济又出现下行趋势,中共中央政治局在北京召开会议,重申加大结构性减税力度。毕竟历史在前进。

然而实际工作中则存在着征税强度提高的担忧。征税强度这个词是我在接受上海一位记者的采访时说的,报纸做了报道。没想到几天后在党校讲课,一位税务部门的学员跑过来和我聊,说第一次看到这个概念,很有新意。他还告诉我,他们局里也有人认为,按照目前的形势,确要注意征税强度的问题。

税收应按税法及相关规定收取,理论上不存在强度变化问题。然而实际工作中,实际税率是会起伏波动的,亦即税收强度会有变化。这是由于中国经济增长持续较快,税基增长亦较快,而有些地方政府通常满足于一个相应的税收总额,并不完全在意税率。因此,一旦预期可以达到一定的税收总额,地方政府就不太愿意完全按税率征税,因此实际税率通常低于名义税率,且每年都会有若干变化。2009 年下半年,因一至三季度税收好于预期,到第四季度时,一些地方就关照基层税收机关可以少收点了。

同时在税收的实际操作中,一些收入也会出现可收可不收的两可状况。对于税务部门而言,如果经济增长快,通常就倾向于不收或少收,实际税率就会较低;如果经济增长慢,则可能多收或收足,实际税率就会高一些。在此情况下,也会有税收强度变化问题。

虽然当前经济降幅也就若干个百分点,但企业利润下降较大,税收亦大幅下降。根据媒体排序,2012 年上半年,全国 26 个省份,浙江财政收入增速最低,同比仅增长 4.4%,而粤、沪、京分别为 8.6%、6.8% 和 5.3%。这就将导致浙江一些地方的日子不太好过,一方面承诺的民生支出要兑现,另一方面经常性的支出必须确保,更何况还有一批政府性项目必须开支。在这个时候,地方政府就会有较强的增加征税强度的冲动。

2012 年 3 月,一家投资公司就碰到了增加税收的问题。那家公司的老总告诉我，他们所在区的一位副区长亲自来到公司，就增加一个税收课目、1000多万元的一笔税款与他协商。这个税收他们公司以前从未缴过，而且也没有必须缴的明确规定。但这位副区长却像"弯弯绕"一样，讲了一大堆理由。说是协商，其实并没有太大余地。虽然这位副区长工作细致深入，然而这并不能减轻企业增加缴税的痛苦，这家公司最后还是缴了这笔税款。

这里确实有一个两难：政府缺钱，然而企业的日子也不好过。问题的严重性主要有两个方面：一方面是有些企业很可能因实际税率提高而一走了之；另一方面增加缴税将使一部分企业的财务状况更加恶化。这两种情形都会使得当地税基流失及弱化。那位投资公司老总说，他们公司的办公楼虽然在这个区，但工商注册却并不受此限制，他已在考虑去其他地方注册登记的问题了。他还说，如果实在不行，就换一个地方租楼办公。

"放水养鱼"是浙江的传统。政府再怎么缺钱也不能做削弱税基的事，税基说到底是地方经济增长的源泉。20 世纪 80 年代浙江财政可以说是捉襟见肘，但仍坚持对乡镇企业全面减税，如在当时所得税最高为 55％的情况下，仍实施乡镇企业所得税超过 30％部分减半征收的政策。我们现在已遭遇了大批企业向外投资问题，如果再因征税强度提高而导致企业更换注册地或出现企业重大财务风险，浙江经济就将受到进一步影响。

保持征税强度不变甚至有所降低，应该说也是当前稳增长的一个要求。地方政府在这个经济下行的关口，不应向税务部门增加指标、增加压力，应该要求税务部门保持原有征税强度不变，有条件的甚至应略降低征税程度。即使一些地方政府当前确有较大资金困难，也应尽量将所有的问题自己来扛。只有不增加实际税率，不增加企业经营困难，才有可能确保稳定的增长速度，才能促进经济较快回升。

（《浙江经济》2012 年第 17 期）

从民营快递崛起看国企困窘

正是由于国企 EMS 的不作为,才使得中国快递业几乎成为一帮桐庐农民的天下。然而能说 EMS 不努力吗?显然不能,是国企体制决定了 EMS 的败局。

以桐庐人为主体的民营快递,在 20 世纪 90 年代赚到的第一桶金,是替外贸公司到上海送报关单。这么一个毫无技术的活儿,EMS 就是做不好,于是民营快递应运而生。在中国邮政当时严厉的打击之下,民营快递和他们玩起了老鼠躲猫的游戏。

然而市场有需求,老板肯吃苦,机制有活力,外星人也挡不住民营快递业的迅猛发展。

一位资深快递从业人员给我说过他们老板的一个真实故事。当时一位客户请他们公司给南京送一封函件,要求必须下午送达。老板身边刚好没人,客户实在是非常着急,说您开个价吧,怎么着都要替我送到。老板想也没想就说,3000 元吧。

那是近 20 年前,3000 元简直是一笔巨款。老板只是想用这个价钱吓退客户,没想到客户毫不犹豫,一口答应。这位老板从此觉得快递行业来钱容易,于是扑身而入,终成行业翘楚。

快递这活儿实在太简单。无非就找一个人,买两张来回大巴票,把那个大信封送到某个地址就行了。现在位居国内快递业首强的顺丰,当年他们的老板和小伙伴们,就是这样背着挎包来往于港深之间而快速发家的。

这么简单的活儿,国有企业 EMS 就是干不了,原因是他们有着太多束缚。

那来回南京的大巴票能报销吗?

那 3000 元一单的收费符合物价局规定吗?

那收入能开发票入账吗？

那单位里有这样专程送信的人吗？

那专程送信的人能多给一点补贴吗？

那由此多挣的钱能多留一点发给大家吗？

那收了人家的钱后万一被人家投诉了咋办？

老总还没接单，已经晕了。

更严重的问题还在于，没事时也就将就吧，有事时随便哪一条，或许都能将老总置于死地。企业里或许还会有人随便贴一张邮票，给某个机构寄一封匿名信，而且老总也总会有一些把柄被人抓住。老总们烦不胜烦，防不胜防，怕不胜怕。最后就一句话：不干毫无问题，干了问题很大。

于是EMS们，只能看着桐庐农民赚得盆满钵满，自己的贵族身份渐渐掉价。

当然有一些国企很难垮掉，因为其背后有政府支撑，然而受罪的是百姓。眼看国际油价"跌跌不休"，国内油价却"听取涨声一片"。地理信息早已是大产业，但我们这些做研究的，何时享受过国内这一行业的福利。倒是"谷歌地球"在"无私"地帮我们，然而有人却抱怨谷歌泄密。在天上都是卫星的时代，您那小秘密保得住吗？

虽然国企所在的那些行业，眼下还能大把挣钱，但一旦廉价要素优势不再，一旦国门开得更大，真不知道他们会有何遭遇。

国企间当然也有竞争，但那种竞争或将是一杯苦酒。最近我听了不少通信巨头间的竞争故事，特别好玩。

如铺装A家光缆却悄悄接入B家光缆，事实上等于偷窃别人的资源。基层通信门店为追求销售额，不惜以暴力手段对付别家。据说半数以上成功人士的手机号是入大学时启用的，于是运营商在新生入学周激烈竞争，甚至把一大堆竞争对手的手机藏在车里，进行不间断呼叫，造成对方网络堵塞。

类似不正当乃至违法的行为,甚至难以通过司法途径来解决。司法界人士说:"这是你们自己家的事,我们管不了。"

浙江国企改革高潮出现在 1998 年前后,尽管一些人士对此很有意见,他们的意见从他们的逻辑看,的确也不无道理。同时国企改革当中,确也有一些不尽如人意处。但那次的国企改革,对浙江发展确实具有非常积极的推动作用。

现在有人以浙江国企发展在全国领先为例,认为国企也是能在市场竞争中取胜的。

然而浙江的国企,除了最高层面还保留着国企的一些特征外。在其子公司、孙子公司、玄孙公司,甚至更低层面的公司,应该早就跟私企没有太大区别了。层次越低的国企,与私企越是相似。而浙江那些现在发展还算不错的国企,多半是由那些基础层面支撑的。

即使如此,浙江工业的国企增加值只占全省 4.8%。且正因比重如此之低,他们也才能做得还算不错。

党中央早就说了,我们处于社会主义初级阶段。既然是初级阶段,那起码跟中级阶段和高级阶段有根本不同吧。在这个初级阶段,国企的地位、性质等,肯定跟中级阶段和高级阶段不一样,为什么就不能从这一点出发,加快推进国企改革呢?

(《浙江经济》2015 年第 17 期)

积极促进政府与民间经济共同转型

民间经济发展初期,因其毫不掩饰原始诉求而难免粗鄙。因为原本就是为了满足最低层次需求,起步门槛和整体水准均很低;因为原本就缺少文化素养和行为粗野,难免带来"乱哄哄的繁荣";因为原本就是为了混口饭吃,难免导致社会达尔文主义式的恶性竞争。然而其内在活力,却一次次冲破一些人的责难,一次次出乎意料地取得重大成就。

这里的奥秘,就是人民群众与基层具有无限活力,推动着持续不断的改革创新和转型提升。如义乌小商品市场从最早的马路市场,向室内市场转变;从单一商贸流通,向与制造业基地结合转变;从单一国内贸易,向国际贸易拓展转变;从单一实体市场,向线上线下联动转变。经营主体则从最早的个体小商贩,向具有现代治理结构的股份制企业转变。广而言之,浙江积极推进市场化改革,各级政府加快转型,浙江发展加快发力。

浙江经济当前正在和全国一样遭遇下行考验。浙江人早就说过,"年年难过年年过",没什么可奇怪的。当前的关键是以政府率先转型,带动和促进发展环境整体提升;以民间经济转型,带动和促进区域经济整体提升。

共同价值转型。民间经济当年迫于生活压力,而如义乌那样从"提篮小卖"起步,不经意中快速积累了巨额资本;政府当年顺应基层和人民群众要求,不经意中促进了浙江经济的迅猛发展。当下,资本主体及其价值均需加快转型,摆脱满足温饱的低水平要求及粗鄙行为,追求更高的自我价值。政府价值和区域目标需要转型,从单一经济发展的功利主义要求,到致力于经济社会协调发展,以及人的全面发展,打造社会主义核心价值建设先行省。

共同界限转型。政府与民间经济具有共同界限,当前应确立不相互逾越的行为准则。政府不能向民间经济直接发号施令,更不能把手伸向民间经济内部;民间经济也不能滥用地缘、亲缘,以及金钱、非金钱的力量,影响政治规则及其运行。习近平同志提出的,以"亲""清"构建新型政商关系,就是既要有强烈的政商亲情,又要有清晰的政商界限,构建积极健康的政商互动关系。浙江经济一个重要特点是小资本众多,因此即使某个政府工作人员与特定人员具有亲密关系,尚不至于较大地影响资本整体,由此形成了浙江建立新型政商关系的一个有利条件。所以浙江完全可以从这一点出发,率先建立中国新型政商关系模范省。

共同产业转型。这是政府和民间经济的共同愿望，更需要政府和民间经济的共同努力，从以商贸业和制造业为主体的产业资本，向制造业、商贸业和服务业资本并重，以及与金融资本结合的综合型资本转变。小微企业不管是做制造业还是做服务业，都应该高度专业化；大企业要把制造业或服务业的低端部分分离出去，向高端的研发等方面开拓。一些规模特别大的企业，更应与金融联手，甚至直接进入金融业。而就政府来说，在促进产业转型升级的过程中，关键是做环境，政府或可对某些特定产业表现强烈意志，但不建议对特定企业进行倾斜式资助，应更多地面向整体业界以普惠式优惠支持。

共同要素转型。经过近40年的迅猛发展，浙江一些城市虽然高楼林立，车水马龙，却难以掩盖早先粗鄙留下的深刻痕迹，且乡村发展水平仍较低。从政府角度来说，以掺砂子的方式，大量引入以高素质人才为核心的高级要素，是进一步推进浙江转型的关键。从民间角度来说，一方面要发挥其中的高情商优势，努力加快组建或增强高智商团队，以及提升团队整体素质；另一方面要加快充实提高自身，积极成为知识和智慧型企业家，加快培育、增强核心竞争力。

共同空间转型。政府应加强城市基础设施建设，优化城乡空间结构和空间形态，提升城市管理水平，积极引进具有较高核心竞争力的战略资本，积极提升城市国际化水平。民间经济应从本地化为主，向本地资本发展与资本输出结合，以及与战略资本合作转变，布局全国乃至全球。大规模向外投资虽将减少当地投资，但有利于企业和浙江的长远发展。这一方面会形成总部型制造业格局，发展以面向当地销售为主的"销地产"，更好地利用各地资源；另一方面加快形成浙江强大的生产和商贸流通网络，形成浙江进一步发展的全国乃至全球网络支撑。

（《浙江经济》2016年第15期）

林毅夫产业政策的悖论

关于产业政策，学界和实际部门多半早已不再奉为圭臬。早年就听浙江慈溪农民说，凡有线广播里政府提倡种的东西，都是赚不到钱的。林毅夫教授一边认为"许多国家的产业政策失败"，一边又认为产业政策不可或缺，似乎存在着一些似是而非的矛盾。

20多年前我曾反复读林毅夫《关于制度变迁的经济理学理论：诱致性制度变迁与强制性制度变迁》，这是对我有重大影响的经济学启蒙文章之一。这两天我又翻了这篇画满杠杠的文章，感到非常亲切。林毅夫说，"制度市场中不同的制度会发生竞争"，"国家发挥作用的目的就是把它的福利或效用最大化"。我至今仍怀念这段读书的经历，心中充满了对林毅夫教授的敬意。当然，这并不妨碍我的客观分析。

林毅夫产业政策的"二律背反"悖论

林毅夫教授的"有效的市场"与"有为的政府"，是一个典型的如康德所言的

243

"二律背反"命题。

单独来看其中的任何一个概念,应该均是成立的。"有效的市场"正是我们建设社会主义市场经济,发挥市场对于资源配置的决定性作用,并努力追求的总体目标;"有为的政府"也是从计划走向市场,从传统走向现代,从专制走向民主,积极推进全面深化改革所要实现的一个重要目标。这些单个的概念,由于都是依据普遍承认的原则,当然成立,且都不违反基本的理性规则。但如把这两个概念结合起来,特定地用于产业政策领域,就将形成公认的矛盾冲突,形成一个鲜明的、典型的悖论。

既然存在着一个"有效的市场",那就意味着市场能有效地解决要素配置问题,实现人们较少投入取得较大产出的意图。因此,除了市场不能解决,即市场失灵的外部性问题外,在竞争性的产业发展领域就不再需要一个"有为的政府"。这里的所谓"有为",是指其具体产业发展、具体要素配置上的"有为",并不是指货币财政政策运用、市场监管等。如果一定要有这么一个"有为的政府",那就只能添乱,只能降低要素配置效率。所以在一个"有效的市场"语境和状况下,在竞争性领域的特定要素配置上,应该说,并不需要一个"有为的政府"的介入。

如果存在着一个"有为的政府",且这个政府仅对于外部性方面进行作为,当然是符合发挥市场决定性作用的要求,无可非议。然而,如果这个"有为的政府"必须把手伸到竞争性领域的要素配置,必须对特定产业发展进行干预,才表明其是"有为",而且,这个市场只有在这个"有为的政府"下才是有效的,那在这两种情况下,就表明这个市场是欠缺的、低效率的,也就不能被认为是一个"有效的市场"。

所以除却市场失灵的外部性领域,在具体产业发展和具体要素配置方面,"有效的市场"和"有为的政府"是不相容的,两者只能有其一,不可能共存。在这里,要么是"低效的市场"加"有为的政府",要么是"有效的市场"加"无为的政府"。

总之，在非外部性领域，在特定的、具体的产业发展及要素配置方面，不存在一个"有效的市场"与"有为的政府"共同存在、相互合作的情形。

政府产业意志并不一定体现为产业政策

政府在产业方面有自己的愿望，有自己的意志，这很正常。尤其是后发国家，鉴于先行国家和地区的大量成功经验，一些志士仁人，能够清晰地知道应该先发展什么，后发展什么，以及暂时不发展什么。但如果觉得政府以此就可以科学地运用产业政策了，那就错了。

如中国 20 世纪五六十年代重工业优先的产业政策，明显就是不合理的。更荒谬的是，像浙江这样当时工业化水平极其低下的地区，也要建设重工业优先的所谓工业体系，当时的华东局甚至不允许浙江发展毛纺工业，由此再加上"文革"，导致浙江 1953—1978 年期间的 GDP 增长，比全国大致慢 1～2 个百分点。

当然，改革开放初期，中央政府提出了"发展轻纺六优先"的产业政策，并且取得了巨大成功，至少就浙江而言是如此。但这是特定的社会背景和短缺经济下的一种成功，并不能说是常态。一旦环境条件和经济发展水平发生变化，这种产业政策就应该及时撤出。10 余年前，浙江一位县委书记当场反驳我发表的当地经济应加快向非纺产业转移的观点。事实证明，浙江正是因为没有及时调整这种产业结构，出现了我所谓的产业结构"三十年如一日"的状况。

而且在事实上，政府所谓的产业政策的手是比较难停下来的。如 1985 年，中央"七五建议"提出"坚决把建设重点切实转到现有企业的技术改造和改建扩建上来"，按照林毅夫说法，这应该也是一种导向性的产业政策。然而 30 多年前，中国经济发展水平低下，哪有那么内涵之路可走，这种以内涵为主的扩大再生产路子，显然走不通，后来事实完全证明了这一点。

另外,1982年党的十二大提出,"把全部经济工作转到以提高经济效益为中心的轨道上来","集中主要力量进行各方面经济结构的调整"。这也应该算是产业政策一种类型吧,然而此后的30多年里,尽管直至中共十八大,每一届中共代表大会都会提出经济转型的要求,然而中国经济发展方式缺少明显变化。主要原因就是内部和外部的激励和约束因素没有发生变化,无论采取什么样的政策,提出什么样的要求,发展方式基本不可能有大的变化。

而且,即使政府产业政策是正确的,还有执行上的各种风险问题。在林毅夫的文章中,出现了"甄别""针对""优先""选择""分成"等主观性很强的字眼。人性是最具不确定性的因素,在当前中国环境下,任何需要具体个人执行的政府政策,都会由于官员的个人意志和行为而出现一些问题。

如林毅夫所说,由于资源的稀缺性,政府应该"优先帮助能对经济持续发展做出最大贡献的产业"。这里至少有三个关键词,一个是"优先",一个是"持续发展",另一个是"最大贡献"。但是,谁来认定什么应该"优先",什么不应该"优先"? 这个"持续发展"时间到底有多长,何时结束? 如果眼下是"最大贡献",往后也一定是"最大贡献"吗? 如果往后做出"最大贡献"的不是这个产业,那么会轮到哪个产业呢? 委内瑞拉石油产业及其国民经济当下的遭遇,很清楚地显示了林氏"优先"说法的谬误。

政府的产业发展愿望和意志,应该体现在提高现代治理水平上,即"善治",中国传统文化把其称之为"工在诗外"。这就是说,我们要达到某种具体的目标,不能就事论事地展开工作,而应该本原地、系统地、扎扎实实地做好各项工作。因为人类社会和大自然一样,都是一个有机体系,牵一发动全局,任一环节出错,都可能导致全盘皆输,张维迎教授对此有一段很好的解释。

所以政府欲实现其产业愿望和意志,就必须从最基本的全面工作做起,而不是从最容易的制定产业政策入手。毕竟就眼下已经和正在发生的故事而言,什么产业应该发展,什么产业不应该发展,什么产业应该重点扶持,是一个连经济学院本科生也能很清楚地知道的事。

我自己经历的案例也很能说明问题。我和我的团队连续10余年，帮助湖州市吴兴区编制3个五年规划，但最近这个区冒出来的美妆特色小镇，是我们编制的前两个五年规划中根本未提及的。原因就是2003年一位乐清商人，在当地一个小镇创办了一家化妆品厂，而这家企业突然发展到有40多亿元销售额的规模，于是形成了美妆产业的一个集聚发展效应。另外，这个区多年前以数百亩建设用地，以很大希望引进的一个重型装备企业制造项目，至今却仍没有较大进展，以至于这家被引进的企业，出现了把圈来的土地承包给当地农民养鱼的荒唐事件。

由此的启示，一是特定产业的发展，至少在地方政府层面并不是被规划出来的；二是特定产业的发展并不是政府主观意志所能左右的，很大程度取决于宏观经济形势等多种因素；三是一个地方甚至一个国家的产业发展，完全有可能突然之间"天上掉下个林妹妹"，例如中国的高铁，再如杭州的公共自行车[①]，关键是当地的投资环境及主观努力，或者说是"天时地利人和"三大要素共同形成的。

第一个吃螃蟹的企业家应由政府激励吗

这是市场经济条件下一个很奇怪的论调。按林毅夫的说法，政府需要给第一个吃螃蟹的企业家一定的激励，企业家才会有积极性去冒这个风险。发达国家用专利，而后发国家不能用专利，于是就必须用产业政策激励。

首先的一个问题，专利并不是针对特定产业、特定企业和特定个人，而是普遍地针对所有原创性的产业、企业和个人，即使落后、被淘汰产业也可以申请并

---

① 据说杭州公共自行车一年成本800万元，收入1000万元，盈利部分主要是靠向外地实施公共自行车工程获取。

获得专利,因此专利并不属于政府产业政策范畴。

其次的一个问题,政府给予第一个吃螃蟹的企业家激励,即使是有必要,也不应该针对特定的产业、企业和个人,而是应该给予所有具有高度先进性、营利性或原创性的企业和个人,亦即应该是全产业、无区别的。当然,实际工作中,地方政府确有针对特定产业的激励政策,而这多半是框架式的、有弹性的。而且事实证明,这种产业政策实施的效果并不一定好。我长期在企业调研,经常听到这方面抱怨。而且,往往会出现一些企业为了取得数百万元激励,而要支付相当的成本费用,甚至弄虚作假的状况。

第三个问题是从浙江情况看,市场自会激励企业家。无论是马云、宗庆后,还是鲁冠球、宋卫平,以及快递业的"桐庐帮",都是受到市场激励才有今天,当然不排除政府在必要时帮了他们一把的情况。如宗庆后当年就是在杭州市政府的帮助下,兼并了国有的罐头厂。但政府对所有这样的企业,都具有依法去帮一把的义务和责任,并不应该针对特定的某些企业。只不过是这些特定企业在特定时间、特定场合遇到了特定困难,政府才去帮了他们一把。而在另一方面,出现这种情况,也表明了市场机制的不完善。因此,所谓政府帮一把,是转型期的特定状况,并非常态。

这里比较典型的是快递业"桐庐帮"的遭遇。浙江"四通一达"刚起步时,遭遇了中国邮政的严厉打压,甚至被认为是非法的,邮政执法人员像猫抓老鼠一样对待他们。然而市场需要他们,"四通一达"也是在市场盈利的激励下,才有足够勇气去吃螃蟹,并在短期内快速发展起来。然而即使在今天,他们仍然遭受着来自政府以及一些方面不合理规定的折磨,比方说快递小哥至今难以进入一些小区,快递用房难以落实,快递车辆曾遭遇不合理规定等。

再一个问题是,林毅夫认为如没有政府激励,就存在着因企业技术骨干被"挖"走等而导致"第一个吃螃蟹"的企业家蒙受损失的情况。

如果真的是这样,至少说明第一个吃螃蟹的企业家并不完全成功。一是对员工缺少情感上的吸引力,这至少不是马云的节奏;二是缺乏给予员工一份有吸引力薪水的能力,这表明企业至少还有一些问题;三是产品太简单,别人通过把你的人挖走就能轻易模仿生产。

至于上述第三点,实际也是今天浙江成功的一个原因,即由于大量普遍的模仿,形成了特定企业和个人对于整个产业的巨大贡献,由此形成一种产业扩散效应。在温州柳市镇,甚至空气中都弥漫着低压电器的大量信息,几乎人人都知道低压电器的故事细节,浙江著名的"块状经济"就是这样发展起来的。

林还认为:"新产业所需的资本规模和风险通常也会比原有的产业大,……这也不是第一个吃螃蟹的企业家自己可以解决的问题。"

个人觉得,林教授大概太小看浙江的企业家了,或许这是林教授坐在自己的书斋里臆想出来的。浙江的化纤行业,已经达到了占全国1/3多的份额,浙江也是国内最早大规模地使用全球领先的熔体直纺等新技术的省份,目前全球最大、最强的化纤企业有多家集聚于浙江。而浙江化纤技术的开发和大规模应用,以及浙江化纤产业的超常规集聚发展,完全是企业自主行为,应该说并没有得到政府资助。如果一定要说受到资助,也是浙江所有类似的大企业都能得到的那种优惠。而且,有些浙江的化纤企业甚至可以说是在受到中央政府有关部门限制和打压下发展起来的。

(以上3篇均系《第一财经日报》2016-11-10发表,发表时有删节,第一篇标题为"林毅夫在产业政策上的内在悖论")

战略型产业难道非得由政府扶持吗

美国1966年第一个登上月球的航天器由休斯公司制造。休斯公司创始人霍华德·休斯,是一个不折不扣的纨绔子弟。这位纨绔子弟继承巨额遗产后,狂热地爱上飞行,并于1932年创立美国休斯飞机公司。这曾是一家美国主要的防务和航天公司，是美国空军的主要导弹供应商之一。我引用这个故事目的是想说明，即使是某些军品，其发展的最深厚活力，也是蕴藏在民间。

我国对于所谓的战略型产业，正是由于长期过分强调了政府管制、政府扶持，以及政府审批，从而形成了对于民间的严重挤出效应，才导致民间在这方面的作用的萎缩。这在计划经济时期尚情有可原，然而当前发展市场经济，这样的做法就比较值得商榷。

而且，虽然由于是后发国家，目前民间力量弱小，诸如航空航天这样的产业必须得由政府进行，但这难道就意味着政府就应该永远垄断这些产业吗？更何况，如果政府永远不放手让民间进入这些领域发展，民间就永远不可能在这方面形成强大的产业。在战略型产业这样一个极其需要个人和团队长期的创造性活力的领域，如果排斥民间力量，就等于排斥了长期的持续活力。

如果要用财政补贴这些企业，也不应该采取直接的方式，而应引入市场机制，大量采取招投标等方式。即使是招投标，长期的事实证明也会存在大量问题，所以还必须引入多种形式的其他监督，包括人大监督、舆论监督等。

林毅夫还认为，对战略型产业的扶持是国家行为，应由中央而不是由地方财政来承担，这显然是一个比较奇怪的说法。浙江在2015年的经济规模已高于瑞士，可列世界第19位，而瑞士战斗机在全球军火界很有名。所以区域经济的弱小，在中国已经不应该成为不能由地方政府扶持战略型产业的一个理由。林教授大概忽略了中国的一个重要国情，就是中国东南沿海除海南、广西外的任何一个省份，其经济规模均足以媲美欧洲的一个中等国家。

地方政府基于本地长远发展的考虑，基于战略型产业的溢出和带动效应，也会具有相应积极性，所以完全应该允许和鼓励地方政府支持战略型产业发展。而且地方政府做这类事，其效率会高于中央政府。这就像多年前，杭州市政府腾出西湖区政府的大院，以较大代价引进华大基因一样。不过，杭州市政府的努力，似乎没有取得相应回报，至少华大总部最终并未留在杭州。且时至今日，华大与华为完全不能同日而语。由此可见，地方政府的产业政策也并不是一定能成功的。

政府应该扶持战略型产业，这是一个不会有歧义的命题。但这并不意味着政府是战略型产业的发展主体，战略型产业的发展主体仍应是民间企业。同时政府也并非唯一的扶持主体，而是应广泛动员民间力量，来促进和加快战略型产业发展，且扶持方式绝不应仅仅限于财政资助。问题关键是扶持的选择，以及扶持方式及路径。

更重要的还在于，政府扶持战略型产业，并不等于政府仅定向扶持若干个特定产业。因为战略型产业，其实是宽泛的概念，这应是一大组产业，而不仅是少数几个产业。如果政府仅仅锁定某几个产业，则这种扶持将注定难以成功，甚至有可能产生一系列问题。如中国航空业至今依然缺"心"，至少近10年内并不乐观。现代产业是一个广泛联系和相互支撑、渗透的巨大系统，某一小产业的某个微小问题，也很可能导致所谓战略型产业的巨大问题。

所以最后还是绕到了一个最基本的命题，即政府关键是做环境，而不是下大力气去扶持特定的产业或企业，扶持战略型产业只是政府诸多工作的其中一个方面。而且这也并非通常所说的产业政策，其中如政府采购就是一个扶持之策。这里最为关键的，是广泛地发挥和调动全社会积极性，广泛地支持所有具有较强进取心和成长型企业，为所有企业创造低成本、可预期的环境。在这一"普降喜雨"的过程中，经过长期不懈努力，中国的战略型产业定将脱颖而出。

（财新博客 2016 - 12 - 05）

审批经济是产能大幅过剩的重要原因

审批是产业政策实施的基本手段。因为无论是为了取得项目"通行证"，还是为了获得各种优惠，以及为了被列入"国家级""省级"，抑或是为了取得所谓

"试点"权,都必须通过审批才行。所以产业政策盛行,必定是审批经济占据和统治中国产业界。

因为是审批,所以任何一个申请,均存在被否定的可能。而正是基于被否定的可能,任何一个具有项目上马条件的区域或厂商,即使明知市场已十分拥挤,也都有向行政当局提出项目申请的较强冲动。因为如果项目碰巧被批准了,就能获得项目上马的较大收益,不申请的机会成本将是无限大。因为一般来说,行政当局不可能主动将项目布局给某个特定的未申请者。

由此我们就可看到,基于申请与不申请之间的巨大成本差距,特定地区或厂商,总是倾向于提出项目申请,而不是相反。而且那些条件较差者也会去申请,毕竟批复收益大大高于审批成本。因此,行政当局实际收到的产能申请数额,通常总是远远高出,甚至数倍于市场需求。

行政当局绝不是万能的上帝。他们自会受到来自各方面非理性因素的强烈干扰,如来自审批者的亲朋好友、审批者上司的关系密切者,以及其他相关利益方的强烈游说,包括直接利益者的"公关",甚至巨额现金贿赂。至于后者,已经揭露出来的事实是触目惊心的。

更严重的是,行政当局的自身判断也会受其知识储备和知识结构的限制。他们一方面不可能深入掌握某个项目的技术经济竞争特点,另一方面更不可能知道市场会在哪一个具体的点上实现均衡。更何况实际经济运行或许根本不可能让我们知道这样的具体点位。

因此,行政当局实际审批的产能,通常情况下,总是远远高于市场实际需求。且在某些特定情况下,行政当局也会制造特定商品的人为紧缺。这就是说,主要是行政当局自身,制造出了大量高于市场正常需求的产能。

那么当特定行业不存在行政审批时,情况又会如何呢?这时,项目是否上马,并不是被动地由行政部门决定,而是由投资者自主决定。在这种状况下,也会出现产能过剩,因为投资者也不是万能的上帝。

但在这种状况下，产能过剩状况通常要好于具有行政审批时。这是因为投资者在高度自主状况下，将充分提高决策的理性水平，如果市场供给过剩信号具有足够强度，投资者就非常有可能调整其投资决策。关于这一点，我们可以从当前大量日用工业品的生产经营，并没有出现如钢铁、水泥那样严重的产能过剩状况中得到证明。

退一步说，没有审批经济的市场，即使产能也与存在审批经济时具有同样的大幅过剩状况，那么，由于审批机关的消失，也会降低交易成本，从而使得效率有所提高。因为最起码，社会不需为审批当局的存在而买单，企业不需为取得项目批复而支付大量审批成本，官员腐败将大幅减少，社会风气将有好转。

而且行政审批的存在还会有另一个消极作用，这就是扼杀先进产能的正常增长。一方面在市场产能过剩时，行政当局往往具有不分青红皂白，否决绝大多数新产能的倾向，所谓宁可错杀一千，绝不放过一个；另一方面，即使管制当局能够批复新项目，也会经历冗长的官僚主义程序。无论出现哪种情况，都将大大影响先进技术对于落后技术的替代，影响先进产能对于落后产能的竞争。在这些情况下，全社会要素效率的提高，显然受到了较大抑制。

当下首都圈极其严重的雾霾，审批经济是其中的一个形成原因。首都圈存在着一个"重化工业圈"，京、津、冀、辽、蒙 GDP 占全国 16.5%，但在国家统计局公布的 36 种工业产品中，占全国比重高于 16.5% 的重化工产品有 15 种。除去本地有资源优势的产品外，这些产品占全国比重是：生铁 37.5%，钢材 35.7%，粗钢 35.3%，平板玻璃 26.8%，焦炭 23.8%，乙烯 21.3%，汽车 19.8%，初级形态塑料 18.2%，烧碱 17.8%，机床 16.9%，纯碱 16.7%。

看看这张单子，想想浙江等一些地方，要取得上马这些项目的审批同意是相当艰难的，您难道还会觉得对于北京雾霾，审批经济是没有一点干系的吗？

（财新专栏 2016-01-02，发表时标题为"审批经济和 GDP 考核是产能大幅过剩重要原因"）

土地与户籍政策向何处去

实施常住地登记制度

户籍制度改革有一个重要趋势,就是取消户口本,对于城乡人口统一实施基于身份证的常住地登记制度。中近期内全面实施这一做法有一定难度,尤其是特大城市还是应该慎重,但其他区域或应努力朝这个方向走。

就我而言,户口本一年已难得用上一两次。这10余年人户分离,并没什么不便。前些年我还把身份证放在家里或办公室里,要用时经常拿不出来,受到家里"领导"批评;最近三五年放在钱包里,须臾不予离开。在信息技术发达的今天,身份证已具有全面取代户口本的功能。基于这一状况,完全可以改现在的户籍管理,为身份证基础上的常住地登记管理,做到"一证走天下"。

人口管理本质上是一种公共管理服务。公共管理服务应尊重居民意愿,实施以人为本、无差别的管理。实施基于身份证的常住地登记制度,就是在市场化、城市化和公共服务均等化下，依托"三地"，即出生地、身份证初次领受地和常住地，实现人口的有效管理服务，使全体居民"共同享有人生出彩的机会"。

出生地是政府对城乡居民展开管理服务的起点。每一个城乡居民的出生地，通常是其父母的常住地。在取消户籍的情况下，当地政府依据出生医学证明，以及其父母的常住地登记，展开城乡居民个人的全程管理服务。这一阶段人口管理服务的主要内容，一方面是出生登记、姓名登记等，另一方面是就近实施母婴健康、婴幼儿免疫、义务教育，以及儿童权益保障等服务，我国居民人生的美好旅程由此展开。

身份证初次领受地是政府对每一个进入成年阶段的城乡居民，展开有效管理服务的起点。每一个即将成年的城乡居民，通常都有家庭依托，因此其身份证初次领受地通常是其家庭常住地。现行身份证法第八条，或可修改为"居民身份证由居民家庭或其个人常住地的县级人民政府公安机关签发"。

常住地是政府对于城乡居民展开管理服务的基本依托。常住地具有一个最基本的必备要素，即居民具有合法拥有、一年内连续居住若干时日的住所。每一个城乡居民，都可以持身份证，在其常年居住较多地方的一个相应机关，依法登记成为该地常住居民。

理性人的最小化成本和最大化收益趋向，是居民接受人口管理服务的基本激励和制约。按通常的人心而论，城乡居民都具有就近进行出生地登记的激励，因为非此不利于孩子的健康成长，或将大幅增加家庭支出等。不领受身份证的代价极其高昂，不能读大学，不能找好工作，不能考驾照，不能旅行等。城乡居民通常也都具有在其常住地登记的较强激励，因为非此不能方便及时地享受公共服务和社会福利，甚至得不到相应的权益保障。居民个人如果不在事实上的常住地登记为常住人口，则形成较大成本，对于多数人来说是不可取的。至于极少数不愿登记的人群，也能根据身份证，实施有效管理服务。

有人提出，大家都蜂拥去大城市怎么办？小学时我曾读过一部小说《军队的女儿》，女主人公是新疆建设兵团战士，强烈想当拖拉机手。团政委要她回答，如果大家都想当拖拉机手，团里将如何应对。后来女主人公因救落水儿童受伤，躺在病床上，她指着窗外南飞的大雁对政委说，每一个人都有自己的选择，不可能大家都想当拖拉机手。

那种蜂拥去大城市的说法，其实是一些大城市人士的骄傲和自恋。他们多虑了，严重低估了理性人基于成本收益的选择多样性。如果真的出现了绝大多数人蜂拥去极少数地方的状况，那一定是中国出现了较大问题，如极少区域占有了极多资源、区域发展和公共服务极不均衡、公共安全被严重破坏等。在此极端情况下，再好的人口管理服务制度也无济于事。

这一设想符合户籍改革大方向，或许可在部分区域的户籍人口中先行试点。如在条件成熟的区域全面取消现有户籍人口的户口本，对于城乡居民，统一实施常住地登记制度，外来人口暂保留暂住证制度。当前推进这一改革的配套改革，如生育制度、农村集体产权制度、城中村等改革的条件也已成熟或正趋于成熟。

（《浙江日报》2013－08－23）

土地城市化稍快是正常现象

批评土地城市化快于人口城市化，是这几年逐渐甚嚣尘上的一个观点。如果仅是不熟悉全盘数据的个别学者说说也就罢了，可是国家有关部门领导也出来批评，这就有点令人惊讶了。

土地城市化稍快于人口城市化是一个正常现象。因为在城镇人均居住面积持续提高的状况下，只要城镇人均居住面积增加，且城镇人口增速，低于城镇建设用地增速，即可大致视为正常。当然，人均居住面积增长过快或会有一定的不合理性，城镇建设用地使用也存在较多问题，但就中国现状而言，城镇居住面积增长适当快一点，总体而言并非坏事。

据国家有关部门的这位领导说，2000—2010年，城市建设用地面积扩大83.41%，城镇人口仅增长45.12%。纯从数据看，这确实令人忧虑。然而按上文所述进行深入思考，就会觉得城市建设用地增长，与城市人口增长之间，这个38.29个百分点的缺口，还是有相当合理性的。

近10年来，城镇居住状况有了极大改善，城镇建设水平有了极大提高。根据中国统计年鉴数据，2000年，全国城镇人均住宅建筑面积为20.2平方米，2010年达到32.6平方米，扩大了61.4%。也就是说，哪怕城镇人口不增长，仅为满足城镇人均住宅面积及其配套用地增加的需要，全国城镇建设用地面积也应有相当的增加。

再加上这10年全国城镇人口增加45.12%的因素，用一个简单方法计算就可以得出结论，全国城镇建设用地应增加106.50%。这就是说，这10年全国城市建设用地不是多增加了，而是比应增加数少增加了23.1个百分点。换言之，这几年城镇建设用地的集约水平是有一定提高的。

这里产生了一个问题，就是如何认识当前全国城镇人均住宅建筑面积32.6平方米的合理性。根据日本统计年鉴，日本1983年人均住宅使用面积为27.8平方米，按1.3系数换算成建筑面积为36.1平方米，稍高于中国，而当时日本发展水平与中国现在相差不大。还有一个因素就是存在着空置房、豪宅、人均居住面积差距等因素，尽管问题较多，不过应该是9个手指头和1个手指头关系的问题。因此总体而言，以日本经验分析，当前中国城镇居住水平，大致与发展阶段相适应。

还有一点必须看到，中国的城市是在建设水平很低的状况下起步的。20世纪80年代，上海年轻人连谈恋爱的空间都没有，到了晚上，外滩堤防墙边都是一对对恋人，被戏称为上海一景。我2013年年初有近两个多月在温州、衢州调研，目睹相当一部分城镇居民的居住条件，仍与我们家20多年前毫无二致：

简陋狭小、阴暗潮湿,甚至散发着异味。

其实这几年增加的城市建设用地,占区域面积比重并不高。据浙江省住建厅数据,2011 年,浙江省城市建成区面积为 2757 平方公里,比 2003 年增加 1237 平方公里,仅占浙江国土面积的 1.2%,平原面积的 5.2%。就是这些用地,令城乡面貌巨变,居民生活品质明显提高。

对于有关部门来说,当前有一个紧迫任务,就是加快让农民工在城里住下来,加快引入市场机制,加快形成城乡联动互补的建设用地增减机制,加快增强建设用地总量增长的内在制约机制。然而,长期以来外出农民工不仅没有将宅基地退居返耕,反而在农村占用更多的宅基地盖更大的住宅,城乡建设用地二元分割现象越演越烈。当前批评土地城市化过快虽然简单痛快,但解决不了多少问题。

至于用行政手段建立"用地极限",听起来很美好,其实未必。这其实是计划经济思路的产物,更有自废武功之嫌。市场经济内在地就有"用地极限"机制,10 多年前我就在日本静冈闹市区里看到过水稻田。当前中国人口增长正在放慢,城市化本身也有极限,在尊重市场规律,尊重农民权利,加快增强要素配置的市场化改革情况下,建设用地是不可能无限制地较快增长的。

（《浙江日报》2013－04－12）

设立土地银行

中国城市化有一奇特现象,一方面是农民工难以在城里定居,另一方面是农民工留着一条难以割舍的土地尾巴。不久前我与一位河南的哥闲聊,其全家在杭州住一套二手房,在安阳老家还有八分宅基地。我说你还想盖新房?他说不盖了;我问那留着宅基地干吗?他说那是我的地啊。

久住城里的居民还牢牢占有家乡土地,一些人士说这是一种社会保障。理由是城里工作不稳定，一旦风吹草动，还有土地可依靠。这话初听不错，仔细分析却不靠谱。城里收入或许有波动，但长期来看却肯定持续增长。来城里打工的农民，多数将在城里定居，这已为世界现代经济史所证明。那种把农村土地当作社会保障的说法，实际是无视经济规律；貌似关心农民，实际上会因中国城市化不顺畅，而最终害了农民。

依我的说法，应该坚决斩断城市化进程中的土地尾巴，应该真正让农民工定居在城里，成为城里不可或缺的产业工人或其他阶层，而不再仅仅是城市的过客。"农民工"这个词，越早消亡越好。

当今上海本地居民绝大多数是农民工后代。1948年上海人口为498万，本地人口只有75万，仅占15%。上海移民当中，来自宁波的大约有100万人，是名副其实的"农民工"。新中国成立前的那些岁月，城市化也在缓慢进展，也存在着农民工现象，虽然他们没有土地，却这并不妨碍他们最终成为城市居民。

当前一个非常矛盾的事实，一方面是农民工家乡宅基地上的崭新房子养着老鼠，口粮地和承包地被低效使用；另一方面是农民工在城里却买不起房，一家人住在老鼠住的房子里。所以当今中国城市化面临着一个重大战略问题，就是如何让农民工把其在家乡的土地资源，转化为在城里的生活资源的问题。不妥善解决这一问题，中国城市化始终是不彻底的，始终是有问题的。

这里的关键，是在土地所有权不变情况下，允许已在城市定居的原村民，有偿出让宅基地、口粮地和承包地使用权。这种出让不牵涉土地所有制性质，出让契约经村里登记及权属变更，价格由交易双方自主确定。或可设立最低价，以保护出让方权益，且对受让方资格也可有一些规定。实施这一改革的前提，是先应立法明确农民宅基地使用权是永久性的以及可有偿出让，相应修改2002年通过的《农村土地承包法》。

即使如此，这一改革也存在着因地价过低、难以交易的问题。我那天问河南的哥,既然已在杭州住下,为什么不卖了那八分宅基地。他说,我们那块太偏,卖不出好价钱,还不如自己先占着。农民占有土地太少,农业收益太低,不具有变更为非农用地可能性的土地,价格都不可能高。因此,大凡日子好歹还能过得下去的人,都觉得还不如把地攥在手上。河南的哥那天也跟我说,"我那八分宅基地只能卖几万元,您说能在杭州做什么用呢?"

正是出于这一状况,我提出设立土地银行的想法。土地银行作为农村土地受让主体之一,按一个适当的未来价格,在农民工在完全自主自愿的状况下,一次性受让其土地使用权,当然绝对不能进行行政强迫。同时在现行土地管理法实施细则中,除了进一步强化不准弃耕抛荒的条款外,还应增加不准低效利用土地的条款,城市也应出台鼓励农民工用土地使用权出让款购房等优惠政策。

土地银行资本金由政府一次性出资形成。后续的费用,可由国企上缴利润及发达地区上缴中央的建设用地出让收入支付。土地银行既可以按市价将土地承包给农业企业经营,也可以按几十年分期付款方式,再次将土地使用权转让给其他农业经营主体,形成对于农业的金融支持,推进土地规模化高效经营。

土地银行从宏观格局看,应形成城市出让土地至农村受让土地的资金循环,最终实现收支平衡。而且土地银行只是一种非营利的过渡性制度安排,只是用来激活当前农用地市场,一旦农用地市场价格能反映其真实价值,土地银行就应抽身而出。

(《浙江日报》2013 - 08 - 02)

小叶家的"死地"与"跨省地票"

我在一年多前受我家钟点工小叶的启示,写了篇关于革除农民工"土地尾巴"的文章。今年春节后小叶第一次来家里搞卫生,我又问起了她家的宅基地,没想到她说:"那是'死地'啊。"

城里的房子卖不出去,农民工却在城里上无片瓦;农民工在老家有宅基地承包田,却在城里下无立锥之地。有人说,让农民工保留宅基地和承包田,万一经济形势不好,他们还可以回家有一点生计。此话差矣,世界城市化史表明,除非有重大问题,绝大多数农民进城后是不可能回去的。

杭州这座城市根本离不开农民工。小叶那天从早到晚共接了 4 个活,我家的活是第三个。其实还有客户要小叶去服务,但她就这么点时间。

小叶也离不开这座城市。小叶的先生在杭州一家油漆厂工作,至少有一份还过得去的收入。小叶的儿子 2013 年大学毕业后在杭州下沙一家 IT 公司工作,经常出差。如果他们夫妻俩回老家,那几亩承包田能维持他们现在的生活水平吗? 能让他们的儿子在杭州买房吗?

小叶从 2013 年春节至 2014 年春节,就回了两趟家。一方面是挣钱重要,另一方面是回家也没什么要紧事。老人们都已不在,小叶先生家两位兄弟也已去世,小叶的两个兄妹倒是在老家,但第三代们都在外打工。

那次小叶回家过年,她说卫生就搞了两天。因为半年没住人的屋子,霉味冲鼻,那些被子什么的都得换洗,厨房调味品得全部重新购买。小叶那天边在我家干活边跟我说,回家头两天累死了。但即使这样辛苦地收拾干净,小叶在老家也就住了 10 来天就回杭了。

小叶老家房子有 3 间门面,9 米进深,是几年前盖的两层楼房。宅基地大概 2 亩左右,是 100 多年前祖辈传下来的。新屋后面的老屋,已全部坍塌,瓦片全碎了,木头已当柴火烧了。新屋前有 3 间小屋、一片竹林,以及一个不小的院子。

这么一个在安徽的家,从经济学眼光分析,绝对低效率。小叶告诉我,前几年倒还有可能卖掉,现在根本不可能。大家都在外打工,大家都想卖,根本没买家。小叶说,她家距县城也就 10 来公里,但因为不靠路边,那房子和地不值钱。

浙江有大量社会资本,但投资项目难以落地。小叶老家的地闲置着,他们却没钱在杭州给儿子买一套婚房。我们难道真的就不能另辟蹊径,同时解决浙江和小叶家的难题吗?两年前,我曾提出过设立"土地银行"思路,可惜毫无回应。

这次再提出一个新的思路,就是能不能由中央政府出面,实施"跨省地票"制度。小叶把那些地交给当地政府,当地政府发给小叶地票。然后小叶把这个地票通过拍卖等方式,卖给杭州市政府。杭州市再用这些地票,向中央政府换取建设用地指标。

就中央政府方面来说,原本就应褒奖沿海对于内地剩余人口的吸纳,原本就因沿海吸纳大量外来人口而应相应增加建设用地指标。现在中央政府不用出钱,仅出一个政策,就能大大激励沿海城市做好外来农民工的市民化工作,同时也不至于突破全国耕地红线。

至于安徽省方面,中央政府应以这些地票适当给以财政专项转移支付。一方面是让他们有财力复垦土地,另一方面复垦后的地,同意他们进行置换,然后以连片的农业用地,长期承包或出租给当地农业企业或农户,其收入直接用于当地农村建设发展。

这里的关键是价格。如果价格过低,小叶毫无兴趣;如果价格过高,杭州市缺乏积极性。但这不是难题,完全可以进一步深入研究。因这地价有相当多的政策性因素,并不能完全由市场决定。不过这里的一个标准,总是要使得拥有小叶这样土地数量的农民工,能在杭州获得购买一套合适面积商品房的相应金额的款项。

还有一个难题是如何折算换地系数。小叶家的那两亩左右宅基地,如果在杭州郊区,能值数百万元。以此直接向中央政府换取两亩建设用地指标,杭州市当然非常开心,但这不符合级差地租原理。所以小叶的那两亩地票,中央政府只能换给杭州市少量建设用地指标。研究这一折算系数并不难,刚好给那么多政府智库创造工作机会。

不消除进城农民工"土地尾巴"，城市化将有不尽难题。这么一个事关中国经济当下形势，又事关长远发展，尤其事关 1.7 亿外出农民工切身利益的重大问题，已到了必须立刻解决的时候了。

（安徽《决策》2014 年第 9 期，发表时标题为"小叶的市民梦和老家土地"）

确立民营经济竞争性领域主体地位

改革开放以来,民营经济迅猛崛起,有力促进了中国经济社会飞速发展。然而民营经济方针分别止步于 1997 和 2002 年,十余年内未能进一步创新,已一定程度影响了民营经济健康发展。当前亟须提出确立民营经济竞争性领域主体地位的重大方针,进一步推进改革发展大业。

民营经济方针重大演进

改革开放的前 30 年,我国逐步形成了单一公有制经济格局。新中国建立初期,党和政府并不排斥"资本主义性质的工商业",然而 1953 年开始对资本主义工商业实施社会主义改造,1956 年年初在全国范围内实现了全行业的公私合营。1956 年 9 月党的八大提出:"变革资产阶级所有制,变革产生资本主义根源的小私有制。""文化大革命"期间,出现了"宁要社会主义的草,不要资本主义的苗"的极端状况。1978 年,全国工业总产值中,全民所有制占 77.6%,集体所有制占 22.4％,是百分之百的公有制格局。

改革开放以来,党和政府拨乱反正,逐渐重视和支持民营经济发展,形成了民营经济发展地位逐渐提高、发展方针逐渐积极的两条鲜明主线。

第一条主线,发展地位逐渐提高。

1. 补充论,1981—1993 年。1981 年党的十一届六中全会通过的《关于建国以来党的若干历史问题的决议》提出:"一定范围的劳动者个体经济是公有制经济的必要补充。"1987 年党的十三大报告提出:"私营经济一定程度的发展……,是公有制经济必要的和有益的补充。"关于"补充论"的提法,直到 1992年 10 月召开的党的十四大仍未发生根本变化。

2. 公有制为主体下的共同发展及差别论,1993—1997 年。1993 年党的十四届三中全会通过的《中共中央关于建立社会主义市场经济体制若干问题的决定》,不再出现"补充论",而是提出"坚持以公有制为主体、多种经济成分共同发展的方针",并强调"有的地方、有的产业可以有所差别",事实上肯定了一些地方、一些产业的非公有制经济比重可以高于公有制。

3. 基本经济制度,1997 年至今。1997 年党的十五大,虽然延续了党的十四大民营经济发展地位提法,不过明确提出了"基本经济制度",即"坚持和完善社会主义公有制为主体、多种所有制经济共同发展的基本经济制度"。此后至今,关于民营经济发展地位的提法一直没有变化。

第二条主线,发展方针逐渐积极。

1. 适当发展,1982—1984 年。虽然我党在 1981 年提出个体经济是必要的补充,但 1981 年《关于建国以来党的若干历史问题的决议》,并没有提出明确的发展方针。1982 年党的十二大,提出了个体经济适当发展方针:"在农村和城市,都要鼓励劳动者个体经济在国家规定的范围内和工商行政管理下适当发展。"

2. 有条件地大力发展,1984—1987 年。1984 年党的十二届三中全会通过的《中共中央关于经济体制改革的决定》提出："在以劳务为主和适宜分散经营的经济活动中,个体经济应该大力发展。"1987 年十三大报告指出："私营经济一定程度的发展,有利于促进生产,活跃市场,扩大就业……"

3. 无条件地鼓励发展,1987—2002 年。1987 年党的十三大对于民营经济不再设定条件,提出"对于城乡合作经济、个体经济和私营经济,都要继续鼓励它们发展"。不过这一期间也出现过反复。

4. 毫不动摇地鼓励支持,2002 年至今。2002 年党的十六大提出"两个毫不动摇","必须毫不动摇地巩固和发展公有制经济","必须毫不动摇地鼓励、支持和引导非公有制经济发展"。

随着民营经济快速发展,中国经济社会出现了翻天覆地的变化。1953—1978 年,全国 GDP 年均增速仅 5.8％,同期全国职工实际平均工资年均增长仅 0.04％。1978—2011 年,中国 GDP 年均增速 9.9％,比 1953—1978 年期间高 4.1个百分点,更重要的是全国城乡居民人均收入双双年均增长 7.4％。中国经济快速发展是多因素共同作用的结果,但民营经济是其中最重要的活力源泉。

民营经济方针困惑

我国目前事实上已形成了以民营经济为主体的经济格局。根据第二次全国经济普查,截至 2008 年年底,全社会全部企业的营业收入,公有制企业占 22.4％,民营企业占 58.7％,港澳台地区和外商投资企业占 18.9％。然而当前民营经济方针却与实际状况有若干距离,造成了一些困惑。

一是与党的实事求是传统不尽吻合。从语义上理解,当公有制经济比重仅占 20％多时,还说是主体作用,可能有些牵强。一些学者认为这里应包括公共产品领域的公有产权,如森林、矿产、公办学校和医院等,这应该也是一个分析视角。然而讨论所有制问题应限定于竞争性领域,因为公共产品领域的公有产权虽是市场经济的重要组成部分,但并不参与市场竞争,较少存在多种经济成分共同发展问题,应该避免概念内涵与外延的混淆。

二是与市场经济发展要求相悖。从形式逻辑上理解,"以公有制为主体,多种经济成分共同发展",就出现了一种主从关系,即既然是以公有制为主体,那么其他经济成分就应该是从属性的,而这显然不符合市场经济要求,从而与十四大报告提出的市场经济相悖。市场经济的精髓,是多个独立主体之间充分展开的平等自主和自由的交易,如果不同经济主体之间具有主从关系,市场关系就会被扭曲,要素配置就不可能具有较高效率。

三是与发展实践存在矛盾。从全球实践看,当今发达国家和地区的私人物品生产,无一不是以民营经济为主。这是因为人类经济活动的制度安排,可能得遵循"奥卡姆的剃刀"原理,即切勿用复杂的制度安排去做用简单的制度安排同样可以做好,甚至做得更好的事情。民营经济通常较少具有"委托—代理"关系,即使有"委托—代理"关系也相对比较灵活,预算约束也是刚性的,从而效率较高。因此"多种经济成分共同发展",在实践中就必然是民营经济胜出,就必然是民营经济冲击公有制经济主体地位。所以虽然"基本经济制度"在形式上无懈可击,但在发展上,却存在着后一句否定前一句的实践关系。

四是导致思想混乱。主张公有制一统天下的人士,可以从"基本经济制度"中找到政策和理论依据,即"以公有制为主体",抨击民营经济冲击公有制经济,进而甚至严厉抨击改革开放大政方针;主张民营经济发展的人士,也可以从中找到政策和理论依据,即"多种经济成分共同发展",抨击民营经济缺少市场经济下应有的合法权益,进而强烈要求深化改革。这种"公说公有理,婆说婆有理",缺乏准则的思想混乱,对于民营经济特别是大资本具有很大杀伤力,产生了政策不稳、民间资本有朝一日可能收归国有的担忧;中小资本也难以牢固确立正确的发展观,使得他们具有较强的"过小日子足矣"心态。

公有制为主体是一个伟大理想,但理想不能超越发展阶段,尤其是理想实行必须经得起全球化检验。全球化是一个政治、经济、社会、文化和军事全面竞争的格局,其基本支撑是经济效率和社会精神。发达国家的近现代史和中国当下的实践都证明,民营经济是一个国家经济发展的活力之源,知行如一的发展方针是建构国家精神社会气质的本原,两者缺一不可。

如果继续当前的方针,或许民营经济由于全球技术溢出等原因将继续有所发展,但社会精神则将受到影响。这是因为当知行分离达到截然相反的程度时,社会势必将陷入持续的思想、文化和道德冲突之中。如此情形之下,徒有经济上的高度成就,还是不能带来社会整体的发展;徒有物质上的高度发展,还是不能带来社会精神的积极提振。到最后,我们很可能反受物质生产发展之累,终究难以避免剧烈的社会冲突。

民营经济是自主创业的产物

在中国这样一个曾实行计划经济和单一公有制的国家,民营经济主要是由人民群众自主创业发展起来的。这样一种情形,是任何一位马克思主义经典作家都未曾遇到过、未曾研究过的实践问题。如果对于任何一位经典作家都未曾遇到过的问题,还照搬经典作家的论述和分析,那就是典型的、不折不扣的教条主义。科学认识民营经济,只能依靠我们自己。

我提出这么一个判断,是想进一步指出,当今中国的民营经济与传统意义上的私有制经济具有本质区别。这么一个庞大的群体,绝不是依靠继承,绝不是依靠特权,绝不是依靠巧取豪夺发展起来的。那些一看到个体私营就想到私有化,就想到经典作家对于私有制的猛烈批判,就想到资本家对于人民群众的血腥剥削,就必然会把民营经济以及国有企业的改制与私有制画等号,就必然会形成反对民营经济以及国企改制的逻辑概念,而这显然是完全没有必要的。对于改革开放以来的浙江而言,民营经济迅猛发展大致有以下三方面原因。

第一,民营经济是人民群众要吃饭的必然选择。

当中国实行改革开放的时候,我们看到的是普遍贫穷。1949—1980 年,温州人口平均每年增长 2.4%,农业总产值平均每年增长 3.5%,人均农业总产值平均每年仅增长 1.1%。考虑到 1949 年农业总产值低于 20 世纪 30 年代,以及工农业产品剪刀差等因素,1980 年时的温州实际人均农业产值甚至有可能低于 20 世纪 30 年代。1981 年,温州农民人均集体分配收入仅 71.2 元,比全国平均的 101.3 元低 30.1 元,当时的温州是中国最贫穷的区域之一。1981 年,全国有 6 个省份农民从集体分配所得的收入低于 80 元,温州 8 县除乐清为 81.2 元外,其余 7 县均低于 80 元,其中永嘉、文成和泰顺低于 60 元。

温州一些人民公社也曾试图发展集体工业以增加收入。20 世纪 60 年代,平阳县城西公社对此进行了积极尝试,取得了一定成效,中共浙江省委于 1964 年 5 月进行了总结推广,刘少奇曾对此做出过批示,不过温州农村集体企业后来大都办不下去。1990 年年末我利用在平阳“社教”的机会,做了深入的调查研究。平阳的企业家和干部说,集体企业缺少效率,办到后来都会出现亏损,结果人心散了,厂也倒了。

路越走越窄,但生活必须继续,严酷的生存环境促使浙江农民开始自主创业。他们利用手头几个小钱,有些甚至是借来的钱,利用一些人脉关系,其中主要是至亲好友,或是搞点小劳务,或是做点小生意,或是办个小工厂。环杭州湾一带由于集体经济力量相对较强,以创办集体企业为主,温州、台州一带则以个体私营企业为主。而相当一部分集体企业,由于集体投入较少,较多依靠经营者个人魅力,因而亦具有较强活力。

第二,民营经济是党和政府以人为本的必然选择。

改革开放以来,个体经济“开禁”较早,而“允许私营经济的存在和发展”的提法,直至 1987 年才出现在党的十三大报告上。然而农民不创业,就意味着连基本生存都会发生较大问题;不支持农民创业,就意味着违反了最基本的社会伦理。正是在农民要吃饭、农村要发展、地方政府要收入的压力下,在必须遵循基本社会伦理的要求之下,且在国有集体经济缺少活力的情况下,浙江各级党委政府逐渐开始积极支持民营经济发展。

20世纪80年代初期,就在包产到户因浙江"较富"而没有及时积极推行的时候,乡镇企业在浙江的处境却好得多。当时在全国范围内,乡镇企业由于与国有企业"争原料",及其产品质量和经济效益低下而备受指责。浙江各地干部则深切认识到,以浙江农村人多地少的严峻现实,仅仅依靠农业是难以加快农村发展的,当时绍兴县自嘲本地经济为"稻谷加稻草"。浙江各地顶住压力,大力发展乡镇企业,其中的一个动力,便是发展农村经济,增加群众收入。

温州模式脱颖而出。1985年8月,时任浙江省委书记的王芳带领省级有关部门人员,用半个多月时间,到温州的乐清、永嘉等县,实地考察了一些家庭工厂和专业商品市场,随之形成的调查报告于1986年2月在《红旗》杂志上发表。王芳认为1979年以后,温州广大农民找到了一条发展经济、治穷致富的新路子。

第三,民营经济是实行市场经济的必然选择。

改革开放初期,浙江的国有企业曾有过一段黄金时期,但好景不长。当时商品供给全面短缺,国企生产又跟不上市场需求,于是开始流行"脱壳下放",即国企添置新设备,陈旧的机器设备给城乡集体企业,让它们替国企生产零部件。然而到了20世纪80年中期以后,国企在效率更高的集体企业的竞争性压力下,开始逐渐陷入困境,即使在推行了多种形式的承包责任制之后,仍未能增强活力。1985年,浙江国有工业企业的资金利润率为16.9%,集体企业为21.7%,国企经营效益明显较低。

集体企业也是一种过渡性制度安排。20世纪80年代中期以后,乡镇集体企业"复制旧体制"问题越来越严重。乡镇政府干预较多,分配结构不合理,企业缺少活力,效益下降,日现颓势。正是在市场竞争压力之下,浙江国有企业和乡镇集体企业开始走上改制之路。改制初期推行的一些复杂做法，如"不动产租赁、动产承包"，"集体占大股、个人占小股"，"股份合作制"等，效果均不甚理想。20世纪80年代中后期，以个体私营经济为主的温台经济开始加快发展，以国有和集体经济为主的环杭州湾地区经济增长有所放慢，形成了温州模式的示范和推进效应。1992年邓小平南方谈话发表之后，浙江民营经济进一步加快发展，同时集体企业开始全面推行经营者占大股的改制方式，国企改制也明显加快。

因此仅就浙江而言，发展民营经济绝不是先入为主的主观选择的结果，而是市场竞争、优胜劣汰的结果。只要以人为本，只要高度尊重群众意愿，只要强调经济效率，就必然在竞争性领域形成以民营经济为主体的格局。

浙江成为中国民营经济最为发达的省份。浙江民营经济比重一直高居全国首位，据第二次全国经济普查，2008年浙江私营企业营业收入占全部企业的43.5%，为全国最高，比第二位的江苏高3.8个百分点，比全国平均高13.6个百分点。同样根据第二次全国经济普查，浙江2008年平均每万人口拥有539.5家个体工商户，为全国最多，比第二位的河北多出164.9家。

民营经济发展直接促进生产力发展。自邓小平南方谈话发表的1992年至开始实施宏观调控的2004年，这12年的是浙江民营经济发展提升的黄金时期，也是浙江改革开放以来经济增长最快时期，地区生产总值年均增长高达13.8%，充分显示了民营经济的强大活力。

科学认识民营经济所有制性质

民营经济的所有制性质，应该是一种以人格化产权为内核的社会所有制。社会所有制是一个复杂深奥的话题，我对其有深深敬畏，本文仅就如下三方面展开分析。

第一，从资产占有关系看，民营经济具有清晰的人格化产权主体的特点。当今中国社会的民营经济资产，一部分是在自主创业过程中增值形成的，另有相当部分是在国有集体企业改制以及日后的增值中形成的。虽然在这两个不同过程中，均不排除一部分"原罪"等非正常因素，但总体是积极健康的。当前关于生产资料的个人占有，已受《宪法》和《物权法》保护。

民营经济产权关系的形成，除了法律明确之外，还具有习俗与效率的共同因素。长期以来在中国民间社会，甚至早在中世纪的欧洲，无论法律关系如何变迁，民间自有其固有的产权准则。在这里，一个比较公认的准则就是，"创造即占有"，通常周围的人都会自觉不自觉地承认和尊重这一点，即使是在计划经济时期，有些基层政权组织也会在事实上承认这一点，这可以从改革开放前，一些基层干部保护当地民间创业的案例中得到证实。而民营经济的效率，更是其产权关系最终获得社会普遍尊重，以及法律明确的法宝。

第二，从资产效用关系看，民营经济具有社会化的特点。虽然少数民营企业家及其家庭成员生活奢华，但民营企业利润主要用于扩大再生产。根据历年中国统计年鉴，2010年与2005年相比，全国私营工业企业利润增加1.3万亿元，所有者权益增加4.0万亿元，总资产增加8.6万亿元，总产值增加8.6万亿元。这就从逻辑上表明，私营工业企业的资产收益，基本都用于生产经营。同期，全国私营工业企业从业人员从2005年的1692万人，增长到2010年的3312万人，几乎翻了一番。民营企业为社会做出的物质贡献，应该大大高于资产所有者所享受的物质福利。

民间语言和行为也充分反映这一点。"生不带来，死不带去"一言，在浙江民间有较高的出现频率。浙江一些企业家认为，企业小的时候是自己的，大起来就不是自己的了，他们往往自嘲是在替政府和员工打工。相当一部分中小企业拒绝成长，就是因为纯从个人福利而言，不成长是中小企业经营者及其家庭福利最佳化的最优选择。

观察和分析资产权利关系可以发现，所有权固然是一个核心，但在财富泉涌的当今社会，所有权很可能只是一个形式。因为即使所有权全归某人所有，也并不表明资产的全部效用同样全归某人。大宗经营性资产以社会受益为主，很可能是当今社会资产权利关系的实质。

第三，从资产运营关系看，民营经济监管具有高度公共化的特点。现代产权制度对于个人和机构资产的使用，仅具有在一束可能的行为中做出选择的有限权利。随着公共监管体系和大众传媒的高度发育，民营企业及其资产所有人正在受到越来越多的社会公众在法律和道德上的更强的监督。任何一宗经营性资产都不具有为所欲为的无上权利，都必须在法律和道德的框架内运营。把资本置于笼子里已不再是一个梦想。

所以说，在财富泉涌的现代社会，拥有和运用一份产权，越来越是承担一份资产增值的责任，承诺一份接受社会公众监督的义务，体现一份为社会大众创造效用的客观或主观效果。有媒体报道多达六成以上"富二代"不愿接班，就清晰表明了这一点。进一步的一个结论是私有产权日渐仅具有激励资产增值、约束资产所有人非理性行为的工具性意义。

（以上均系财新专栏 2016－06－28 发表，《改革内参》2014 年曾删节发表）

新一轮回升，您准备好了吗？

新一轮回升是一个有争议的话题。一位网友在我谈及回升的博文下有如下点评：

"作者自认为的'底'恐怕还远不是底——看明年特朗普上台之后的动作吧。"——焚烧和尚伞（江苏省）

书写到这儿须有这一部分，否则全书将无立论依据。当然这不重要，大不了不出书或是改书名。学者职业道德是经济过热时泼点冷水，经济过冷时加点温，更重要的还在于向社会各界报告所观察到的基本事实。我认为的事实就是，经济确有回升的重要迹象。

1998年亚洲金融危机后的中国经济回升，是典型"深V"。这是因为当时境外需求仍大，境内依然有低劳动成本优势，境外性价比极高的成熟技术仍比比皆是。本轮回升应是典型"浅V"，盖因整体情形几与1998迥异。

然而与1998年后"深V"回升不同的是，民间经济已有极大增强。且更重要的是，经济格局已发生根本变化，收入增长正在快于GDP增长，消费正在崛起，资本制约和资本优化正出现从未有过的良好趋势，中国经济未来10余年的美好时光，正渐渐展现。

话还得说回来，这美好愿望尚需诸多条件配合，如信心、政策、减负、执行、各种稳定等。或许任何一个条件均不可缺少，所以这往后的美好时光，建立在克服大量困难，解决较多问题，以及不能犯错的基础之上。

重要战略机遇期第二季分析

2002 年 11 月召开的党的十六大提出了"重要战略机遇期"重要判断。此后的十七大和十八大,以及最近召开的十八届四中全会,继续坚持"重要战略机遇期"的重大判断。中国经济当前仍处于这一"重要战略机遇期",虽然经济增速已大幅放慢,但从全球范围和经济史角度看,仍属较快发展;若干基本内涵虽已发生或正在发生重大转折性变化,但若干重要的阶段性特征仍未有根本变化。

为什么仍处于重要战略机遇期

中国经济当前正在进入一个全新的发展时期。个人研究认为,对此可称之为"重要战略机遇期第二季",或"重要战略机遇期二阶段"。

这一判断有三重内涵。一是强调了发展趋势判断的稳定,继续肯定我们仍处于"重要战略机遇期",表明中国发展的重要机遇继续存在,延续了党的十六大至十八大的重要判断,增强"十三五"发展信心和发展定力。二是强调了发展环境的变化,充分认识到当前国民经济若干基本参数,正在或已经发生重大根本性变化,中国经济的发展动力、发展格局、发展速度,以及对于全球经济的影响,都正在或已经发生变化。三是有利于下一阶段发展应对,面对当前经济增速回落、国民经济重大结构变化,研究新趋势、新问题,调整发展战略,再次抓住经济发展中的重大战略性机遇。

改革开放至今,从供给和需求角度分析,中国经济大致经历了两波增长阶段,目前正在进入第三波增长阶段。

第一波是走出短缺经济的较快增长。改革开放初期的 10 余年,放开民间活力,利用低劳动成本优势,亦即"改革红利"与"人口红利"结合,工业化快速推进。在这一过程中,农村改革增加了农产品供给和农民购买力,国企改革和乡镇企业崛起,初步改变了传统公有制企业为主的低效率局面。

第二波是外需主导的更快增长。而在随后至今,"南方企业家+中西部农民工+发达经济体工艺技术和管理",造就"中国制造"锐不可当之势,横扫全球市场。1980—1990 年,全国商品出口增长 3 倍;1990—2000 年,增长 4 倍;2000—2010 年,增长 6 倍。中国商品出口占全球出口总额的比重,从 1980 年的0.9%,提高至 2013 年的 11.7%。

第三波是走向消费主导的稳定健康的较快增长。中国经济新的重要战略机遇何在?30 余年快速发展的推动因素,相当部分已经丧失或弱化。劳动年龄人口进入总量减少阶段,劳动工资增长开始加快,企业利润率下降;出口加速度不再,直接导致经济增速回落;长期发展累积的矛盾开始显性化和剧烈化,社会价值矛盾等问题增加。

新机遇主要就在于城乡居民收入占 GDP 比重这一重要参数之中,不过这一次不是居民收入占 GDP 比重走低,而是居民收入占 GDP 比重走高的机遇。也就是说,居民收入占 GDP 走低能加快经济增长,居民收入占 GDP 比重走高,同样有利于经济较快增长，并将由此形成消费主导的经济增长格局。

所谓新机遇是基于原有后发优势，或原有基本国情形成的，所以总的追赶型发展格局并未根本变化。中国经济总量虽已荣登全球第二，但人均 GDP 按现行汇率计算，仅为美国的 12%，日本的 13%，英国的 15%，即使按购买力平价计算，与欧、美、日仍有较大差距。中国经济第一、二波增长，是利用势能快速发展。而这一波增长，亦将利用这一落差势能转化的动能。

中国经济正在走向集约内涵增长的新空间，这是成本和资源环境制约使然，但需改革配套，所以这仅是一个或然性机遇。中国经济长期是一种跑马圈地式发展，是非常典型的粗放外延式增长，浙江可以说是其中的典型。浙江制造业人均拥有固定资产约 2 万美元，仅为美国制造业人均的 15% 左右；生产成本却大大高于美国，仅制造业单位增加值能耗即为美国的 7 倍。而劳动生产率，浙江制造业仅为美国的 1/5。浙江尚且如此，况全国乎！

中国经济将走向稳定健康的较快发展格局，形成三个新的格局：一是外需增长弱化，回归内需主导格局，而这原本即是大国经济必选项；二是企业利润和财政收入增长双双放慢，回归居民收入加快增长格局，而这可以理解为分配优化趋势；三是经济增长放慢，但消费占 GDP 比重，以及服务业比重和制造业结构层次均会有相对较快提高，形成国民经济重大结构比例优化格局。而所有这些，均有利于中国经济长期稳定增长。

即使经济增速长期保持在 7% 左右，甚至放缓至 6% 左右，亦仍是较快增长，这也是我国经济仍处于重要战略机遇期的一个关键性依据。根据对全球 2002—2012 年 72 个经济体的分析，年均经济增速高于 6% 的只有 17 个经济体；2007—2012 年的分析则表明，高于 6% 的只有 20 个经济体。所以即使未来 10 年年均经济增速只有 6%，中国经济仍处于全球经济增长的第一方阵。

期间，将形成全球经济共生机遇。由于中国出口大大放缓，因此"中国制造"对发达经济体的冲击将大大减缓，欧、美、日制造业得以长舒一口气。而中国从这些经济体进口的农产品、大宗原材料、关键零部件、先进装备、知识产权等,均将长期稳定增加。且中国市场对发达经济体的金融、会计、咨询、设计、广告、法律、教育、医疗等服务业的需求,正在加快上升。中国游客更是像潮水一样,涌向发达经济体。日本旅游业2015年4月,44年来首次入超。中国与发达经济体的关系,从以往的促进与冲击并重,更多地转变为以促进为主。

更重要的是虽然经济增长将放慢,但居民收入将相对不会有较多下降。近3年城乡居民收入增速虽有回落,但仍持续高于GDP增速;2011年至2014年与改革开放以来GDP年均增速相比,城镇人均可支配收入高出0.9个百分点,农村人均纯收入高出2.9个百分点,是居民收入增长最快时期之一。2015年上半年,全国城乡居民收入实际增长8.3%,比GDP增速高0.9个百分点,就业增长总体尚好。

当前中国微观经济正在遭遇局部困境,是乍暖还寒时候的阶段性问题,就像季节更替容易生病一样。宏观经济增速由高向低变化,必然会有一些企业,或因扩张过快,或因成本大幅提高,或因技术和管理不适应,或因需求遇冷,出现不同困难,这对多数比较坚实的企业应不会产生长期影响。随着财政货币政策微调,财务危机将得到控制,且伴随着新增长点的坚实,以及相应的市场出清,微观经济将逐渐趋于健康稳定。

劳动相对价格不同变化的积极作用

在此前经济增长中,劳动价格相对下降,是经济快速增长的基本支撑。宏观表现形式是居民收入占GDP比重持续下降。高速增长始端,居民收入占GDP比重曾在1983年为62.6%,是比较高的水平。而在随后,企业效率全面较快提高,劳动则因无限供给,工资难以较快提高,居民收入增长持续低于劳动生产率及GDP增长。2011年,城乡居民收入占GDP比重落至最低点的

41.4％。由此而言,劳动价格相对下降,是经济快速增长之果。

然而正是劳动相对价格长期走低,促进了企业利润和财政收入飞快增长,以及固定资产投资快速增长,进一步把中国经济增速往上推。由此而言,劳动相对价格下降是快速增长之因。我们完全可以说,劳动相对价格下降的因果交织,支撑着中国经济步步加速。

现在有不少人把快速增长说成是一种货币现象,应该说并不完全正确。2004—2008 年的全球金融危机期间,宏观调控基本对策是防"过热"。央行从 2006 年 6 月至 2008 年 6 月,17 次上调存款准备金率,存款准备金率从 7.0％提高到 17.5％。这时出现一个奇特现象,一方面因银行贷款受限,企业流动性恶化,地方政府呼请央行开闸;另一方面则因外汇占款大幅增长,M2 同比增速从 2006 年的 15.7％上升至 2008 年的 17.8％。单一的货币政策并不能给出口降温,而出口大增进一步增发基础货币,并导致房地产越来越热。显然就当时而言,是基本面支撑下的货币较快增长,而不是相反。至于随后,货币超发由"果"转"因","4 万亿元"则进一步加剧这一状况。

而在未来一个时期,一方面是劳动年龄人口总量减少,导致居民收入增长相对加快;另一方面是出口增速放慢,导致经济增速回落。这就从分子和分母两个方面,同时推动居民收入占 GDP 比重上升。与此相应,企业利润和财政收入增速将均比以前放慢。

然而为什么说居民收入占 GDP 比重上升,与居民收入占 GDP 比重下降一样,都能促进经济增长?综合最近一系列研究,大致可做如下两个层面、六个方面的分析判断。

第一个层面,收入加快增长将形成三个重要激励约束机制,支撑未来 10 余年中国经济稳定较快增长。一是形成劳动成本增加的倒逼机制,优化和节制资本,包括加快技术进步,提升管理水平,减少消耗和奢靡浪费等,促进粗放外延经济向集约内涵经济转变。二是形成消费自增长机制,直接拉动生产增长和结构升级,弱化对于投资和出口的依赖,促进增长格局优化。三是形成劳动地位提升机制,体现和增进劳动权利,促进劳动要素优化配置。

第二个层面,分配关系优化促进中国经济内在的自我救赎,优化宏观结构,加快社会进步。居民收入占 GDP 比重上升,使得消费占 GDP 比重上升,这就在外需减少等情况下形成积极的消费支撑。然而工资上升确将挤压企业利润和政府收入,似乎直接影响投资和经济增长。然而常识在一些特定情况下通常只是假象,工资上升加快,将导致三种状况。一是从要素供给端,促进企业改善管理,减少支出,加强技改。二是从市场需求端,促进和改善企业销售,提高产品品质档次,提升产业结构。这些均无疑将提高劳动生产率和投资效率,最终促进经济增长。三是从社会发展端,优化资本行为,客观上增强资本社会责任,同时因劳动地位提升,令中国经济贴近他的人民,缓解长期以来的紧张社会关系,进而增强社会发展对于经济增长的支撑。

进一步的结论就是,在此前后两个不同增长时期中,劳动相对价格变动均具有积极作用。前一阶段是劳动价格相对下降,促成了低成本下出口快速增长,以及资本高额利润和政府较高财政收入下的投资加快增长,两者将共同支撑中国经济飞速增长。后一阶段是劳动价格相对上升,形成成本提升等因素下的出口增长放慢,以及资本利润率和政府财政收入增速降低下的投资增速大幅放慢,然而与此同时,消费增长相对较快,从而形成消费主导下的稳定健康较快增长,优化国民经济结构,因此虽然增长速度有所回落,但增长质量提高,国民经济重大结构趋于优化。

2015 年 1—8 月的经济状况是上述分析的一个实证依据。这一期间,出口增速回落 5.4 个百分点,投资增速回落 3.8 个百分点,规模以上工业增速回落 3.5个百分点,然而收入与就业增长仍较好,全社会商品零售总额增速实际仅回落 1.0 个百分点。

借鉴日美

日本经验可以进一步支持本文结论。1955—1961 年,日本雇员所得占 GDP 比重,从 41.5％下降至 39.5％,GDP 年均增速为 9.4％。1961—1975 年,日本雇员所得占 GDP 比重,从 39.5％上升至 55.2％,GDP 年均增速为 7.9％(见表 1、图 8)。雇员所得占 GDP 比重下降期间,仍是日本经济增速较快时期。当然,在雇员所得占 GDP 比重下降期间,日本 GDP 增长更快,恰如中国前一时期的状况。

表 1   日本雇员所得比重变化与 GDP 增长的关系

年份	GDP 年均增速/％	期初雇员所得占 GDP 比重/％	期末雇员所得占 GDP 比重/％
1955—1961	9.4	41.5	39.5
1961—1975	7.9	39.5	55.2
1975—1985	3.8	55.2	54.3

资料来源:日本总务省统计局

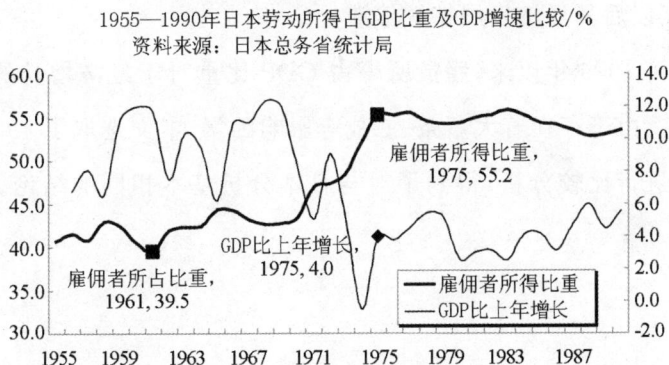

图 8   1955—1990 年日本劳动所得占 GDP 比重及 GDP 增速比较

日本第三产业在雇员所得占 GDP 比重上升的期间,有较快增长。雇员所得占 GDP 比重的下降期,日本第三产业占 GDP 比重基本保持不变。而在雇员所得占 GDP 比重上升的 14 年中,第三产业比重上升了 9.4 个百分点,这段时间可以认为是日本第三产业比重上升最快的时期(见表 2)。

表 2　日本雇员所得占 GDP 比重变化,对于第三产业的积极影响

年份	雇员所得占 GDP 比重/%	第一产业占 GDP 比重/%	第二产业占 GDP 比重/%	第三产业占 GDP 比重/%
1955 年	41.5	19.2	33.2	47.0
1961 年	39.5	12.0	41.5	46.5
1975 年	55.2	5.3	38.8	55.9
1985 年	54.3	3.1	36.3	60.7
1995 年	56.7	1.9	33.8	64.3

资料来源:日本总务省统计局

后发国家追赶型经济具有劳动无限供给、较快的技术进步以及制度变迁三大动力。而在这些动力耗尽之前,如果没有较大意外,经济将持续较快增长。日本经济在耗尽这些动力之后,又遇上了经济泡沫破灭、重大创新乏力等因素,以致 1990 年以后其经济发展持续停滞。

美国经济 1929 年以来,雇员所得占 GDP 比重对于经济增长的影响,亦支持本文结论。由于存在着大萧条、二战等影响因素,本文选取了 1950—1990 年的一段数据进行比较分析,得到了对与日本分析基本相同的结论。详见表 3,不再赘言。

表3　美国雇员所得与 GDP 增长的关系

年份	GDP 年均增速/%	期初雇员所得占 GDP 比重/%	期末雇员所得占 GDP 比重/%
1950—1970	3.9	53.8	60.4
1970—1990	3.3	60.4	58.2

资料来源：美国经济分析局

重要战略机遇期第二季喜忧参半

重要战略机遇期第二季，总体而言仍将是中国发展较好的时期之一。总的特点是，增长放慢，结构优化，约束激励增强。理想局面是结构优化使得增长质量提高，抵消增速回落的种种不愉快。下述"一慢两快"，是重要战略机遇期第二季，正常情况下的主要特征。

——物质生产增长放慢。分配格局重大优化，发展方式重大变化。企业利润和财政收入增速双双放缓，扩大再生产势头减缓。投资增速虽有较大放慢，但投资效率和投资质量将有所提高，以物质生产为主的疾风骤雨式的快速增长模式基本终结。一些地方"十二五"规划的 GDP 等指标都较难完成，应调低"十三五"经济预期指标。

——民生增长相对加快。居民收入增长快于 GDP 增长，逐渐形成消费主导的增长格局。不过因 GDP 增速回落，居民收入增长或将低于前期。这导致中国经济从远离它的人民，开始回归人民。就业因劳动年龄人口总量减少，同时因消费增长相对较快，如果经济增长保持在 6%～7%左右，尚不至于有较大问题。大学生就业因白领岗位增长较少，将有一定难度。长期存在的城乡收入差距扩大，因蓝领工资增长较快而有所缩小。第三产业发展加快，劳务及其他非物质消费增长加快。

——社会发展相对加快。这是民生增长相对加快的逻辑必然,亦成为经济发展的重要支撑。不过因 GDP 增长回落,社会发展总体而言将比前期有所放慢。即使如此,多数社会发展指标仍将相对快于 GDP 增长,社会发展在中国发展中的地位和重要性均将有较大提高。

这些都是理想局面。不过如果不能切实推进全面深化改革,积极贯彻落实科学发展观,下一阶段将存在以下发展风险。

——粗放外延风险。中国经济长期具有较强的粗放外延特征,近几年越演越烈。2010—2013 年,货物运输量和货物运输周转量增速,分别比 GDP 增速高3.4 和 1.4 个百分点;14 种工业主要原材料,有 7 种年均增速高于 GDP 增速。同期国有建设用地年均增速 19.1%,比全社会固定资产投资实际增速高 0.6 个百分点(见表 4)。投资粗放程度在上升,尤其是中西部地区建设用地集约水平大大低于东部。化肥农药增长快于粮棉油增长,由此可能进一步造成重大的食品安全危机。

表 4　2010—2013 年若干主要指数年均增速比较

GDP 与货运等	年均增速/%	主要工业原材料	年均增速/%	主要工业原材料	年均增速/%
GDP	8.2	原铝	11.8	焦炭	7.2
货物运输量	11.6	化学纤维	10.1	粗钢	6.9
货物周转量	9.6	钢材	10.0	纯碱	6.2
国有建设用地	19.1	10 种有色金属	9.5	生铁	5.9
全社会固定资产投资(实际)	18.5	水泥	8.7	平板玻璃	5.5
		烧碱	8.7	硫酸	4.6
		发电量	8.7	乙烯	4.5

粗放外延增长背后是严重的环境资源风险。2004 年以来,中西部经济增速持续快于东部,多个省份产业结构又黑又重,环境容量大大低于东部,已经酿

成或正在酿成比较严重的生态危机。而在原材料方面，石油年进口超过 3 亿吨，铁矿砂年进口超过 8 亿吨，无论是供应量、价格还是运输通道，稍一不慎，就有可能出现较大问题，地缘政治已成为中国经济必须关注的重大问题。

——效率损失风险。中国经济长期存在着一系列低效、无效，甚至需要付出较大代价的经济行为。这在高速增长时期"一俊遮百丑"，尚不严重，但随着经济增速回落，就会产生严重问题。就像一辆行驶中的汽车，可能因漏油和机件加速磨损而中途抛锚，甚至造成重大事故。

这里起码有四宗罪。第一宗罪是产能过剩，第二宗罪是粗制滥造，第三宗罪是胡乱决策，第四宗罪是奢靡浪费，有些问题已严重到了无以复加的地步。产能过剩本是市场经济常态，但在预算软约束，以及长期审批经济和政策多变之下，产能过剩已远远高于正常水平。粗制滥造降低福利水平，加剧资源环境危机，击穿道德底线，已是当代中国一大公害。长官意志、草率决策，被典型反映在随意规划当中。如杭城堵车严重，与其没有采取功能区块式布局有关，大型住宅区在城西，大学城在城东，大企业在城南，大机构在市中心，长距离钟摆式通勤，再好的交通体系亦会被堵得水泄不通。再如高指标和压指标屡见不鲜，前几年指标普遍低于实际，这几年则普遍高于实际，相当一些地方"十二五"主要目标难以实现。奢靡浪费自中央实施"八项规定"以来已有较大扭转，但仍需继续努力纠正，且其前期造成的危害仍在毒化整个社会。

这些问题如果任其发展，最终将使生产经营难以为继，并造成恶性通货膨胀危机的严重后果。从物质生产看，经济持续增长是通过持续的高效投资来实现的，而在因胡乱花钱而致投资不足，因决策不当而致投资低效、无效甚至负效的情况下，经济增长将形成长期的收敛趋势，就像钟摆一样，逐渐因动力不足而难以自我维持。从货币运行看，一些投资项目长期累积性的跑冒滴漏导致入不敷出，难以及时偿付本息，进而在普遍支付危机下，央行不得不过量发钞，终致恶性通货膨胀。

——创新乏力风险。改革开放初期,民间企业简陋创业,形成"拿来主义"的发展路子。时至今日,越是竞争力强的企业,引进装备占比越高。一些行业如不包括土建部分,引进装备几乎占企业装备 70% 甚至 80% 以上。境外厂商隔三岔五推出一个局部改良的升级版,企业为了保持竞争优势,只得不断引进,这愈加影响国内自主创新能力增强。

就科技创新若干主要指标而言,长期处于较低水平。发达国家 R&D(research and development,研究与开发)占 GDP 比重,在 20 世纪 80 年代即已超过 2%,我国 2013 年虽然增长较快,但仍仅占 GDP 的 2.09%。发明专利数量这几年增长很快,但如不包括境外,每万人口发明专利授权数仅 1.0 件,日本于 1985 年即已达每万人 4.1 件。另根据日本统计局数据,2011 年,中国发明专利数为每万人 1.2 件,日本为 21.5 件,美国为 7.1 件。至于我国发明专利转化率之低,则更是长期广受诟病。

自主创新远期堪忧。有报道说,2014 年诺贝尔奖热门人选中有 4 名华人,然而这也正是令人担忧之处。中国一大批最优秀的学生、一大批最杰出的科学家,甚至一大批最有钱的人,不是在境外,就是已经成为外籍人士,或是正在争取成为境外永久居民的过程中。局部技术创新和技术应用固然很重要,但并不足以把中国带向未来。那些改变未来的伟大发明,如果没有一大批杰出人才,以坚强的定力,以常人难以耐得住的寂寞,倾之数年乃至数十年的艰苦努力,绝难成就。固体电子技术研究始于 1938 年,由其而致的革命性变化则是在 50 年以后。当前中国社会既缺少人才,也缺少较好环境,更缺少自孩童幼年期即有的毫无种种成规羁绊的创造性思维教育,谁来替中国的未来创新?

创新乏力对"十三五",甚至"十四五"前期的影响可能不大,但真正产生较大不利影响的情况,可能是在 10 年以后。随着我国经济发展水平与发达国家的差距日渐缩小,"拿来主义"日渐式微,只有很强的自主创新,才能确保远期经济稳定健康增长。而未来的创新,是由当前的创新决定的,这 10 年,如果不能抓紧培育一大批能立足于世界前沿的科研团队，形成广阔的顶尖人才队伍，往后发展恐有较大问题。

着力全面深化改革与加快科学发展

首先，全面深化改革应多措并举。迫切需要进一步激发民间活力，克服要素瓶颈制约，增强经济发展牵引力；迫切需要进一步增强社会活力，促进经济社会协调，增强全面发展支撑力；迫切需要进一步加快政府转型，提升区域治理能力，增强发展服务力。地方政府当前在经济体制改革方面缺少相应空间和较大主动性，主要是落实中央举措，或可把改革主动性和重点放在社会和政府两大方面。

其次，推进科学发展重在促进四大转型。一是经济方式转型，从粗放外延增长转变为集约内涵增长；二是经济主体转型，从以草根创业为主转变为以精英创业为主；三是理念转型，从以制造产品为主转变为以创造价值为主；三是经济行为转型，从经验主导转变为科学发展观主导。超常态增长正在谢幕，我国经济已经或正在进入常态化增长时期，中国社会必须从浮华走向坚实，政府、企业及个人的价值和行为都应及时调整。

再次，科学认识发展的双面刃作用。发展能解决问题，但发展将产生更多的新问题，富人比穷人有更多的烦恼。发展水平提高之后的问题，比发展水平提高之前的问题更难解决，富人的精神性问题远比穷人的物质性问题更难解决。经济增长而转型滞后，将具有爆炸性。如果片面追求经济增长，GDP挂帅，贪图一时之便而不断逾越善政的底线，最终恶果就会像溃堤后的洪水一样，一泻千里，不可收拾。

最后，关键仍是解放思想。中国从公元前221年实现统一，至新中国建立前的2000多年内，治乱交替、单曲循环，臣民始终都是帝皇的奴才，几无制度进步。从世界范围看,如此历史进程绝无仅有。改革开放开创了中国发展的新纪元,但物质生产上去了,精神文化下来了。如何进一步激发广大人民群众和企业的活力,如何在环境资源制约之下加快发展,如何弘扬社会主义核心价值观,如何把当前经济社会重大转变作为改变中华民族历史进程单曲循环历史宿命的起点,筑就实现中国梦的坚实基础,是我们面临的重大历史使命。当前最迫切的就是进一步解放思想,真正做到如王安石所言,"天命不足畏,祖宗不足法,人言不足恤",奋力加快改革。

（以上 5 篇均发表于《统计科学与实践》2015 年第 2 期）

"发展宝典"再造

习总书记与圣诞老人合影所展示的开放自信

一张"学习粉丝团"的微博照片在朋友圈热传。照片上,习总书记笑容可掬地侧身紧靠圣诞老人,手放在圣诞老人椅上,圣诞老人的手亲切地搭在习总书记肩上。配文是"圣诞老人给大家派发礼物啦"。

我曾以"孤悬"一词,形容中华文明19世纪中叶以前在全球的生存发展状况。这或许并不完全确切,因为佛教大致于两汉之际从印度传入,对中国有很大影响。但就中国与欧洲、中近东及北非,即与西半球的关系而言,"孤悬"一词或有几分形象。

改革开放以来,古老的中华文明终于开始主动拥抱西方文明。习总书记与圣诞老人合影,意味着中央积极推进开放,开创中华文明与世界文明融合发展的新纪元,这非常令人高兴。

　　文明融合碰撞是人类社会发展的主线索。尽管其间有着血与火的残忍,以及被迫接受外来文明的痛苦。然而人类文明能达到今天这样的高度,非常充分地表明这是一条不得不走的路径。

　　至少近3000多年来,由于地理空间上的高度围合性,中华文明对于欧洲、中近东及北非文明,以及西半球内部相互之间的融合碰撞,几乎长期置身事外。直到19世纪中期以后,伟大的中华文明才很不情愿地被迫卷入全球性的文明融合碰撞之中。

　　当然在这漫长的历史过程中,中华文明与欧洲、中近东和北非文明,也有过接触、交流。欧罗巴人早在4000年前就已深入罗布泊定居,中国的丝绸,据传早在公元前四五世纪即已进入欧洲。汉唐时期,中国与欧洲、中近东地区互有使节往来。但是相互间的较强接触,即对文明走向具有决定性影响的那种接触交流和融合,则几乎很少或没有。

　　然而中国以外的那些文明,其中主要是欧洲、中近东和北非文明,5000多年来,相互之间具有持续、激烈的融合碰撞,并由此而逐渐发展起来。这固然是充满着血与火的历史,但确实推动了文明的持续进步。

　　现今广泛使用的西文字母,就是文明融合碰撞的产物。美索不达米亚于公元前3500年产生了楔形文字,差不多与此同时埃及产生了象形文字。大致在公元前2000至公元前1500年之间,在美索不达米亚与埃及之间的一些地区出现了字母,与现代西文字母比较接近的则是公元前1000年左右形成的腓尼基字母。这些字母为后来的希腊采用,继而演变为罗马的拉丁字母,最终演变为西方国家广为采用的现代字母。据说阿拉伯文字也深受其影响。

　　字母最大的好处是易学、易用、易传播。考古学家挖掘公元前7世纪,亚述攻打耶路撒冷时的遗址,挖掘出了犹太下级军官写在破陶片上的给前线司令的信。公元12世纪前后,西班牙穆斯林中很大一部分人会读书写字。1455年德国人古腾堡发明成套的铜活字排版技术和装备,仅20余年后,活字排版的印刷厂已遍布西欧主要城市。

汉字在中国古代则是难学、难用、难传播。著名考古学家斯坦因 1900 年发掘罗布泊的古代驿站，发现大量档案资料，但却没有发现类似犹太下级军官随手写给上级的文字。毕昇于公元 10 世纪发明泥活字排版，但中国长期以雕版印刷为主，目前已知的海内外所藏中国古代活字印本总计 2000 多种，在整个古籍总量中占比很小。

大致从公元前 2000 年至 20 世纪初期，欧洲、中近东和北非一带，由于文明的融合碰撞，相继出现了一系列横跨欧亚非三大洲的伟大帝国。比较早的有埃及、亚述、巴比伦、波斯帝国等。

马其顿国王亚历山大，于公元前 4 世纪从雅典进军至阿富汗的兴都库什山，从那里眺望伟大的中华帝国。由于亚历山大的远征，形成了纵贯欧亚非被称之为希腊化的广阔地区。

接着是罗马帝国，公元前 3 世纪，迦太基名将汉尼拔几乎置罗马于死地，然而罗马起死回生，其疆域跨欧亚非三大洲。有史家认为，汉尼拔对罗马近乎毁灭性的打击，是促进罗马强盛的一个重要因素。

公元 7 世纪初从阿拉伯半岛走出来的阿拉伯人，创造了远比罗马帝国更为强大的阿拉伯帝国。伊斯兰教的阿拉伯帝国西至大西洋，东至中国边境，北至咸海，南至尼罗河上游，被称为"史上最强大帝国"。

阿拉伯人占领西班牙长达 800 年，阿拉伯人公元 7 世纪在犹太教圣殿遗址上，建起了现仍光彩夺目的岩石圆顶清真寺。信奉伊斯兰教的奥斯曼土耳其帝国，在 1453 年攻陷东罗马的君士但丁堡后，一直延续近 600 年。

美国一位学者高度评价阿拉伯帝国创造的不朽文明，指出："一神教是古代闪族世界最伟大的贡献，希腊哲学是古代印度—欧罗巴世界最伟大的贡献。而中世纪的伊斯兰教，在人类思想史上第一次把这两件最伟大的贡献加以调和，从而把基督教的欧洲引向近代的观点，这是中古时代伊斯兰教永垂不朽的光荣。"

这些世界史上波澜壮阔的伟大篇章,与中华文明只有很弱的联系。所以当1840年以来列强用大炮轰击中国时,中华帝国被打了个措手不及。愚昧的清皇朝根本不相信,我朝之外,居然还有其他更为强盛的国家。他们更不会知道,国家和文明只有在融合、碰撞当中,才能强盛发展,才能造福人民,才能稳固自己的治理。

以史为镜,可知兴替。结合这些史实,学习党中央关于创新、协调、绿色、开放和共享的五大发展理念,我感触非常深。积极加快开放,积极融入世界文明发展大潮之中,是我们当前的一个重大战略任务。这也正如习总书记在第二届世界互联网大会上所指出的那样:"中国开放的大门永远不会关上。"

(财新博客 2015 - 12 - 25)

"赚钱宝典"失效以后

多年前我在企业调研,觉得钱来得好快啊。一个项目的投入,通常能在两三年内收回。如有人说要四五年收回投资,老板就会说,哦,不行的,太慢了。

大数据亦表明这一点。1998—2011 年,长达 13 年间,全国规模以上工业企业利润总额,年均增长高达 33.3%。

来钱快的原因,是老板们有个赚钱宝典。这就是一手招聘大批农民工,一手进口大批境外工艺装备。中国居民工资长期较低,劳动收入占 GDP 比重大幅走低;大批进口的境外工艺装备,或许并非世界顶尖,但在国内当属先进实用。

由此再加上完备的不完善拓展的产业链,以及物流成本大幅走低,中国产品打遍天下无敌手。1978—2008 年,中国出口年均增长以人民币计算高达23.8%,进而使得企业利润快速增长,1998—2011 年,全国规模以上工业企业利润年均增速高达 33.3％。

赚钱宝典的保鲜期终究是有限的。随着出口增速回落,2011—2014 年,全国规模以上工业利润年均增速只有 1.8％,不到前一时期的零头。大牌学者对此有着各种令人云里雾里的分析,简单而言可以有三点:一是中国农民工再也不是世上工资最低的群体了,二是引进装备边际效率递减,三是出口碰到"天花板"。于是……,后面的故事你懂的。

一场风花雪月的暧昧之后,突然雷电交加、风雨大作,又有谁能承受？本文着重要讨论的是,由此相伴发生并进一步演变的故事。

赚钱宝典的根本支撑,是一次分配关系长期不利于劳动。原本在劳动力无限供给的状况下,劳动工资难以较快提高。1998—2011 年,城乡居民收入名义年均增速仅为 11.3％和 9.4％,分别比同期规模以上工业企业利润增速低 22.0 和 23.9 个百分点,比 GDP 名义增速低 4.9 和 7.5 个百分点。正是在这一状况下,收入和消费占 GDP 比重双双逐年走低,经济增长严重依赖出口和投资。

一次分配关系终于开始不利于资本而向劳动倾斜,赚钱宝典终于渐失支撑。劳动力供给总量终于开始减少,而经济增速仍维持在一定水平,这就必然导致工资增长加快。2011—2014 年,全国城乡居民人均收入年均实际增速,分别为7.8％和9.7％,比同期规模以上工业利润年均增速,分别高 6.0 和 7.9 个百分点;比 GDP 年均增速,分别高 0.2 和 2.1 个百分点。

中国经济仍能赚钱。只是一部分钱从老板流向了农民工,不过农民工手上的钱仍会回流到经济活动之中。就在出口、投资、企业利润等的增速纷纷出现断崖式下滑,以及政府和企业职务消费大幅下滑的情况下,城乡居民收入增长依然相对较快。

消费增速傲然挺立。2015 年 1—8 月累计与去年同期比较,出口下降 1.4％,回落 5.2 个百分点;投资增长 10.9％,回落 5.6 个百分点。然而,全社会消费品零售总额实际增长 10.4％,仅回落 0.2 个百分点。2015 年上半年,全国居民人均收入实际增长 7.6％，虽然同比回落 0.7 个百分点，但比 GDP 增速高 0.6 个百分点，也远远快于企业利润增长。

这难道不正是"收入和消费增长一枝独放"的一种状况吗？这难道不就是本人所谓的一次分配关系转折性变化的典型状况吗？

新阶段的赚钱源泉是服务和创造。北大医院院长说有一天他在病房，不经意间看到一个年轻护士和一个老人相向而行，两人接近时，两个人同时举起了手，年轻护士拍了一下老人的手，说："爷爷好！"那一幕令人多么欣慰、多么感动！这是难以用金钱衡量的情感交流，令病人身心愉悦。

所谓创造，最重要的是能把国家民族带向未来的重大科技突破。前两天我与一位已退下来的大学校长共同参加一项活动，他对现在高校科研很有意见，认为有些科研项目简直是在制造垃圾。我也很有同感，不少专利仅用于高校考核拉分，几无实用价值。前不久中办国办印发了《深化科技体制改革实施方案》。现在的关键，不仅仅在于抓紧实施这一方案，还在于形成普遍尊重知识、尊重创造发明的人文环境。

"赚钱宝典"失效后，政府和企业家们大可不必惊惶失措。我们现在所结束的，仅仅是一个低价格劳动与成熟技术相结合、出口导向的低水平增长阶段。而超常态发展时期的"赚钱宝典"失效后，将形成消费增长相对较快，以及从资本节制到资本潜力挖掘的新阶段。前者或是中国经济增长的新的有效空间，后者则将是中国经济增长的新的澎湃动力。

（财新专栏 2015－09－29）

"发展宝典"再造

写了"赚钱宝典"后，觉得这也正是中国经济一个特定时期的"发展宝典"。"草根企业家＋农民工＋引进技术和管理"，恰是改革开放以来中国经济快速发展的具体展开。

这一"发展宝典",实即"改革红利＋人口红利＋开放红利"。进一步分析,亦正是新古典经济学框架下的三个增长源泉:资本积累、劳动力供给、全要素生产率提升。

改革开放初期,草根企业家早已悄然登场。列当年柳市"八大王"之首的胡金林,1974年初中毕业去神农架谋生,山上生活比他老家更艰辛。回家乡后,他发现当地农机配件和工量具奇缺,于是开始进行相关的生产经营。这当然是市场经济"地火",但胡金林的亲戚朋友们会悄悄告诉别人,柳市镇上某条小巷深处有他们急需的东西。

农民也从土地上被解放出来。我于1999年所做的劳动力供需预测认为,如果纯以省内角度估算,大致要到2007年以后,才会出现劳动力紧缺情况。

当前的问题是,草根企业家渐老,剩余劳动枯竭,引进技术边际效益递减,出口遭遇"天花板","发展宝典"颓势顿显。尽管一些学者把中国经济的下行,讲得比较费解,但故事梗概大致如此。

新的"发展宝典"应该并不深奥。如果套用上述说法,具体展开或应是"高素质企业家＋高素质员工＋自主创新"。不过这一提法毫无新意,因为事实本应如此。这也可以看出,当中国经济终于从超常态回归常态时,发展宝典亦回归常态。

这里必须强调的是新"发展宝典"的新内核。这就是中共中央十八届五中全会提出的创新、协调、绿色、开放和共享五大发展理念,以及"六个坚持"。对于这5＋6的11个概念,如进一步提炼归纳我的理解,其核心或许就是两组词:放开＆监管＋知识＆智慧。

放开是中国改革开放的一条主线。长期以来一直流行一个说法,"一放就活,一收就死。"一个"放"字实现了多少人的梦想!可惜人们在日子好了以后,很容易忘了这条主线,诸如国企大举收购民企,央企上收地方企业,具体改革需层层报批试点,大量资源集中于京城,形成首都重化工圈等。2001—2015 年,有关国际机构做的研究表明,中国市场化的全球得分虽略有提高,但相对位次有所下降。

放开亦即自由。"自由"居社会主义核心价值观三组词中第二组词的首位,绝不是偶然的。只有高度的自由,才能产生出把国家和民族带向未来的重大创新。自由当然从来都是有条件的,即所谓"随心所欲,不逾矩"。

监管是对自由的规范。监管在改革开放初期相当欠缺,这也没什么奇怪,那时有多少人懂市场经济?20 世纪 80 年代初有一种很流行的加工食品虾片,现场考察后,领导笑着说,这哪有虾啊,分明是"骗片",但当时似乎无人对此进行监管。

监管亦即法治,这当然是民主基础上的法治。放开的同时,必须依法加强监管,否则必将导致灾难。最近对于资本市场的治理,就充分说明了这一点。这样,我们可以得出一个大致的等式,"放开 & 监管＝自由 & 法治"。

知识在本质上就是人类对于自然和社会规律的认知。30 多年的高速发展,长期采取拿来主义,缺少对于内生知识增长的需求,"知识不值钱"就是在这种状况下出现的。党和政府倡导尊重知识、尊重人才,但具体实施时却存在一些问题。

智慧是对于知识的实际运用。仅仅有知识远远不够,关键是结合实际克服困难、解决问题,这就需要智慧。上帝问犹太人的所罗门王需要什么,所罗门回答说什么也不要,只要智慧。上帝大悦,说是不但赐智慧于你,而且还给你所有的一切。智慧并不等于知识,但若智慧缺乏足够的知识支撑,可能智慧越多,越有可能出错。

由此进一步得出一个等式,"知识 & 智慧＝科学 & 市场"。知识的总和就是科学,市场机制则是人类在现今知识和理性状况下,千百万人基于逐利动机,以及政府管理智慧的总和。这样的理解或许不一定准确,但应该是一个大致的图景。

这就进一步得到一个恒等式。"放开 & 监管＋知识 & 智慧"，恒等于"自由 & 法治＋科学 & 市场"。前一等式是具体行为展开和行为的要求，后一等式是主体状态及其内在的精气神，这公式中的任一要素均是必需的。

新的发展宝典实施难度大于旧的发展宝典，原因在于这一新宝典内核，正是当今中国社会所欠缺的，且新宝典实际运行还需要一系列配套条件。由此也可以说，中国经济往后的发展难度将会增加。

（《浙江日报》2016－01－06）

内陆农村发展思路

夏末一个阳光明媚的中午时分，我站在洛河入黄口。洛河水清，黄河水浊，河洛交汇，清浊相咬，据说太极图灵感源于此。

此次目的地温县，位于郑州西边近 60 公里的黄河之北。行前我在"谷歌地球"上观察，发现县城以红瓦屋顶为主色调，新建高楼较少；实际观感，道路宽阔整洁，黑色路面质量很好，城区建设水平大致相当于 20 世纪 90 年代末的杭嘉湖县城，热闹繁华程度与之并无二致。

内地小城发展水平低于沿海，却自有其令人向往的一面。10 多年前，杭州西溪尚未开发，我一人独自从蒋村进入西溪小村。其时恰是初冬，暖阳之下，周遭静谧，霎时有肉身放松、心灵净化之感。我们一边追求感官享受，厌恶烦躁不安的心情和备感疲乏的肉身，另一边都仍痴迷于物质追求，有几多人能改弦更张呢？

车进县城，道路两侧间或晒着刚收获的金黄色的玉米。温县是重要的小麦和玉米产区。陪同我考察的县教育局小郑和小王说，农民把出售玉米的钱，用来购买小麦种子，以及化肥农药等。这玉米是农民来年的生产资金，虽然尚未到播种小麦的时节,路上已不时有满载化肥的汽车疾驰而过。

第二天早上,我随意在城里散步。一户人家的女主人在路边整理铺晒着的玉米,七八岁的男孩坐在玉米堆里掰玉米皮,男主人在边上吃着早点,还有一位少妇陪着一个三五岁女孩也在边上。我问女主人为什么不用机器加工,她说地太少,没法用机器。

飞机在郑州新郑机场着落时,我观察到地面的农房基本都是近些年盖的。县城边上一排排农居,大多一户人家两间门面,多数是两层,也有一些加盖了阁楼,进深 10 米左右,小院三四米深。这些楼房虽无杭嘉湖农居的豪华,却也一派小康气象。

距县城 5 公里陈家沟村是太极拳发源地,是温县的骄傲。据说全球现有 3 亿人练习太极拳,而在温县则人人都能耍几下。对于温县人来说,从小学到高中,太极拳是必修课。陪同我的两位小伙,一招一式,威猛帅气,令我羡慕。

然而陈家沟旅游开发似有更大空间。主体景区开发建设是旅游开发的关键,但村中的太极拳一条街尚未形成气候,当地正在努力建设。街上主景点太极拳创始人陈家大院的建设尚可,但尚未形成景点群的强大气势。村子东端因黄河泛滥形成的陈家沟,正在进行拆迁。陈家沟村口外的一大群新建筑物,其造型、结构、用料,以及施工工艺都难以令人满意。且陈家大院门票亦似偏高,或许扫了一些人的兴致;虽是周日,游客并不多。

听说当地政府对陈家沟旅游开发颇为着急。中国的沿海地区缺少商业机会,像陈家沟这样极有潜力的投资项目,却待字闺中,或许有信息不畅、政府政策等原因。总之如能扫清障碍,增强产权保障的长期稳定预期,中国投资增长仍有相当空间。

武馆经济将是温县旅游休闲发展的一个重要方面。仅依靠观光游,一方面有旅游资源上的限制,另一方面毕竟当地收益有限。我们去的那天,陈家大院刚好在举行一个拜师仪式。听说师傅来自郑州,四五十个徒弟来自全国各地,其中不乏境外人士。村里有一些修建得较好的小院，陪同的小郑、小王说这些小院的主人大都是在外地开武馆赚了钱的。

在太极拳的诞生地习修太极。就这一句话，定将"引无数英雄竞折腰"。乔布斯19岁时曾去印度灵修数月，太极拳同样将以其中华传统文化的神秘性，以及健身养心等特点，吸引来自国内外的一大批人在陈家沟研习。

多数人很可能纯属来玩玩。那就投其所好，教几招花拳绣腿给他们。而这些人的主要目的，大致也不过是来空气清新、食材新鲜、景色新奇的河南农村，短暂地换一种生活方式而已。这批人就其数量和消费来说，很可能是未来此地休闲旅游的主体，能形成较强的发展带动能力。

这其中的一些老人，还可以边练太极，边在温县过上一段悠闲的慢生活。就像浙江不少农村靠吸引上海、杭州等城里老人，发展养老经济一样，温县完全能建设多个太极村。不同的是，在浙江乡村养老，没有一个能够围绕的中心，而在温县农村，则有着一个学习太极拳的主题。

内陆农村靠那几亩耕地发展经济是没有出路的。内陆农村必须跨越工业化，积极与沿海互补，联动发展。而且，内陆农村只有减少农民数量，达到每个劳动力有100亩耕地左右，才是有前途的。我提出的思路是我这几年一直坚持的几句话，"人要出来，钱要进去，地要流转，业要特色，城要扩张"。

（《浙江经济》2016 年第 19 期）

经济筑底及"浅 V"回升

中国经济尽管仍有不少问题,但若干指标却不容置疑地有所好转。回顾 2016 年,展望 2017 年及今后的一两年,中国经济的一个鲜明特点是出现筑底及"浅 V"回升迹象。即在历经 9 个年头的经济增长回落之后,中国经济正在进入底部,形成经济新常态下的新均衡,以及新的回升势头。

经济筑底分析

这里的分析,还是如本书序言所说,以 2011 年为基准。由此分析 2016 年的经济形势,可以清晰观察到中国经济的三条重要线索。

第一条线索:企业努力改善财务,重建新的生产经营均衡。

全国规模以上工业企业这些年来主动收缩生产经营规模,积极控制产成品及库存,努力降低成本,构建低增长格局下的新的生产经营均衡,增强了对于经济增长回落的抵御能力。

　　多亏中国民间企业有着非常健康和稳健的一面。10 多年前,我们去企业调研,多数企业引以为傲的一点,就是无贷款。而在 4 万亿实施的 2009 年,情况就完全不一样了。温州企业家告诉我,一些银行行长一而再、再而三地要求他们贷款。正是这一种过快的多元化扩张,才导致 2011 年以后的严重问题。然而,这毕竟只是一部分企业的状况。正因如此,才能看到如下令人高兴的一些情况(见图 9)。

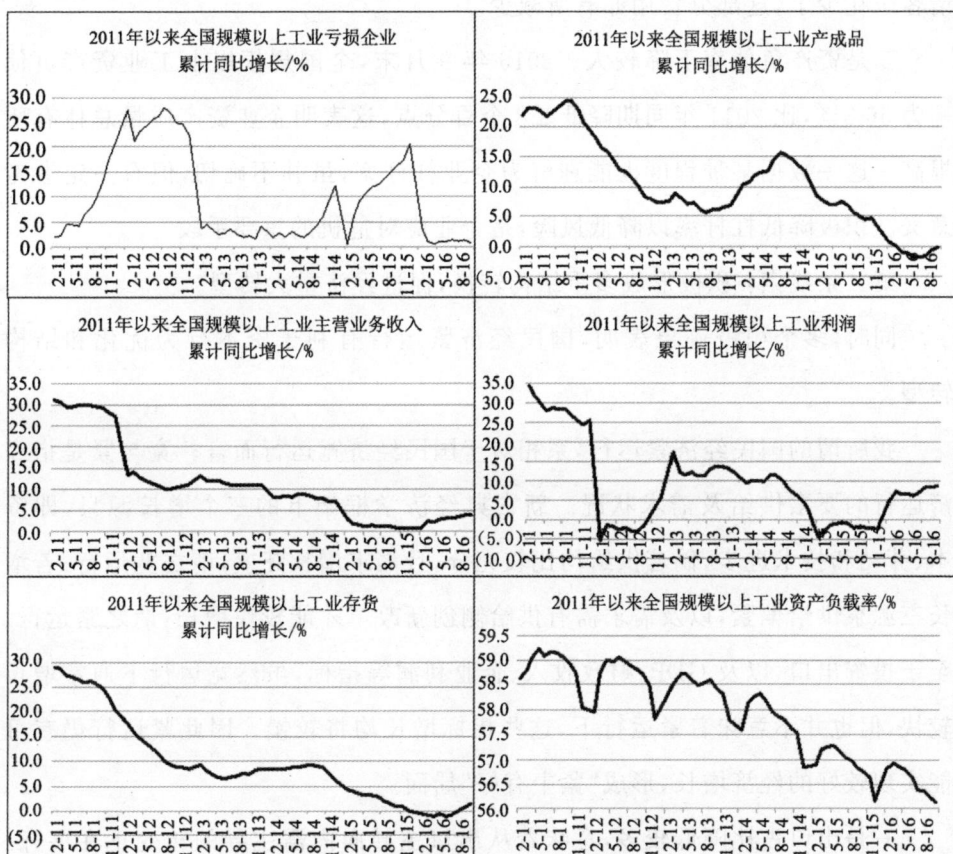

图 9　2011 年以来全国规模以上工业主要财务指标变化趋势

　　一是产成品存货的增速持续回落。2011 年以来,这两个指标持续下降,2016 年 1—9 月存货增长仅 0.7%,产成品增长为 -0.8%,即使考虑到生产者价格下降因素,这两个数据仍低于销售收入增长,这也表明工业企业仍处于去库存阶段,以致拉低 GDP 增速。

二是生产经营成本有所下降。管理费占主营业务比重在 2016 年 9 月末为 3.5%,比 2011 年同期提高 0.9 个百分点,但在此期间工业生产者价格有较大下降,而构成管理费主要部分的工资则上升较快,因此企业管理费实际有较大降低。管理费是个比较复杂的筐,企业好多费用都往这里面装。"八项规定"后,请客送礼少了,这部分费用亦有所减少。

三是资产负债率下降较大。2016 年 9 月末,全国规模以上工业资产负债率为 56.3%,比 2011 年同期降低 2.8 个百分点,这表明企业资产质量总体有所提高。这一数据某种程度也能理解为企业杠杆率,虽并不确切,但有一定参考意义。积极降低杠杆率以降低风险,是企业应对危机的重要手段。

第二条线索:积极形成多重结构转换,促进经济重大转型。

同时,多个积极迹象表明,国民经济紧运行有利于资本行为优化和结构转型。

我所谓的国民经济紧运行,系相对于国民经济宽运行而言。宽与紧是指经济运行的要素供给及需求状况。新古典经济学框架下的三个增长源泉,即资本、劳动和技术进步,倘若供给均比较充分,且需求增长旺盛,谓之宽运行;若增长三源泉供给偏紧,以及需求需有供给侧创新改革才能较快增长,谓之紧运行。至于投资出口,以及 GDP、财政收入、企业利润等指标,虽然宽运行下通常增长较快,但也并不意味着紧运行下,这些指标增长均将较慢。因此紧运行仍有可能实现较好的经济增长,形成"紧中有好"局面。

一是出口占比降低较多,意味着从出口主导向内需主导的转变正在展开。2016 年 9 月末,全国出口额相当于 GDP 的比重为 19.0%,比 2011 年末降低 7 个百分点,增强了中国经济对于全球经济回落的抵御能力。

二是科技活动支出占比持续提高,意味着从要素推动向创新推动的转变。

2015 年，全国 R&D 经费支出比上年增长 8.9％，R&D 与 GDP 之比为 2.07％，比上年提高 0.05 个百分点。浙江省规模以上工业科技活动经费支出总额占主营业务收入比重，2016 年 8 月末为 1.4％，比 2011 年同期的 0.8％提高 0.6 个百分点。

三是制造业从业人员持续减少，意味着从粗放外延增长向集约内涵增长的转变。以浙江省为例，2011 年以来，全省规模以上工业从业人员数，持续保持约 2％左右的减少速度。每一从业人员的主营业务收入，2016 年 8 月末达到 60.8 万元，比 2012 年同期提高 19.1％，考虑到生产者价格下降因素，实际提高幅度应大大高于账面数。而这些减少下来的从业人员充实到服务业，形成了从业人员的结构转变。

第三条线索：消费增长持续相对较快，夯实转型支撑。

这是本书的一个重要观点，不妨适当重复。2011 年来，在国民经济主要指标断崖式回落的过程之中，消费直至 2015 年仍保持两位数增长水平（见图 10）。

2016 年 1—9 月，在收入增长比上年降低 1 个多百分点情况下，全国全社会消费品零售总额仍保持实际增长 9.8％的较好业绩。2016 年 1—9 月，最终消费支出对国内生产总值增长的贡献率为 71.0％，比上年同期提高 13.3 个百分

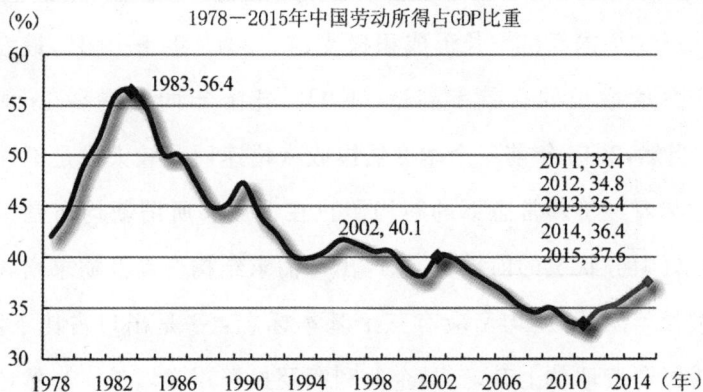

图 10　1978—2015 年中国劳动所得占 GDP 比重

点。据浙江省调查,规模以上服务业企业从业人员,2016 年 1—8 月比去年同期增长 8.4％,2012 年以来从业人员同比增长基本都在 4％以上,这也表明即使从制造业减少的人员全部充实到服务业,仍需新招员工。

消费增长表现较好的背后,是居民收入增长的相对较好表现。根据我的计算,2011—2015 年,加权后的居民收入年均实际增长达到 8.4％,比 GDP 年均增长高 1.0 个百分点。这也导致中国劳动所得占 GDP 比重,从 2011 年的 33.4％,提高到 2015 年的 37.6％,提高了 4.2 个百分点。

表 5 全国经济 GDP、收入及消费增长速度比较

年月	GDP 比上年增长/％	农村居民人均纯收入比上年实际增长/％	城镇居民人均可支配收入比上年实际增长/％	社会消费品零售总额比上年实际增长/％
2010	10.4	10.9	7.8	14.8
2011	9.2	11.4	8.4	11.6
2012	7.8	10.7	9.6	12.1
2013	7.7	9.3	7.0	11.5
2014	7.4	9.2	6.8	10.9
2015	6.9	7.5	6.6	10.6
2016(1—9)	6.7	6.5	5.7	9.8

这一状况对全国经济增长形成积极支撑。2016 年 1—9 月,最终消费支出对国内生产总值增长的贡献率高达 71.0％,比上年同期提高 13.3 个百分点(见表 5)。当然,2016 年前三个季度居民收入增速回落较大或是不祥之兆。

筑底意味着经济新常态下的新均衡正在形成。所谓新均衡是指在保持企业正常或较好财务状况的前提下,总产出与需求结构变动及需求增长放慢相适应的稳步增长。因此,新均衡应有三个基本标志:一是出口占比下降,二是居民收入及居民消费地位上升,三是企业利润及投资正常增长。当然还有其他一些要求,如金融格局保持稳定,以及股市、债市、汇市和楼市基本稳定,但前三者

无疑是基本面和支撑性的。

当前状况下，形成和保持经济新常态下的新均衡，关键是做到四条：一是积极促进经济发展回复到内需主导发展上来，二是积极促进经济发展回复到消费主导发展上来，三是全面增强多层面引进及自主创新，四是积极保持金融等的稳定和风险控制。上述一、二两个方面，已逐步做到及显现，第三方面需要进一步加强，第四方面至少就目前而言近几年总体可控。

"浅 V"回升猜想

全国规模以上工业企业主要数据，2016 年 1、2 月以来逐月好转。亏损企业累计增长，2015 年年末高达 20.6％，2016 年 1、2 月以来逐月降低，2016 年 10 月已降至累计同比增长 0.7％。主营业务收入累计增长，从 2015 年的 0.8％，2016 年 1、2 月同比增长 1.0％，上升至 2016 年 1—10 月的累计同比增长 3.9％。全国规模以上工业增加值 2016 年以来已连续 9 个月保持在 6％以上，1—11 月累计同比增长 6.0％，相对于 2015 年同期的回落已收窄 0.1 个百分点。存货与产成品累计增长速度，至 2016 年 10 月均已连续 4 个月加快。资产负债率 2016 年 10 月末为56.1％，比 2015 年同期降低 0.7 个百分点，表明企业资产质量已有所提高。浙江规模以上工业企业数据则比全国更胜一筹。

更重要的是，规模以上工业利润增速稳步上升。全国规模以上工业利润增速，随着投资和出口的断崖式回落，在 2012 年年初出现负增长。2013 年因上年基数降低，重攀两位数增长；2014 年重回一位数增长，2015 年则负增长 2.3％。2016 年 1、2 月以来，尽管多数财务指标仍均较低，但全国规模以上工业利润增速从 4.8％的水平逐渐提高，2016 年 1—10 月累计同比增长达到 8.6％。浙江规模以上工业利润增长，稳定保持在累计同比增长近 14％以上，1—10 月累计同比增长 16.3％。

全国工业增长存在着继续转好的较大可能。这是因为在较好的利润增长和相对较低的资产负债率支撑下,以及生产者价格上涨激励下,企业预期将有所改变,补库存周期或将开启。浙江规模以上工业增加值增长回升显现,2016年1—11月累计同比增长6.1%,比2015年同期的4.8%上升1.8个百分点。

收入和消费增长的双双相对较快,是中国经济增长近几年的一个重要支撑。在出口和投资近乎断崖式下滑的情况下,居民人均收入因劳动年龄人口减少,以及企业对经济下滑的猝不及防,2011—2015年实际增长比GDP增长快1.0个百分点,比人均GDP增长则更快一些。由此使得2011—2015年消费持续保持两位数实际增长。由此进一步使得服务业增长加快,并吸收了制造业减

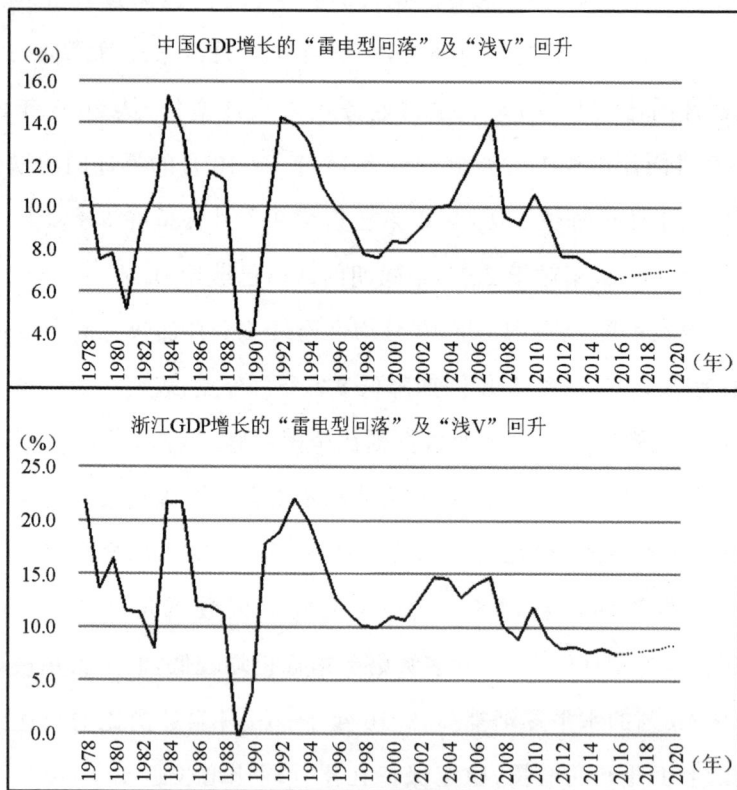

图11 中国与浙江GDP增长的"雷电型回落"及"浅V"回升

少的就业人群。2016 年一至三季度，全国居民人均收入同比实际增长 6.3%，虽有较大回落，但仍大致与人均 GDP 增长同步。进而推动 2016 年 1—11 月全社会消费品零售总额增长，同比实际增长 9.8%，境外主流媒体评论认为好于预期。

正是以上述分析为基础，我提出"浅 V"回升判断。中国经济 2011—2016 年，形象而言应是一种"雷电型回落"。这样，如果关于经济进入底部的判断成立，则 2017 年或下一阶段，完全有可能出现 GDP 增长稍有向上的回升，出现"浅 V"状的增长曲线，形成自 1998 年走出低谷以来的新一波次较好增长（见图 11）。

商品出口 2017 年或仍将充满不确定性。不过 2011 年以来已消化吸收了相当部分不利因素。按美元计算，2015 年出口负增长 2.8%，2016 年 1—11 月累计负增长 7.5%，即使考虑到全球大宗商品价格下降因素，出口按美元计算也是下降的。2017 年在人民币贬值情况下，出口完全有可能在持续两年按美元计算下降的基础上，保持比 2016 年或稍好一点的水平。且出口相当于 GDP 比重已有下降，对国内经济影响已有所减少。

特朗普的进口政策将是一个很大的不确定性因素。尽管竞选讲话跟酒席上的话差不了多少，但也不得不予以关注。1971 年 8 月尼克松采取加征 10% 进口关税附加，随后在西欧六国和日本的坚决斗争下，最终予以取消。以此而言，我们一方面要有所准备，另一方面要积极行动，双边贸易是一种互惠关系，贸易战的结果多半是两败俱伤。另外，按国家统计局和海关总署数据，中国对美国出口按美元计算，2011 年曾占 17.1%，2016 年 1—11 月已降至 14.1%。这也等于说，中国对美出口重要性，对中美两国而言均有所降低。

工业投资增长大致已回落至底部。随着企业利润增速提高，生产者价格开始上升，投资预期亦将转好。全国民间投资已持续 3 个月回升，或可证明这一点。工业投资增长的一个障碍是环境因素，环保投资将显著增长，内陆地区重化工业投资将受扼制，全国的区域投资格局将有所优化。

居民人均收入增长有较大概率仍将持续快于 GDP 增长。如果出口增长与 2016 年持平,投资增长有所回升,居民人均收入有望继续相对较快增长。这虽将增加企业劳动工资支出,但鉴于中国经济长期粗放外延增长导致的"遍地是黄金"局面,尚不至于较大影响企业生产经营。相反,因消费相对稳定增长,这或将有利于促进企业销售,给中国经济带来持续积极影响。

草根经济的韧性是中国经济回升的一个重要支撑。东南沿海经济正在成为中国发展的中流砥柱,这部分经济虽也受到一定程度的扭曲,但这些区域的企业家鉴于给家人带来幸福的压力,以及追求自身价值实现等因素,仍坚持艰难打拼。别看一些民间企业家表面消极,实际上他们始终像丛林中的狼一样千方百计寻找商机,对于管理和投资都比较精到。

另外,一个令人担忧的状况是金融体系的区域性、系统性风险。一些金融机构资产不良率大幅上升,尤其是表外资产问题严重。央行和银监会目前均进一步加强这方面工作,努力控制风险。另外一个重要的好消息就是,随着工业企业财务状况好转,个别金融机构的风险问题或将有所缓解。

GDP 受较多诟病但仍不失为可衡量的尺度。对于未来 GDP 增长的数据,在误差方向不可能逆转,以及误差率在短期内不可能有明显提高之下,年度间比较形成的增长率数据,应该不至于过分离谱。

坚定信心及加快转型

当前及下一阶段的经济工作思路,关键是坚定信心,加快转型。在积极贯彻党中央、国务院一系列政策举措的同时,进一步关注以下问题。

第一,积极增强信心。

2016 年 12 月 12 日"股债汇三杀",反映了中国经济严重的信心不足问题。再如 2016 年,据说外流资金多达 6000 亿美元。全国民间投资增长,长达 58 个月持续回落。而在中国经济正在出现好转迹象的情况下,仍有相当部分预期偏于悲观,网上充斥着关于经济形势不佳的耸人听闻的帖子,一位朋友直言"没信心是基本面"。

信心缺失的背后也有环境不佳的问题。向中西部一些地方进行投资存在着"关门打狗"的风险。河南、山西等地旅游业发展具有很大空间,但投资环境令人望而却步。项目尾款难以收回也是较大问题,浙江省也存在着政府及政府性项目拖欠工程款的问题。创新项目贷款难、进入难、审批难、房租高,以及合伙人诚信水平低、市场仿冒严重等问题,难免令人心灰意冷。

信任弱化正在严重影响信心。经济形势当中的一个较大不信任是对统计数据缺少必要信任,坊间议论经济的一句口头禅是:"这数字能信吗?"尽管国家统计局公布的数据转好,境外主流媒体纷纷正面评价,但民间仍充满不信任感。另外,这些年来,中央和国务院出台了一系列有利于促进经济增长的文件,但这些文件落地艰难,以致社会对新出文件开始麻木。

第二,政府转型是经济社会转型关键。

首先是各级政府思想观念转型。正视经济社会格局的根本性重大变化,正视经济发展放慢现实,正视2017年错综复杂形势,坚信活力在民间。各级政府工作的一个关键是保护产权,规范和监管市场,增强和提高服务效能。当前还必须注意政府控制自身欲望,防止政府看得见的手乱动。

其次是领导经济的方式转型。"八八战略"的精髓就是均衡协调做好各项工作,这也是科学发展观的基本要求。积极实施"三个解放",即如十八届三中全会指出的,"进一步解放思想,解放和发展社会生产力,解放社会活力"。提升民间活力,增强发展牵引力;提升社会活力,增强发展支撑力;提升政府效能,增强发展促进力。

最后是服务企业的方式转型。按照习近平总书记提出的"亲"和"清"要求,领导干部积极与企业家交朋友,但绝不仅仅与少数企业家交朋友;领导干部洁身自好,但在关键时刻要敢于担当决策。服务企业的关键是打造环境,努力降低机构和个人的投资和商务成本。加快市场化改革,充分发挥市场的决定性作用,依法依规增强政府打造环境的积极作用。

第三,以实际行动改变企业继续主动收缩的状况。

当前经济形势的一个特点,是企业主动收缩生产经营规模,形成低水平增长下的微观均衡。这虽有利于企业增强抵御风险的能力,但在当前局面下也对宏观经济有不利影响。如所有企业均取"现金为王"策略,则将是灾难性的。在如何优化企业预期,增强信心,增加投资等方面,"一个行动胜于一打宣言",关键是出台有"干货"并能较好贯彻实施的政策举措,同时就企业关注的长期问题,加快推进全面深化改革。

注重减轻企业负担。严格控制政府支出,开源节流,积极在地方政府力所能及的范围内减轻企业税费负担。不提倡"应收尽收",提倡"能宽则宽"。争取在"十三五"期间,财政总收入相当于 GDP 的比重不再提高,至少提高速度大大放缓。1978—2015 年全国一般公共预算收入占 GDP 比重如图 12 所示。

图 12　1978—2015 年全国一般公共预算收入占 GDP 比重

注重城乡居民收入增长。本轮经济下行之所以不会"着陆",一个重要原因就是居民收入增长相对较快。政府所要做的,是既不偏向于资本,也不偏向于劳动,并且严格依法保护资本和劳动双方各自的权益。与此同时,积极注重改善低收入群体的生存环境,增强就业培训和职业介绍机制建设完善。

注重政府及政府性投资。积极调查研究,展开课题和规划研究,创造和发掘投资机会,把尽可能多的项目用于吸引和促进民间投资增长,积极以政府和政府性投资撬动民间投资。同时注重政府性投资的现金流和项目综合效益,强化预算约束。

注重国企改革。尽管中国经济的国企比重已较低,但一些国企行为对市场机制仍有较多扭曲。诸如项目投标不讲求现金流和未来综合效益,片面追求规模;工程承包不讲求财务平衡,但求营收做大等。再如以较小经济规模获得较多贷款,形成对于民间企业特别是对小微企业贷款的挤出效应。又如对国企管理套用行政部门管理模式,影响企业活力。

注重金融改革。当前贷款责任制严重影响业务人员积极性,甚至宁可错杀一千,绝不错贷一家。建议有关部门督促商业银行加强系统内统筹协调,避免单兵作战的实体经济信贷收缩,增强抱团应对的实体经济贷款扩张,对一些确非主观因素导致的呆坏账,不应笼统地由业务人员及其所在支行承担经济责任。而对于一些纯个人因素导致的呆坏账,则应坚决追究个人责任。

(以上3篇摘要发表于国家发改委主管《改革内参》2017年第2期)

发掘中国经济第五桶金

中国经济转型升级具有市场需求转变和发展动能转换的双层面架构。从市场需求而言,正从出口主导向"国内消费主导＋国际市场深耕"转变;从发展动能而言,正从"廉价劳动＋引进技术"向"高素质劳动＋知识生产"转变。后者虽尚处于启动状态,但趋势是明晰的。所谓"发掘中国经济第五桶金",就是统合这些状况的简略说法。

中国经济第四桶金的终结

改革开放至今,中国经济存在着四个发展阶段,由此也构成了中国经济前四桶金的鲜明特点。

第一阶段是农村改革的黄金期,或可称之为"农村景气"。农村改革迅猛推进,传统国有和集体经济较快发展,东南沿海地区乡镇企业快速崛起,个私经济开始起步。

1984 年，全国 GDP 比上年增长达到创纪录的 15.2％。其中第一产业增加值，1978—1984 年，年均增速高达 7.3％，此后再也没有达到如此快的速度。浙江粮食产量在 1984 年达到创纪录的 1817 万吨，而 2016 年仅 752 万吨，浙江乡镇企业数量 1984 年比上年猛增 30％多。工业增长在农业快速增长的支撑下，也从"文革"时期的低增长中迅速回暖并加快，1978—1984 年，工业增加值年均增速高达 11.9％。而更重要的，这一时期由于党中央、国务院积极调整农产品收购政策，多次提高工资，是居民收入增长的美好时光，人均收入占人均 GDP 的比重，在 1983 年达到改革开放至今的历史最高水平，高达 62.5％。

第二阶段是城市改革的黄金期，或可称之为"企改景气"。1984 年年底，中共十二届三中全会通过了《中共中央关于经济体制改革的决定》，国企和城镇集体企业改革全面加快推进，乡镇企业登堂入室，经济发展出现了崭新面貌。

1985 年，全国工业增加值比上年猛增 18.2％，这是到那时为止的最快增速。之所以取得如此好的增长业绩，最重要的因素是企业内部蕴藏着的活力被充分释放出来。如浙江在 1984 年，时任省委常委、省委秘书长的王维澄带队调研海盐衬衫总厂，充分肯定了步鑫生推进企业改革的一系列突破性做法，中共浙江省委常委会专题讨论如何肯定和推广这个企业的改革经验。当时我多次参加省领导召开的企业改革座谈会，记得有一个星期日，时任省委副书记的吴敏达带着一批部门领导去企业调研改革，我当时是跟着单位领导去的，吴敏达当场解决企业提出的体制问题。胡耀邦同志当时多次批示要解决浙江企业改革当中遇到的困难，诸如王星记扇厂承包奖兑现、鲁冠球奖金兑现等。

第三阶段是邓小平南方谈话发表后的黄金期，或可称之为"小平景气"。1992 年 1 月 18 日至 2 月 21 日，邓小平同志视察武昌、深圳、珠海、上海等地，就一系列重大问题发表讲话，论述社会主义的本质和姓"资"姓"社"的标准等问题，着重提出要搞好社会主义市场经济。中国大地掀起了一股新的改革发展旋风。

1991—1998年,全国GDP年均增速达到11.3%,是一个少有的较快增长时期。在此期间,全国全社会固定资产投资年均增速高达26.1%,工业增加值年均增速达到15.2%。各地大办开发区园区,基本建设一派火热。但这也导致经济过热,出现了较多问题。1993年,中共中央发出6号文件,开始治理整顿和解决经济过热问题,较好地遏制了一些不正常现象。在经济较快发展,政府积极治理经济过热的同时,经济体制改革也大张旗鼓地展开。浙江的个体私营经济加速发展,乡镇集体企业开始大规模、大面积改制,国企改革虽较滞后,但也获得较快推进。同时因为非国有企业的较快发展,使得一些国企经营困难,引发了大面积国企和城镇集体企业职工下岗。

第四阶段是加入WTO以后,或可称之为"出口景气"。1998—2011年时期,全国商品出口年均增长,按美元计算高达19.7%。比1978—1998年的全国商品出口增速,高出3.9个百分点。

行文至此,必须得稍稍做一下回顾,中国商品出口是在一片荒芜中艰难发展起来的。20世纪80年代中期,我所在的浙江省经济研究中心,提出实行外向型发展战略时,遭遇一片显而易见的委婉的反对声。其实外向型经济只是市场经济的一种技术性提法,但因1984年中共中央关于经济体制改革的基本提法,仍是"生产资料公有制的基础上实行计划经济",以及"有计划的商品经济",自然不可能直接提出发展市场经济,只能"曲线救国"。当时又有谁能想到,中国的商品出口,能有如此之快的持续长期增长呢?1978—2011年,全国出口以美元计,年均增长高达17.3%。根据WTO数据,2015年中国商品出口已占全球14.2%。

这是中国经济增长一个最快的时期。城市建设飞速推进,人民生活较快改善。当然也产生了一种我称之为"扩张性失衡"的较严重问题。一是动力结构失衡,形成出口和投资依赖;二是分配结构失衡,居民收入占GDP比重逐渐走低;三是需求结构失衡,消费率走低与积累率走高;四是社会结构失衡,人民群众的获得感及幸福指数相对较低。

当前,改革开放以来作为"出口景气"的中国经济第四阶段已基本终结。2011—2015年全球贸易年均增长2.7%,大幅低于2000—2011年的6.9%。根据WTO数据,2016年比上年增长回落至约1.2%。中国基于全球贸易高增长而形成的生产体系,遭遇全面过剩。2011—2016年,按美元计算,全国商品出口年均增长仅2.0%,比前大幅回落15.3个百分点,中国经济这些年的痛苦盖出于此。改革开放至2011年的17.3%。

发掘第五桶金的关键是知识生产

中国经济的发展动能转换迫在眉睫。中国经济发展第五阶段的市场转变已然客观存在,发展动能转换则在相当程度上取决于我们的主观意志、发展思路和政策选择。

中国经济从市场需求看,正迎来第五阶段的新时期。其主要内涵,即正在升级换代的国内居民消费及深耕国际市场,构成了中国经济第五桶金的基本面。2011年以来,居民收入增长快于GDP增长,这使得消费需求增长相对坚实。同时提升出口商品层次,以及提升出口商品的产业链和价值链将是今后出口基调,如全球2015年药物出口,欧盟28国占比高达63.9%,仅瑞士一国即达12.2%,中国却仅占2.5%,且以原料药和中间体为主。

与此同时,支撑前四个发展阶段的中国经济原有发展宝典,"草根企业家+中西部农民工+引进技术装备+政府推动",其效用正在严重弱化。经济体制改革缺少较大进展,甚至有所倒退,企业家开拓创新精神随企业家年岁增大而衰退,且巨额财富正在成为桎梏。劳动年龄人口近几年大致每年减少三五百万,2019年或将减少接近1000万,工资较快增长成为压垮一些企业的重要因素。从发达经济体引进技术装备的性价比和效率,出现边际递减。至于政府推动,随着我国经济发展水平与发达国家差距的缩小,以及其他一些因素,其对区域经济的推动作用正在严重弱化,有些甚至产生负面作用。

当下中国经济最活跃的一个因素是草根经济的韧性和活力。快速的改革发展与草根经济的绑定,是中国发展在前世注定的一桩姻缘。然而这婚姻必定要进入庙堂,才能彰显其可持续的幸福美满。这庙堂不仅仅是制度关系上的进一步明确和推进,也可称之为知识庙堂,这是中国经济动能转换的关键。

关于知识生产,或可有三个概念,即知识、知识生产和知识生产力。知识主要可理解为对物质和精神世界的认知;知识生产大致是知识形成的一种等效表达;知识生产力则是指接收性的直观能力的感性与作为自发性的思维能力的理性的相互结合,相互促进,从而不断形成新的概念的能力,兼具公益和商品两种属性。知识生产力的增进除了作为天赋智力的本身外,最重要的是不断学习、不断实践、不断提高。

中国经济至今为止的快速增长,主要是一种并不依赖于自主知识产权,以及自我知识生产的增长。正如以色列学者尤瓦尔·哈拉里在《人类简史》里说的:"就算是今天中国经济突飞猛进,很可能即将回归霸主地位,基础仍然是欧洲的生产和金融模式。"

知识生产及知识生产力是当下中国经济弱项。另一方面,这也意味着中国经济存在着巨大发展空间,而这正是发掘中国经济第五桶金的巨大机遇。当下国内企业,总体而言,越是好的企业,其技术装备引进比重越高,有些甚至高达80%以上,连铺地材料也是进口的。一位朋友的印制电路板企业,引进装备大致占一半,为当地楷模,朋友却说,他们家的技术水准只是业内中等,业内最高技术水准的印制电路板工厂,几乎全部设备都是引进的。

为什么说发掘中国经济第五桶金的关键是知识生产和知识生产力?有四方面的原因。一是所谓高级劳动,本身即是知识水平较高的劳动;二是在劳动短缺及工资较快增长的情况下,唯有加快技术进步才能较好应对,类似于浙江提倡的"机器换人",虽就字面而言欠缺人文关怀,但确系唯一选项;三是在产能过剩和需求不足的情况下,唯有提高产品技术含量,提高产品档次及内在品质,才能出奇制胜,典型者如 iPhone;四是在资源环境严重制约下,唯有知识及其普遍应用才能缓解困境。

所有这些,不仅需要知识,更需要知识生产和知识的不断推陈出新来支撑。所谓知识的推陈出新,不就是知识生产力吗?"半部论语治天下"是典型农业社会的节奏,早过时了。长期而言,知识生产更是我们人类探索未来,以及提高生活品质的一种基本存在方式。

以美国为首的发达经济体,或可说已形成了以知识生产为主导的发展格局。美国 1997—2015 年私营生产和服务部门,电脑制造、信息服务、专业技术服务业、金融业和医疗健康业 5 个行业的增加值合计,对 GDP 增长的贡献份额达 31.5%,且这一数据比 1947—1985 年,大幅上升 10.5 个百分点。这 5 个行业,不仅以知识为支撑,更是不断生产新的知识。如美国私营部门的医疗健康业,主要是门诊和医院,新知识层出不穷,1947 年增加值占全美 GDP 的 1.5%,2015 年提高到 7.2%,对全美 GDP 增长贡献份额达到 7.3%。

中国经济发掘以知识生产为支撑的第五桶金的条件已经具备。一方面在资源环境制约日渐严重下,这是唯一选项;另一方面,随着中国人均 GDP 不断接近美国,那种以"舶来知识"为主的技术进步,正在发生边际效用递减,逐渐走向尽头。《华尔街日报》2017 年 1 月 6 日报道,白宫科技顾问会议的报告称,联邦政府必须加强对半导体产业的保护,将之纳入国家安全的重点工作,同时评估中国半导体业扩张战略可能造成的安全威胁,因此,我国今后高端芯片进口及工艺技术引进难度或将加大。

还有一个重要的现实优势。中国经济已积累形成较大的财富量,有一定财力促进原本看起来比较奢侈的知识生产。前些天我听一位领导讲一个几十亿元项目的前期工作,筹资会开没几天,合同尚未签,就有一些企业打进了几亿元资金。中国作为一个发展中国家当然缺钱,但更缺的是合适的创意、信心和相互间的信任。

培养和积极培育知识生产力

知识生产力是中国经济制胜未来的唯一法器。知识生产力的主体是人才,吸引人才的关键是环境。只有环境好了,才能加快培养人才、留住人才,所以我们理应把环境工作做得更好。

人才培育的一个关键是全覆盖。我们现在虽然全面缺乏人才,但更缺少的是能把国家民族带向未来的一大批超一流尖端人才。人才的构成是典型的金字塔形,如果缺少极其宽大的基座,就不可能有一大批超一流尖端人才,因为这是一个符合正态分布的基本概率问题。所以在人才培育上,必须做到有教无类、全覆盖。虽然家境好的孩子成才概率较高,但极个别最尖端人才,完全有可能出自寒门。应该撤除影响人才成长的各种门槛,别在无意中扼杀了未来最伟大的天才。

人才培育具有隔代见效特点。我们现在的努力,要到下一代人甚至更长时间后才能见效,所以人才培育,才真正是一项必须从娃娃抓起的大工程。这是考验一个地方、一个政府、一个有责任心的领导,有没有长期战略思维的试金石。宁可少上一些项目,也要把钱投到促进孩子们健康成长的项目上。这里不说具体政策,只想谈一下对于培养能把国家民族带向未来的一大批超一流人才,必须得有的三个条件。

一是应有尽有,即但凡人才成长所必需的环境条件,缺一不可。爱因斯坦能成为超一流物理学家,与他青少年时的际遇是分不开的。爱因斯坦的叔叔是个工程师,开了一家电气公司,爱因斯坦从小就浸淫于电气和物理学知识之中,是叔叔教了他勾股定理。"爱因斯坦最大的思想激励来自一个学医的学生",按犹太人习俗，他们家每周有一位来进餐的大学生，爱因斯坦从这位大学生那里学到了大量知识。爱因斯坦从这位大学生那里获赠的一套《自然科学大众丛书》，令其终身受益。后来爱因斯坦在瑞士伯尔尼专利局工作时把自己想象成自由落体而发明了狭义相对论，或可说是受到了这套书的启发。

二是无拘无束，即不应给孩子们的成长划定禁区，应使孩子们无羁绊地成长。在正常的教育和家庭环境之下，读书无禁区，对孩子们来说也是如此。孩子们在读书时大多天然具有自我筛选机制，他们多半能自觉不自觉地避开那些不宜阅读的东西。只要给孩子们提供条件，他们无拘无束的天真想法，有时真的能实现。乔布斯读中学时，邻居带他参加惠普探索者俱乐部，他"第一次见到了台式计算机"，立马就"爱上了它"。于是乔布斯决定做一台频率计数器，他从电话簿上找号码，打电话给惠普 CEO，然后得到了那些零件，还得到了打暑假工的机会。如果没有童年和青少年时代无拘无束的想法和行为，应该不可能有伟大的苹果公司。

三是自由自在，即充分尊重孩子们的愿望和爱好，让思想和行动在广阔的空间里信马由缰，自由驰骋。比尔·盖茨所在的中学，"特别倾向关照极个别的学生，尤其是在某个方面独树一帜、表现突出的那些学生"，比尔·盖茨"很快就享受到了这种特权"。比尔·盖茨当时与他的未来生意伙伴保罗·艾伦一起，"有事没事都往计算机房跑"，整天整夜地把自己关在计算机房里，如醉如痴，欣喜若狂。他们甚至侵入计算机系统，改短用机时间，对于这一原本"可以报警的事件"，校方只是给了比尔·盖茨 6 周不准上机的处罚。比尔·盖茨故意让计算机崩溃，电脑公司的管理方反而给了他编制病毒软件的任务。

对于这些说法，相当一些人或不以为然。他们会说，困难能磨砺人，既无可能也无必要"应有尽有"。又有人会说，孩子们成长总是有拘束和羁绊，没有规矩，不成方圆。甚至有人会说，教育就是灌输。

世上所有的问题都是相对的，如能在既有的约束下做得更好一点，人才成长道路就将更为宽广。世上优秀人才脱颖而出都是概率问题,如能在既有情况下提供更好的环境条件,超一流人才形成的概率就将大大提高。世上所有孩子天生具有接受美好事物的超强能力,如违背孩子们的天性,强硬实施填鸭式教育,结果就会适得其反。

中国经济当下正处于重大转型的关键时刻。在收入和消费相对较快增长,内需及消费主导的增长格局下,以知识替代相当部分物质,以知识生产替代相当部分物质生产,以较多的知识享用替代相当部分的物质享用,或可造就发展动能转变的经济新常态下中高速发展的新模式。

(修改后发表于《浙江日报》2017 – 06 – 19)

后　记

　　2015年11月,我办公室来了两位美丽女士。一位是浙大出版社社长助理陈丽霞女士,另一位是我另一本专著的责任编辑黄兆宁女士。写文章的人需要平台,如今这一著名出版机构亲自找上门来,我自是喜出望外。从那时起,出这本书便成了我的一个梦想。

　　本书选入了我2012—2016年撰写的主要经济散文,以及若干篇经济论文。这些文章相继发表于有关部门内参,以及《第一财经日报》《浙江日报》《今日浙江》《浙江经济》、财新专栏和财新博客、搜狐博客,还有国内其他报纸杂志等。

　　这几年我一直关注中国经济进程,未敢懈怠。我于2007年发表劳动所得占GDP比重下降的原创性成果,获浙江省社科成果二等奖。该成果也是本书主要篇章的重要分析工具和分析视角。那纯粹于无意中获得的研究成果,令我这愚钝之人在近10年内享用不尽,真心感谢上苍垂青和眷顾。

　　本书各篇因于不同时段分别撰写,成书时为能保留原文基本原貌,并未做较多修改。全书各篇章虽以《中国经济为什么不会"硬着陆"》书名串联而成,注重可读性、思想性和原创性，但难免重复拖沓，以及前后逻辑不一致，同时体系上也有一定的不完整，敬请读者见谅。

本书的研究写作，始终得到了家人、同事、朋友、师长和领导们的支持、帮助及指导，特此致谢。浙江省发展和改革研究所的同事，他们的朝气、活力和敏锐，始终是我研究工作的坚实支撑和得力助手。浙江省发改委的领导和一些处室同事都对我提供了积极支持和帮助。《第一财经日报》杨小刚先生是我10余年的好友，我俩第一次相见却是2016年11月，本书其中几篇的文章，就是在小刚支持下发表的。《浙江日报》理论部谢正法主任、江于夫编辑，《浙江日报》经济部邓崴主任，还有《浙江经济》郭斯兰前总编、杨祖增副总编等，是我多年好友和同事，他们可以说是本书一些文章的"催产婆"和"助产士"。《中国改革》杂志社黄根兰女士，财新网杜珂女士和陆跃玲女士，长期以来给了我很大支持，我甚至曾在节假日或深夜打扰她们，真心非常抱歉。

感谢中天集团楼永良董事长，让我在退休后仍有很好的办公条件。更重要的是从他那里，我得到了来自经济第一线宝贵的第一手信息。楼总对于中国经济和民间企业发展的独到见解总是让我受益匪浅。其中若干篇文章，更是直接得到了他的鼓励、支持和鞭策。

感谢我的一批知识渊博和充满人生情怀的老杭大校友，原浙江省经济研究中心及原浙江省体改办老领导老同事，以及一大批读者和网友等。一想到他们的支持鼓励和帮助，就情不自禁觉得写得太少。

感谢浙大出版社社长助理陈丽霞女士和本书责任编辑黄兆宁女士。黄兆宁女士也是我《解放思想：浙江改革发展根本经验》的责任编辑。那本书于2008年底出版，曾在2010年重印，均全部销完。如果没有这两位职业的知识女性的慧眼、努力和辛劳，就不可能有本书。

感谢浙江外国语学院原副院长郑亚莉女士，浙江外国语学院国际商学院赵银德院长和钱伟主任的支持帮助。本书出版得到了浙江外国语学院的资助，我在此再次深表谢意。

感谢我的家人。我的太太长期来无微不至地照顾我,使我少有后顾之忧。我女儿和她的一家,充分理解并支持我的工作。我于 2015 年 3 月当上外公,抱着可爱天真的外孙女的感觉,是一种无与伦比的美好感觉。

2017 年 1 月 7 日星期六
于杭州余杭塘河畔

图书在版编目(CIP)数据

中国经济为什么不会"硬着陆"/ 卓勇良著.—杭州：
浙江大学出版社，2017.9

ISBN 978-7-308-17150-2

Ⅰ.① 中 … Ⅱ.① 卓 … Ⅲ.① 中 国 经 济—研 究
Ⅳ.①F12

中国版本图书馆 CIP 数据核字 (2017) 第 176328 号

中国经济为什么不会"硬着陆"

卓勇良　著

责任编辑	黄兆宁
责任校对	杨利军　　陈思佳
封面设计	周　灵
出版发行	浙江大学出版社
	（杭州市天目山路 148 号　邮政编码 310007）
	（网址：http://www.zjupress.com）
排　　版	杭州林智广告有限公司
印　　刷	绍兴市越生彩印有限公司
开　　本	710mm×1000mm　1/16
印　　张	21
字　　数	278 千
版 印 次	2017 年 9 月第 1 版　2017 年 9 月第 1 次印刷
书　　号	ISBN 978-7-308-17150-2
定　　价	55.00 元